我的教育生活

——一位普通教师的成长历程

刘述利◎著

中国海洋大学出版社
·青岛·

图书在版编目(CIP)数据

我的教育生活/刘述利著.—青岛:中国海洋大学出版社,2018.10

ISBN 978-7-5670-2004-7

Ⅰ.①我… Ⅱ.①刘… Ⅲ.①中学教育－文集 Ⅳ.①G63-53

中国版本图书馆 CIP 数据核字(2018)第 229114 号

出版发行	中国海洋大学出版社
社　　址	青岛市香港东路23号　　邮政编码　266071
出 版 人	杨立敏
网　　址	http://www.ouc-press.com
电子信箱	94260876@qq.com
订购电话	0532-82032573（传真）
责任编辑	孙玉苗　　电　　话　0532-85901040
印　　制	蓬莱利华印刷有限公司
版　　次	2018年12月第1版
印　　次	2018年12月第1次印刷
成品尺寸	170 mm × 230 mm
印　　张	15.75
字　　数	282千
印　　数	1～1000
定　　价	38.00元

序

刘述利老师曾是烟台市牟平区大窑中学品学兼优的学生，烟台市牟平师范毕业后被分配到大窑中学任教数年。

刘老师勤奋好学，博览古今中外教育名家的专著和名录，深受启迪，并运用到自己的教育教学实践中。他有悟性、善总结、重积累，有自己独特的教育思想。

本书是他在教育教学实践中的感悟与自己的教育观点和思路，以及具体的实施方案的集成。教书和育人是教师的天职。在教书方面，他踏踏实实地在教学规律的轨道上下功夫。教书不光是教会学生课本知识，重要的是教学生自学，也就是自己能去“吃”知识、吸收营养，教是为了不教。把课本知识教会，学生获取的知识是有限的；教学生会自己学习，会自己分析、归纳、综合，他获取的知识才能向无限发展。这就是获得知识有限和无限的实施法。育人（品德教育）方面，他注重育心，就是在学生心中形成良好的行为意识，进而培养学生良好的行为习惯，让习惯成自然溶化在学生的血液中，这就是“品德”。品德教育不是单凭说教就能完成的，重要的是教师有意识、有目的、长时期对学生进行良好行为的“养成”，就此把育人过程称之为“工程”一点都不过分。

本书内容丰富，有笔者大胆的设想和中肯的评论，思路开阔、借鉴性强，值得一读。

全国优秀教师　原烟台市牟平区大窑中学校长 李德桂

2018 年 2 月 25 日

序一

刘述利老师曾是我在大窑中学任教时的学生。中学时，他品德优秀，天赋异禀，学习刻苦，成绩优异，曾荣获“烟台市优秀学生干部”“山东省未来建设者奖”等荣誉称号。

他1992年参加工作。工作中，他严于律己、宽以待人，教育教学成绩突出；同时，他刻苦学习教育教学理论和专业文化知识，积累了数十万字的读书笔记和工作感悟，拥有较丰富的教育教学经验和较高的指导教育教学的能力。

此书，记述了笔者从教26年的成长历程，展现了他在教育工作中的所见、所读、所感、所获。这部作品，是一名矢志不渝、辛勤耕耘的普通教师的个人成长史，是其教育工作的发展史。读它，内心将充满着深深的教育情怀和人性的光辉。

山东省特级教师　烟台市牟平区实验中学教师 孔召江

2018年2月27日

序言

自序（一）

——一路走来，寻找初心

美国教育家杜威曾说："教育即生活。"中国教育家陶行知曾说："生活即教育。"要谈我的教育生活，先从我与教育的故事说起吧。注定了，我今生与教育结缘。

1986年，我升入牟平区大窑中学，在那里，遇见了人生的多位"贵人"——张启宏、孔召江、贺淑卿、张仁轩、林宪齐、刘中东、万宝德、王恩江等恩师。在诸位恩师的教育引导下，我拥有了人生的自信，看到了自己发展的潜能。1989年上半年，时值初三升学，由于家境贫穷，我不得不报考中专，并于那年秋季升入牟平师范。那时，父亲被李培植校长请到了学校。李校长再三劝告父亲，让我报考高中，因为他觉得我上中专太可惜了，上高中应该有更好的发展平台。父亲当时很无奈，留下"我家三个孩子都在读书。老大和老二在读初三，明年老三又将升入初中，实在是供不起"这几句话就回家了。这件事是母亲后来告诉我的。当时，母亲还征求了我的意见，问我是否后悔。想到自己的选择可以大大减轻父母的负担，我认为值了。书中第五部分"个人随笔"——《我不再迷惘》一文记述了此事。这件事，一直到我参加工作很多年，父母心中仍很愧疚。每每说起，我都会以"是金子在哪都会发光，就怕咱不是金子"来劝慰。其实，自己那时还是有上高中的强烈愿望，拥有考大学的梦想的。所以，参加工作以后，每次路过牟平一中（南校区）大门口，心中都会涌起丝丝遗憾。我甚至于1993年至1999年连续六年的暑寒假在烟台师院（今鲁东大学）函授，尽情享受短暂的大学时光；也曾经在函授的最后一年报考过学位，因英语成绩太低未果。

1992年，我从牟平师范毕业，被分配到牟平区大窑中心小学从事语文教学工作。1996年9月，又被调入大窑中学任教，很荣幸地再次得到全国优秀教师、中国农村初中教育专家李培植校长的精心培养。李校长也是我人生的恩师，曾在我上初三时担任过我的班主任，为时三个月；而且在我升入牟平师范前，给当时师范校长写过一封推荐我的信函。多年后，我又得到万寿利校长的培养，先后担任教导副主任、政教副主任、政教主任。2011年7月，我被借调到牟平区教体局办公室，从事文字编辑工作。在那时，我有了深入学校调研的平台，能够较深入地感触到区域教育发展的脉搏，更加真切地聆听到师生们的心声，对区域教育发展有了独立的思考和理性的认识。也是在那时，我有了较多的读书机会，生发了读书、写作的强烈愿望，也为自己日后的写作打下了一点底子。2013年8月，我被组织安排到牟平区养马岛街道初级中学任教初中语文，并分管学校政教工作。

至今，我从教已经26年。自己经历了教育改革，也享受到教育改革发展带来的"红利"，品尝到其中的酸甜苦辣。1993年，我曾参加过全区教坛新星大赛并获奖。我早先读过《山东教育》，从中认识了当时青岛市青年语文名师——张伟。从1996年开始，我曾经无数次走进大窑中学的图书馆。在那里，我第一次"认识"了教育家斯霞、于漪、冯恩宏、李吉林、魏书生，读着他们的文章，感悟着他们的教育思想，内心无比喜悦与激动。从2005年开始，我第一次品读到杜威、苏霍姆林斯基、巴班斯基、赞可夫、洛克、陶行知等教育家们的专著，感受到教育大师们深邃的教育思想和崇高的教育情怀。2007年下半年，我第一次踏上了去潍坊市参加山东省创新教育大会的旅程。在那里，我呼吸到自由清新的教育气息，感受到名师的成长是需要高度的自觉和持久的坚持的；也是在那里，我对自己的工作有了更深的理解、更多的思考与更远的展望；还是在那里，第一次结识了烟台市教科院管锡基院长，并倾听到他对教育理论的深刻阐释和对教育实践的深入研究；仍是在那里，第一次聆听到山东省教育厅张志勇厅长对创新教育发展历程的深入阐述和解读。在多次的课题研讨会和初中校长研修课堂上，我非常荣幸地聆听到烟台市教育局徐建敏局长对当前教育发展情况的深入剖析和全面客观的总结。2008年11月，我第一次以课题研究者的身份，荣幸地站在泰安市省庄一中的讲台上，面对部分省级专家，讲授《失根的兰花》一课；也是在那里，结识了山东省语文名师朱则光，并且得以近距离地向他请教。他的句句箴言让我受益匪浅。2013年6月，我第一次以骨干教师的身份去北师大研修，近距离地聆听教育专家们的精彩讲座。这既充实了我的教育生活，又开阔了我的教育视野，提升了教育理论修养。已记不清何时，我第一次从《人民教育》《中国教育报》“认识”了朱永新、朱小蔓、程红兵、李镇西、李希贵、窦桂梅、于永正、王殿军、李烈、翟小宁、郑杰、肖培东、闫学等当代教育专家。他们在教育原野中的深耕细作，对教育发展的远见与卓识深深震撼着我。每每读起他们的文章，我都会耳目一新、豁然开朗、心潮澎湃。

一路走来，我稍有点收获。首先，得感谢自己当初的梦想。刚参加工作时，自己时常会想：五年，十年，二十年后的我是什么样子，是碌碌无为，还是应该有点收获？其实，每一位教师刚参加工作时都会有这种想法；只不过，多年以后，大部分人忘记了初心，忘记自己从哪里出发，忘记了要到哪里，忘记了应该怎样跋涉。早些年，我内心就有一种渴望，想把自己从教并累积的一些经历和感受编辑成书。记载下自己的教育生活，抒写出对教育的心声；让自己把走过那个时代的人和事留在记忆深处，以便将来能细细品读，久久回味。不过，由于自己的文字功底较为浅薄，而且有些文章是参加工作初期写的，思想认识有些幼稚，但这也毕竟留下了工作“幼年时代”的“面影”。这好比一个人到了成年或老年以后，看自己儿时的照片。这本书里，收集的是我参加工作至今在《烟台教育》《创新教育》《山东教育》上发表的以及获奖和许多未公开的文章，有调研报告，有教育教学工作的论文和随笔；主要涵盖了区域教育、学校管理、德育工作、语文教学、个人随笔五个板块。在这本书中，我把自己从教的真实体会和感受，把自己对教育的真情实感，以及自己的灵魂和生命灌注进去，正如法国作家法朗士曾经说过的一句话：“一切作品，都是作者的自叙传。”

其实，写作是一件辛苦的事情。当想到自己追逐梦想时，幸福感就会涌上心头。有时，有这样一种冲动：不写这一笔，我难以入睡。同时，我也怕头脑中闪过的一点灵感转瞬即逝。虽然苦点、累点，但这对于实现自己的教育梦想来说，是微不足道的。因此，我会不断地鼓励自己：动情地写下我的教育经历，并给自己一个继续成长的理由。对教育者，更是对自己来说，梦想就在心中，路就在脚下。

自序（二）

——教育是我今生的“情人”

曾经听过杭州市拱墅区教育局副局长赵群筠的报告。她在初次上任校长的大会上动情地对全体教师说“让我们先结婚后恋爱吧”。此话中饱含着对教育多么深沉的情感，充满着对学校教育发展多么强烈的责任感和使命感。

教育是我今生的“情人”。因为从学生时代起，我就与教育结下了不解之缘。这种缘分，还得从上小学时发生的几件事说起。

丢铅笔盒事件——老师不要“逼”学生说谎。

1982年，我在村里小学读二年级。那时的星期天，老师都会以学习小组的形式督促学生写好星期天作业。有一次，我们小组轮到在我家写作业，当时正逢我家刚搬进新家。同学们写完作业很是兴奋，玩起了捉迷藏，从西屋跑到东屋，东躲西藏。那一天，大家玩得很开心。

第二天，我们小组的一位同学告诉老师，他的铅笔盒在我家丢了。于是，老师找到我，询问此事。我忽然间想起来，昨天小组学习时，那位同学曾拿出一个崭新、漂亮的铅笔盒在大家面前炫耀。在当时，丢了一个崭新的铅笔盒可不是一件小事。那天，在教室里，老师当着全体同学的面，把我叫到她跟前，并多次询问我铅笔盒的下落，我一直说“不知道”。我真的不知道。老师感到很失望。时间一分一秒地过去了，事情僵住了。看样子，老师在放午学前一定要查个水落石出。过了很久，她的态度由温和转向严肃。最后，老师绷着脸问：“你把铅笔盒弄哪去了？不说，今天中午不许回家吃饭。”我小声说：“也许被我藏起来了。”那天中午，老师来到我家，向家长说起了此事，当时也没有找到丢失的铅笔盒。后来，一位同学主动找老师反映，是另外一名同学把铅笔盒藏在了我家面缸的后面。事情虽然水落石出，但我的心中却怎么也高兴不起来。至今想起这件事，心里仍疙疙瘩瘩的。

我觉得，一名教师对待工作中的问题，应该深入调查了解，认真分析，真正弄清事情的来龙去脉；决不能凭主观臆断解决问题，更不应该采用近似“威逼”等不当的方式，把一个学生的错误强加给另外的学生，这将对学生的自尊心造成极大的伤害。

军体委员被撤事件——老师不要戴“有色眼镜”看学生。

那是小学五年级的事情。那时，本村一位高中毕业生担任了我们班几个月的班主任。我从一年级起，便一直担任班级的军体委员。

也不知怎么，我觉得这位老师有点瞧不上我。有时，他的话语间流露出对我的不屑。一次，因为我喊队的声音小了点，他当着全体同学的面把我给撤了，当众公布了新的军体委员。后来，这件事被父亲知道了。父亲曾找过他并询问原因，他也没有说出什么正当的理由，最终也没有恢复我的班干部的职位。其实，那时我也知道，他嫌我喊队声音小，只不过是一个“借口”，撤我职的真正原因是那位同学的家长在镇上的一个厂子里担任会计。他与那位学生家长的关系非常好，经常去那位同学家里喝茶。从那时起，我就发誓要好好读书，成绩一定要超过那位同学。

作为老师，一定要公平、公正地对待每一个学生，不应该带着“有色眼镜”看学生，更不因学生的家庭背景、与学生家长关系的好坏、学生性格特点以及与自己是否“对头”，而影响到自己对学生的态度和评价；否则，这将对学生的内心造成极大的伤害。

逃学事件——老师不要伤害一颗积极向上的心。

那是我小学五年级第二个学期发生的一件事。当时正值麦收，许多老师家里都种地。一次，我们班的语文老师把同学们扔在教室里上自习，自己回家收麦子了。老师一走，教室里就像炸开了锅一样，人声鼎沸，同学们你追我赶，根本没有学习的氛围。当时，离升重点初中考试还有一个多月，我想到自己家庭生活的贫困，想到父母的辛苦，不忍心在这种环境中跟大家一块儿嬉闹。于是，我与同村的一位同学商量，背上书包去我家平台上学习起来。那天上午，我们两个学得很起劲，也学得很快乐、很自由、很充实。

下午，我来到学校。同学们早把我们“逃学”的事情告诉了老师。由于我是“主谋”，语文老师在课后找到我，询问事情的经过。我当时辩解道：“教室里乱哄哄的，根本没法学习。我俩也没玩，一上午复习了好多内容。”老师一边冷言冷语地批评我，一边动手掐掐我的脸、捏捏我的脖子。那时，我感觉无地自容。虽然自己离开学校的做法不妥，但我也向老师承认了错误。可是，老师用挖苦加近似体罚的方式惩戒我，让我很不服气。我发自内心地感受到自己爱学习的做法遭到了极大的羞辱，坐在教室里疯闹的学生却理所当然成了“好学生”。在那时，我感觉自己被贴上了“坏学生”的标签。

作为教师，对于班级中发生的事情，一定要静心、耐心地听听当事人的陈述、解释；不能偏听一方不客观的汇报，最终歪曲了事实，伤害了学生积极向上的心。当然，对于犯错的学生，老师在认真听取多方面的情况后，应客观、理性、包容地对待学生的错误；如果学生的出发点是好的，老师大可不必过多追究。

注定了，教育是我今生的"情人"，书是我一生的"伴侣"。在我看来，饭可以少吃或不吃，书不能不读；哪一天不读书，自己就觉得生活缺少了很重要的东西。我外出开会，背包里一定要装着书。在汽车上、火车上、候机大厅里，在培训学习的业余时间里，我都要静静地看会儿书。2013年6月，在北师大培训学习的日子里，无论是午休，还是晚饭后，我都会到住处周围的图书馆、书店去逛逛；独自去看会儿书，尽情淘几本自己钟爱的书。书成了我生活的一部分，读书成了我的一种癖好，我患上了读书的"瘾"。

一路走来，自己有时会不自觉地想起台湾作家林清玄的《心田上的百合花开》一文。课堂上，我也不止一次给学生讲过。有时，感觉自己就像一株"野百合"，需要不断努力地向上生长，发出心底"我要开花，我要开花"的呐喊。在中学教书的日子里，有的领导知道我读了几本教育专著，曾当着众人面无意说道："你哪一天能成中国的苏霍姆林斯基？"其实，这位领导说的也是实话，我今生也成不了像苏霍姆林斯基一样的教育家。也有的领导在我被提拔为教导副主任表示祝贺时，曾诙谐地说："这辈子恐怕像我一样，就熬个副主任到退休吧。"也有的教师看见我整天读书、看报，不解地问："刘校长，读这么些书、写这么多笔记有什么用？"对此，我只是淡淡一笑。

其实，一位普通的教师，特别是处在较偏远村镇的普通教师，能够在教育的原野上深耕，甚至绽放；在急功近利、百般浮躁面前，能够坚守初心，并静下心来读书看报、思考教育，是何等的不易。这其中的艰辛，只有他自己知道。

由于自己的理论水平有限，阅读不够广博，所以未能以体系化、更系统的形式呈现自己的教育生活。整本书的章节较为零散，有些内容阐述得不够深刻，敬请各位同仁提出宝贵的意见和建议。同时，在此特别感谢80多岁的李培植老校长不顾年事已高，为本书作序并给予大力支持，也感谢恩师孔召江为本书作序并提出了诸多修改意见。当然，也感谢于立志主任提出的诸多建议，感谢孙秀荣、肖雁、王宝光、杜爱玉等诸位同事以及我的夫人刘淑华女士为本书进行认真校对。

目 录 Contents

区域教育篇

学校管理篇

德育篇

教学篇

个人随笔

区域教育篇

我的教育理念

教育不仅仅是育人，更重要的是育心。

一、我心中的理想基础教育

小学教育应引导学生在心中埋下兴趣的种子，初中教育应培养学生的好奇心和纪律性，高中教育应引导学生塑成正确的人生观和价值观。

二、教育与生活

杜威的实用主义教育思想认为，学校是社会生活的一种形式，教育是生活的过程，而不是将来生活的预备。

我认为，教育即生活，生活即教育。只有把教育与学生的生活紧密相连，让学生真切感受到学习与生活的联系，预想自己的未来，这样的教育才是真正的、有用的。

三、教育与幸福

教育不是折磨，不是遥不可及的幸福，而是当下的幸福。教育更不是折腾，教育是传承，也是创新。教育教学的过程，简单地理解，就是师生共同享受学习和生活的过程。

学生的学习应是快乐的，教师的工作应是幸福的。当这两件事情被功利所绑架，学习和工作将是无趣的、被动的，甚至是令人厌倦的。

四、教师与教育

教师是教育发展的决定性资源。一位名师的离开，将是学校的莫大损失；一位名校长的离开，将是区域教育的极大损失。

五、有效的教育教学

有效教育，有效教学，教育教学的有效性，归根结底为，探究何种教育方式能在减轻学生过重课业负担的情况下，促进孩子的健康成长和有效发展。

对区域教育的思考

努力营造“教师乐教、学生乐学”的教育环境，以及牢牢把握高效课堂建设这一总抓手，实现减负增效的目的，是解决当前区域教育中存在的主要问题，以及提高教育质量的关键。然而，这不仅仅要体现在教育行政部门的决策和管理上，还需深入到学校的日常管理中，教师的教育教学行为和学生良好的习惯、心理、品德养成中。教育是有生命的，因为施教者和受教者都是有个性、有思想的人，他们都为追求一生的幸福而工作和学习着。任何老师和学生都有向上、向善的积极性。教育应是实实在在的工作，任何浮躁的行为以及表面形式，都将对教育和师生产生副作用，而这种副作用一旦产生，不可能通过短时间的举措得到彻底纠正，某些不当的教育行为还有发生反弹的可能。

一、学校教育需要一个公平、公正的环境

有的学校缺乏公平、公正的考核评价机制，存在“养闲人”的现象，存在让“老实人、肯干工作人吃亏”的现象。

教育的诸多问题实际上就是学校的问题，教育的问题是具体的，它会具体反映在某一个学校、某一个校长、某一个教师以及某一个学生的身上。教育部门制定的措施都是为将教育引向一个规范、有序的健康发展轨道。然而，教育中的一些措施的贯彻落实，往往与贯彻落实者自身的思想理念、认识水平及工作能力有关。校长是决策的参与制定者、落实者，教师则处于被动接受的地位；学校领导的任何不当行为都会使教育的决策实施达不到预期效果。教师的想法很朴实，很容易获得满足，他们只需要一个相对公平、公正的育人环境，他们希望自己的付出能得到相应的肯定，希望自己的劳动得到应有的尊重。当这些满足得以实现，学校教育才有号召力、说服力；否则，学校教育的任何举措都不会得到教师很好地贯彻落实。营造公平、公正的育人环境关键在于学校的管理者是不是实行了人性化、规范化、公正化的管理，在学校管理中是否本着公平、公正的态度来对待教师、处理问题。有的学校的规章制度有不少的人情因素，也有不少的可变因素。学校没有一套相对规范的管理制度，校长没有一颗公平、公正处事的心，学校的职称推选、评先树优等一些涉及教师切身利益的工作（况且这些工作最能体现出对教师的尊重），因注入了某些人情因素，就会让教师感到不公、委屈、心寒。这样，学校就会失信于教师。那么，教师对学校的任何决策来说，不会有太强的自觉执行力。曾听说过有的学校，头天晚上下发了上学期教师考核和先进工作

者人选的结果，第二天就更改了；有的教师谈起此事，就不屑地说“校长把先进名额送了人情”。这样的学校管理随意性太大，不可能调动起教师工作的积极性。

学校的人员编制有一定的比例，但有的学校在人事安排上，存在不合理现象。教学不好的教师(主要是主观不努力的)，则安排当职员或做后勤工作。这部分人员工作上没有压力，整天悠然自得，让人羡慕。而能干工作的教师却要多干，且超工作量地干。可是在年终评价考核上，他们没有得到公平、公正的对待。学校这种“养闲人”的现象，加重了部分教师的工作负担，造成了“让老实人、肯干的人吃亏”的现象；同时也严重挫伤了想干好工作的教师的积极性。这也是有的学校为什么留不住优秀教师的原因之一。学校应该建立科学合理的用人机制和考评机制，严格按照工作量和工作业绩来考核教师，不能让老师认为“想教就教、不想教就不教”；当班主任不如做任课教师好，教学不如干职员好，要从根本上彻底纠正这种不良现象。建议上级教育部门下去摸摸底，一所学校的实有人员是多少，后勤人员与前勤人员的配备要大体定个比例，合理安排每所学校的教职员工，原则上做到“因岗设人”“一个萝卜一个坑”。

二、学校后备干部及领导的选拔须以业务能力为重

教育是培养人的工作，它需要教师实实在在的功夫。学校的教育教学工作要想搞好，必须有一批懂业务的领导去引领和指导，这样“领”才有方向和威力，“导”才有方法和实效；否则，教师心中就会不服，学校工作不会有新的起色。建议学校以后推选后备干部，把班主任、备课组长作为首要人选。同时，上级教育部门可安排专家参与，不提前通知学校、教师，通过即兴演讲、全体教师投票、专家评选等形式公开、公平、公正地进行。因为选拔学校领导，不仅仅是学校的事，更是区域教育的大事，领导在做，教师在看。这样，才能真正把一些德才兼备的人提拔到教育教学工作的领导岗位上来，做到“能者上、庸者下”。

三、形式东西太多，实质东西太少

教育不能作秀，教育也不是做给领导看的；教育是实实在在的工作，因为教育培养的是一个个有思想、有个性的人。如今，应付检查的东西太多，不少教师的教案和图书馆的图书成了“摆设”，这些书面的和形式上的东西，对教育教学工作不仅没有利，反而起到了反作用：一方面挤掉了教师研究教育教学的时间，耗费了教师的诸多精力；另一方面也使教育蒙上了“形式主义”的阴影，误导了教育教学工作，使教育滋生了浮躁。建议上级教育部门以后督导重点看过程，比如

督导学校的德育工作，不看计划和总结，可看学校一年的德育活动的有关图片、视频；督导教师的教学工作，可看教师的课堂教学的视频录像，看教师对教案的反思、修改情况。要减负增效，先要解决好教师负担重的问题，教师不减负，学生不可能减负。建议教育部门尽最大可能剔除干扰教师教育教学工作的所有“形式主义”的东西，比如不用教师每年抄一遍教案，准备这个计划、那个总结（实际有些东西是网上下载的）；让教师能静下心来好好研究课堂教学，好好研究如何转化后进生等。教师的教案可三年一循环，第一年写，第二、三年在第一年的基础上用不同的笔改即可，这样的教案才实用。走进课堂，发现不少学生竟然不知道班主任、任课教师的姓名。那么，教师对学生又会真正了解多少？教育中的这种漠视现象，使教育脱离了对学生生命的尊重，使教师的教育失去了针对性和实效性。

四、学校领导和教育骨干出现了断层

区域教育缺乏新生的“血液”。有人说，10 年才可以培养出市级名师，15 年才可以培养出省级名师，那么名校长呢？

有好的校长才能成就一所好的学校，有好的教师才能教育、培养优秀的学生。不少学校的领导和优秀教师出现了断层现象，有的学校的优秀教师明显老化，大多在 45 岁以上；也有的学校教师大部分虽在 40 岁以上，再过几年，也将面临老化，而青年教师又缺乏培养。从整体上看，区域教育将面临着领导、骨干教师断层现象。建议建立区域内学校领导和教师培养规划，可由教研室、学校、教师多方参与推荐，实行公开、公平地推选，为更多的骨干教师搭建成长的平台，为区域教育及时蓄足新生的中坚力量。

五、学校领导主动读书学习的少

有的领导不研究工作，不研究教育教学，心思花在搞好人际关系上，琢磨如何搞好与领导、教师的关系，本着“不得罪人，怕得罪人”的原则干工作。

学校教育不缺领导，缺少的是懂教育、真正静下心来抓教育的专家。现实中，不少领导的办公桌上看不见书；有的领导的书柜和报架上的书是崭新的。领导不读书，那么他们整天在研究什么？如今，又有多少领导在认真读书学习，认真研究教育教学？也有的分管教学业务的领导，对抓高效课堂说不出一二三来，可想而知平时是怎么做的。建议上级教育部门以后开展领导培训和论坛活动，不用提前通知，就让领导即时讲，而不是照稿读。这样，最能发现领导参加培训的实效，最能知晓领导对某方面工作的认识水平和开展情况。

六、教育不可复制，学校做自己的最好

每所学校都有自己的历史，都有自己的文化。作为校长最应该清楚，要把学校办成什么样子，学校的优点在哪里，学校的特色在哪里，学校缺少什么。走出去“学”是极其重要的，但做好自己更重要，绝不能盲目照搬别的学校的经验。区域内每一所学校都有自己的特色，如果都能抓住学校的一点特色认真去做，每一所学校都会成就自己的精彩。建议上级部门组织领导外出参观学习要带着目标、带着任务，不能仅仅上交一份书面感想即可，应该在区域和学校的专题会议上，口头交流学习所得，推广学习的经验，更重要的是对学校教育的促进作用，以及以后的阶段性实践情况，确保参观学习的实效，避免参观学习只是走走、看看而已。也建议组织领导和骨干教师到江苏、上海的学校看一看，这些地方的教育是全国教育发展的最前沿，因为这些地方涌现的教育专家和教育名师特别多。

七、学生的德育和心理教育比智育更重要

智育影响的是学生的一时发展，德育和心理教育将影响学生一生的发展。学生因为喜欢某位教师，才喜欢他的课堂，才喜欢本学科的学习。学生的品德培养不好，心理塑造不好，教师的工作达不到预想的效果，教育永远不会完整；在学生学习之前，应帮助他们解决好“为什么学”和“怎样学”的问题；这样，课堂才会有效。

学校教育绝不能忽视了德育和心理教育，学生是有生命个体，他们有自己的思想、感受、情感，教师只有做到了与学生的平等，交流、沟通才有意义；只有走进了学生的内心，教育才能产生效果。如今单亲、继亲家庭的孩子越来越多，网络游戏对学生的危害极大，学生的心理问题越来越多。许多教师缺乏对孩子的全面了解，教育方法简单，甚至粗暴，导致学生的思想和心理问题得不到及时有效解决，以致学生放弃了向上的努力。建议教师要加强多方面学习，全面关注每一个学生。教师教育学生，要真正走进学生的内心；这样，教育才有针对性和实效性。

八、教师缺少什么

教师的确缺少职业的幸福感和成就感。幸福感和成就感最终要落实在学校对教师的身体、精神、家庭生活的关心上。工作中，不仅仅是向教师说一句问候的话；重要的是让教师在学校工作中发挥自己的特长，帮助教师解决实实在在的

困难，包括他们生活和工作中的困难。学校应全面了解教师及家庭情况，应多组织教师参加一些文体活动，为教师成长搭建舞台，成就教师的职业幸福感。

教师还缺少对学生的全面、深入地了解。对待特殊学生，教师要走进学生家里，进行家访活动，真切地了解学生的成长经历和家庭情况。这样，进一步拉近教师与学生的距离，避免了与学生、家长的隔阂，也加深了对学生的了解，增进了教师与家长的相互理解，增强了教育的合力。如今，教师走进学生家里进行家访的已经很少，基本上都是教师把家长请到学校。教师“走出去”和家长“走进来”是两种不同的家访方式，但二者存在一定区别。前者，教师主动，家长感动，家访成功。后者，往往因为孩子出现了问题，家长被“请”到学校；而后教师向家长反映学生某方面的情况，导致家长“面子”上过不去。现实中，许多家长害怕被教师“请”到学校，这样容易导致有的家长在学校对孩子“大打出手”，也容易使学生对教师产生怨恨，致使教育效果很不理想，而且容易激化教师与学生的矛盾。另外，教师还缺少对学生的尊重、宽容、公平、理解，许多教师往往站在自己的立场上来想或处理学生的问题。学生毕竟是学生，怎能无过？学生都是可塑造的，有的教师仍喜欢戴“有色眼镜”看学生。教师应该想到，现在是自己在看学生，10年，20年后，学生会怎么看教师，看教育？为什么多年以后，许多学生把教师淡忘了呢？

另外，教师还缺少自主支配的时间。要让教师每天静下心来自觉读点书，静下心来与学生谈谈心，静下心来反思一下教学工作和教育工作。建议学校每天给教师点自主支配的时间，只为让教师读书学习和反思。

九、教育缺少什么

教育缺少“正效应”。如果向教师询问，你们班进步的典型有谁？许多教师往往需要想好半天，甚至有的教师会说没有。如果问，你们班不守纪律的典型有谁？教师往往顺口就能说出好几个。值得反思：学校教育究竟在培养什么样的学生，在把学生引向何方？问题出在哪？许多教师只告诉学生不许做什么，却没向学生讲明为什么不许这样做和应该怎样做；许多教师平时强化了对学生的批评教育，忽视了对学生的正确引导；许多教师吝啬对学生的表扬和鼓励，吝啬对榜样的树立和对典型的宣传。好学生都是被表扬出来的，进步学生都是被鼓励出来的。建议教师对学生的品德行为评价，要从学生的日常行为入手，采取每周发进步卡或文明卡的方式，最终通过累积卡片多少来确定学生的评价结果。这样，使评价建立在学生的成长过程中，评价结果全面、客观、公正，同时也能充分发挥教育的“正效应”,切记不可采用学生投票或教师单方面的评价方式,导致评价结果不客观全面、不公平公正。

对区域教育的再思考

如何搞好一个区域的教育,这往往是教育部门领导最为关心的问题。

一、深入调研

组织业务人员走进学校,搞好学校教育状况调研,通过组织召开部分教师(有代表性的,比如青年教师、中年教师、老年教师,城区教师和乡下教师,小学教师、初中教师、高中教师)座谈会,让教师畅所欲言,真正了解区域教育存在的实际问题,掌握好区域教育的现状,为推进全区教育的改革发展做好准备。这样也能有效解决学校中一线教师的不理解和抱怨等一系列问题,使教育少些内耗,多增正能量和凝聚力。

二、切切实实抓好学校安全

安全是教育的重中之重。没有安全保障,教育就是一纸空文。要明确分工,时刻强化安全责任、意识,不断完善安全制度,严格落实安全措施。既要加强对学生的安全教育,又要细化安全工作的细节。要突出抓好交通安全(重点是校车安全)、食品安全、校舍安全、安全保卫等方面的工作。

三、公平、公正、公开地选拔、任用干部

要成立透明的选聘委员会(由教育主管部门的领导、老校长、教育专家、骨干教师等组成),确确实实本着“公平、公正、公开”的原则,以师德素养和业务能力为主、其他综合素质为辅的标准来选拔、任用干部。

区域教育部门应建立好干部和后备干部资源库,有序搞好干部的培训、培养工作,为区域教育搞好“领头羊”的储备;时刻关注干部和后备干部的成长,及时为他们的发展提供机会、搭建平台;对于特别优秀的干部或后备干部,可以破格提拔任用,以此引领骨干教师、青年教师的积极成长。

四、抓住课堂教学主阵地

课堂教学为区域教育发展的突破口,课堂教学永远是学校教育的“主旋律”。

平时工作紧紧围绕课堂教学展开，区域教育发展就有了“根本”。区域教育部门要想方设法为学校营造和谐宁静的育人环境，少些对学校正常教育教学工作的干扰。区域教研部门要随时搞好教情、学情调研，既要关注教师的“教”，更要关注学生的“学”。要积极引领教师构建有效课堂、育人课堂，要求教师在课堂上不仅关注学生的知识，更要关注学生的思想、品德、心理、情感的发展。

五、学生的教育问题

学校要重视学生的品德修养和心理健康，加强学生的德育和心理健康教育。在教学中，学生掌握知识固然重要，但非智力因素对学生的发展或对教育的影响会更大。学生对学习缺乏正确认识和兴趣，再好的教育教学方式也会收效甚微。教育者须明确：学生的学习和品德修养必须通过内因才能起作用。

六、减负问题

首先是学生减负的问题，要重点关注规范办学。一是规范学校的办学行为，抓好音、体、美课的开设和学生早到校、晚放学的问题。二是要规范教师的教育教学行为，禁止体罚或变相体罚，搞好作业监管。作业数量一定要适当、难易适度。三是要提高课堂教学效率。课堂教学效率高了，学生的课后负担自然而然会减轻。

其次是如何让教师减负。大班额和住宿学校的教师超负荷运转，整天身心疲惫，处于“亚健康”状态。许多与教育无关或关系不大的检查挤占了教师的教育教学时间，耗费了教师许多本应用于教育教学的精力，教师不减负，学生的负担永远不会减下来。

七、对教师考核问题

要求学校对教师的考核必须做到“公平、公正、公开”，坚决不搞暗箱操作。要严格实行较为科学的考核评价方案，考核中少些人情味(教师评议要占教师考核的很少比重)，少些随意性，不盲目为教师个人加分，不单纯以教学成绩作为评价教师的唯一依据。

八、学校管理问题

校长不搞一言堂，要充分发挥民主，让广大教师参与学校管理，为学校发展献计献策。

要做到政令畅通，把上级文件的规定认真传达到每一位教师。学校管理中不应拉帮结伙、搞小集团主义。学校领导要把心思用在指导课堂教学上，用在引领教师发展上，用在培养学生上，少揣摩上边领导的意图，扎扎实实干好实际工作，少些形式主义（未干的工作或干少的工作不要“吹嘘”）。

九、校长专业成长问题

校长少些繁杂的事务，多进行学校管理的专业性学习，多研究课堂教学。教育主管部门每学期可通过问卷、论坛、参与视频、学科教研等形式，亮亮校长的专业素质，赛赛校长的业务能力。要通过一系列措施，促使校长走进课堂、关注师生，把心思用在研究教育教学问题上，用于学习教育教学理论中。

教育创新需要摒除“空中楼阁”

翻阅世界上一些发达国家的近现代教育史，我们不难发现，这些国家涌现出了一大批著名的教育家，像大家众所周知的美国教育家布鲁姆、杜威，苏联的教育家苏霍姆林斯基、巴班斯基、赞可夫等，而我国享誉世界的教育家则为数不多。国内教育界的著名专家，别说外国人不知道，就是工作在第一线上的广大教师们也是略知一二。

我国为何缺少闻名于世的教育“大家”，其主要原因如下：我国许多教师在繁重的教育工作中很少去学习、研究，他们只把从事教育工作作为一种谋生的手段，做得好的只能算是达到了梁启超先生所述“敬业”的境界；而国外的不少教师则把从事教育和研究教育当成一种快乐的事情，他们达到了梁启超先生所述“乐业”的境界，正是有了饱满的热情和勇于研究、开拓进取的精神，才成就了一大批教育家。

另外，我国相当多的教育理论缺少实践基础。有些教育理论是一些专家提出的，这些理论与实际联系不紧密或不切合，但因为有“权威效应”，而在基层学校推广实施，导致实际操作中出现了许多问题。只有来源于实践的理论才有价值。不从事第一线的教育工作，拿不到第一手资料，而对教育评头论足，免不了会“纸上谈兵”。这些理论由于缺乏实践加以论证，就好比是在教育这片沃土上建了一座“空中楼阁”。教育的“楼阁”到底怎么盖，他们心中却不知道。又因为缺少实践作为“基础”，即使“楼阁”盖起来了，也很快倒塌，这些理论只能成为“一阵风”。而国外教育的理论，都是教育“大家”们在多年一线实践的基础上，经过不断总结、完善、论证，最终才提炼为理论。这样的理论，是建立在根基牢固的实践基础上，它经得起实践的检验。

上述两方面导致了现实教育出现了“有实践经验缺少理论”和“有理论而缺少实践经验”的现象，这种把理论与实践割裂开来的教育革新，必将阻碍现实教育的发展。

要摒除教育中的“空中楼阁”现象，行之有效的办法是加强理论与实践的结合。教育理论必须来源于实践，十几年前、几年前的状况跟现在大相径庭，社会变了，教育体制变了，学校领导和教师的观念变了，学生的思想、心理及学习方法也变了。在教育教学工作中，决不可用旧观念去研究新现象，既不可“用旧瓶装新酒”，更不能“用新瓶装旧酒”。教育工作者只有亲自从事教育教学工作，认真去分析、研究、总结教育教学现象，才能提升“接地气”的教育教学理论。

我国的“十三五”教育规划，提倡创新教育。创新教育的成败，关键在于教育决策的实施者——教师。因此，教育的创新需要教师更新角色。教师不仅要为学生传道、授业、解惑，而且要当好学习者、研究者的角色。教师要搞好教育教学实践改革，必须有丰富的理论知识和经验，这就需要教师不断学习。既要学习有关学科专业知识，还要学习教育教学的理论知识（包括影响学生学习成绩的情感、态度等非智力因素以及学生心理学知识）。同时，还要在教育教学工作中搞好研究，勇于实践，客观地分析现象，改进工作方法，积累好“第一手”资料，在实践、总结、再实践的基础上汇总成理论成果。

总之，要摒除教育“空中楼阁”现象，不仅需要教育专家深入教育教学“一线”，走进课堂，客观分析教育现象，科学论证、提出“接地气”的教育理论；更需要教师转变观念，更新角色，从单一的教育教学工作的实践者转变为教育教学的研究者、完善者、成就者。

教育需要回头看

如今的中小学教育，在此起彼伏的革新浪潮下，呈现出诸多的教育教学模式的同时，也产生了浮躁，有人把这种现象称为“多动症”。教育“多动症”由来已久，主要是受功利主义的影响，学校为寻求教育教学的短期效果，忽视教育教学的规律，忽视学生的成长规律，采取“急功近利”的方式，简化了教育教学的过程，将德育教育弱化成形式，将知识强塞给学生，不顾及学生思想、心理的发展，不顾及学生对知识的自主探究、体验。“多动症”最终导致学校刮起“一切为了学习成绩”的强风，教师无心读书、潜心研究；许多工作流于形式，脱离了教育的本源；学生走进了“读死书、死读书”的怪圈；靠拼时间、“题海战术”，甚至牺牲学生的身体健康，而取得缺乏含金量的成绩；教育似乎回到了以前的“满堂灌”“填鸭式”。

教育的发展需要传承，这种传承需要借助前人的探索和经验，我们应知晓教育先辈走过了怎样的一段路程，对教育事业做出了哪些努力，取得了哪些宝贵的经验；否则，我们的教育工作就容易迷失方向。纵观我国教育发展的历程，近代教育可谓是我国教育的快速发展时期，这个时期的教育承载了私塾教育与学校教育的革新，融入了西方教育的诸多因素，这一时段被许多人称为我国教育的“黄金时段”。为摆脱贫穷落后、处处挨打的状况，寻求国家的生存发展，许多有识之士踏上了教育的岗位，我国教育呈现了“百家争鸣、百花齐放”的局面，涌现出了严复、蔡元培、徐特立、黄炎培、晏阳初、陶行知、叶圣陶、朱自清、老舍等一大批优秀的教育大师。同时，这一时段也培养出了毛泽东、周恩来、蔡和森、向警予、田汉、丰子恺等许多伟大的人物。

然而，如今实行了多年的“素质教育”，却令许多教师走入了迷惘，陷入了困惑，时不时感慨“越教越不会教了”。出现这种现状，是教师因为忙于批改、考试，无心读书学习，无法静下心来反思工作，更没能回头看看近代和当代教育走过的历程。如果有心读读近代中国教育史，我们不仅能找到今天教育疑问的诸多答案，也会慨叹今天的教育似乎回归到近代教育的“原点”，会觉得自己今天所做的工作，采取的方式是多么的幼稚可笑。教育是一个国家发展的基石，公民素质是一个国家综合国力提升的关键。学校教育在民族振兴、国家繁荣中扮演着举足轻重的角色，学生的素质是成长的关键。让学生学会生活、学会学习、学会思考是学校教育的首要任务，而且这一任务刻不容缓。

回头看，我们需要进一步明确努力的目标和前进的方向；回头看，我们需要放慢脚步，等等自己的灵魂；回头看，我们需要静下心来想一想，想想我们正在做什么、做得怎么样，以及将来会怎样；回头看，更需要我们去追寻前人的脚步，站在前人的肩膀上仰望星空、砥砺前行。

浅谈素质教育与规范办学

实施素质教育与规范办学并不矛盾，规范办学是实施素质教育的必要措施和保障。

一是素质教育不可能取消检测，检测仍是衡量教师教学、学生学习的重要手段。素质教育中的规范办学只是不允许给学生排名次，公布成绩，不是不允许给学生评分。

二是素质教育不是不要教学成绩了，教学质量是学校的“生命线”，教学成绩也是教师教学成效的重要支撑，教学是教师工作的核心。规范办学不是不用辅导，而是不让增加学生负担、违规辅导。

总之，素质教育与规范办学二者是相融合的，实施素质教育必须规范办学，规范办学是深入实施素质教育的保障。当前强调素质教育和规范办学，只是把先前教育中的不合理之处纠正过来，使教育步入健康发展的轨道。同时，实现增强学生的体质，培养学生多方面的能力，使课堂教学更加规范化、合理化、人性化，以及大幅度提高教育教学质量的目的。由此可见，任何片面理解素质教育和规范办学的想法都是不妥的。

区域寄宿制初中的现状及建议

近几年，区域寄宿制初中的规范办学和学生的课业负担一度成为社会和家长非常关注的问题。由于学校办学及教师的教育教学行为存在着不够规范的方面，加重了学生的负担，影响了青少年的健康成长，也影响了教师的职业幸福感和专业发展。同时，由于有些问题缺乏有效的家校沟通，致使有的家长对学校或教师产生了一些误解和不满，这在一定的程度上损害了教育的形象，给教育的发展带来了负面的影响。为深入了解和找寻问题的所在，2012 年 2 月 27 日—3 月 2 日，我们调研组对烟台牟平区内几所寄宿制初中进行了调查，主要围绕教师对学校管理的认同感、教师的职业幸福感和学生学习生活的愉悦感展开，主要采取问卷、座谈、实地查看 3 种方式。为了更全面客观地发现问题，我们选取了 3 所农村寄宿制初中，对教师和学生进行了全面问卷和抽样问卷。

通过调查，约 88% 的一线教师的年龄在 45 岁以下。其中，37 岁以下（含 37 岁）约占 43%，38～45 岁约占 45%，这说明我区部分学校的教师处于年轻化、经验化的阶段。教师的任课情况：语、数、外学科教师，每周 10 节（2 个班），物理教师 6～9 节（2 或 3 个班），化学教师 4～6 节（2 或 3 个班），政治、历史 8 节，地理 12 节，生物 8～12 节，音乐、美术 11 节或 12 节，体育 12 节～18 节。教师的工作态度是积极的，约 85% 的教师热爱或比较喜欢这个职业，约 94.6% 的学生认为教师的责任心强。

在问卷和座谈中，绝大多数的教师对学校的管理和领导班子的工作是认可的。其中，118名教师参与问卷，问卷内容涉及教师对职业的认识、对自身的认识、对学生的认识、对领导及同事的认识、对学校的认识等多个方面的26个题目。在“教师对职业认识”一项中，约37.9%的教师“十分热爱，作为一种事业来追求”，约47.4%的教师“比较喜欢，是适合自己的职业”。对自身的认识，绝大多数教师充满认可、自信，约64.2%的教师认为自己的专业素养优秀、有自信心，约32.6%的教师认为还好、基本称职；约80%的教师认为自身的能力、水平在学校中得到充分或比较充分的发挥、认可。对学生的认识，约37.9%的教师认为“学生可爱，只要努力都能取得进步，个别学生的顽皮也是可以理解的”，约45.3%的教师认为“大部分学生是好的，只对个别调皮学生感到头疼”。对与领导、同事的关系的认识，约45.3%的教师认为“融洽和谐，非常满意”，约41%的教师认为“相安无事，还过得去”。在“对学校工作的总体评价”一项中，绝大多数教师评价很好或较好；其中，在办学定位和办学理念上，约42.1%的教师认为很好，约28.4%的教师认为较好，约21%的教师认为一般；在教学管理和教学质量上，约20%的教师认为很好，约51.6%的教师认为较好，约18.9%的教师认为一般；在教师考评体系上，约15.8%的教师认为很好，约40%的教师认为较好，约28.4%的教师认为一般；在教科研工作上，约25.2%的教师认为很好，约43.2%的教师认为较好，约23.1%的教师认为一般；在校风、教风、学风建设上，约32.6%的教师认为很好，约37.9%的教师认为较好，约22.1%的教师认为一般；在后勤保障与服务上，约23.1%的教师认为很好，约33.7%的教师认为较好，约23.1%的教师认为一般。另外，在“您认为学校现有的各项规章制度是否合理”一项中，约23.1%的教师认为合理，约51.6%的教师认为较合理。在座谈中，教师对学校的考核方案以教师的“业绩”为主给予了肯定，这正好与教师的问卷中“您觉得学校对您的评价客观、公正”一项中“约24.2%的教师满意、约50.5%的教师比较认可”相吻合；教师对学校领导班子的敬业精神、关心教师的专业成长（如组织教师参加培训及外出参观学习）、帮助教师解决困难等方面也给予了肯定，这也与问卷中“学校给您的整体感受”一项中“约13.7%的教师认为愉快、约51.6%的教师认为还算开心”较为一致。

学生问卷结果，反映出学生对学校和教师拥有认同感。在“你对学校的总体感觉”一项中，约41.9%的学生引以为自豪，约38.7%的学生感到满意；“全校学生在文明守纪、积极向上、具有良好道德品质方面感觉”一项中，约53.2%的学生认为很好，约33.3%的学生认为好或较好。“任课教师的责任心强吗”一项中，约94.6%的学生认为教师的责任心强;“你对教师布置的作业及批改情况满意吗”一项中,约77.4%的学生感到满意,约18.8%的学生认为一般;“你觉得老师关注你吗”一项中,约81.7%的学生认为非常关注;“你喜欢听现在的老师讲课吗”一项中,约87%的学生喜欢。

然而,调查中也反馈出学校管理、教师教育教学及学生发展中存在的一些问题。

一是学校对教师的考核过于简单化,忽视了对教师的师德及学生的德育工作的考核。学校考核教师“以教学成绩检测为主、顾及教师其他方面工作甚少”的情况普遍存在。实际上,检测成绩在学校对教师的考核中占了很大的比例;有的学校领导也直言不讳地讲“有了检测,学校考核教师就好办了”。许多教师对学校以检测成绩作为考核教师的过高比例提出异议,但又因提不出更客观、合理的考核方案建议而感到无奈。这导致教师“千方百计”提高教学成绩,忽视了学生的德育工作,忽视教育的过程,致使学生的思想品德教育缺失,学业负担较重。在这种现状下,教师针对学生成长中产生的思想问题和心理问题,只能采取“堵”的方式,不能提前、及时有效地进行疏导(怕耗费学习时间),等出了问题再去处理,只能是“头疼医头、脚疼医脚”,未从根本上解决问题,最终导致学生中的问题越来越多,问题学生也越来越多。学校领导及教师对后进生、常违纪学生的教育管理上感到无奈的现象普遍存在。

二是教师的压力较大,负担较重。在学校以检测成绩作为考核教师的最重要依据的前提下,教师感到了教学成绩的重要性,感到了教学工作的压力。“在工作方面,您面临的主要问题”一项问卷中,约52.6%的教师认为工作负担过重。在座谈中,教师普遍反映,承担的教学任务以外的事务性工作较多。例如,业务笔记、政治笔记等书写太多,班队会活动、主题活动等内容的备课较多,德育和教学工作中需记录的材料较多。除了这些工作外,教师还要承担值小班、值大夜班、辅导晚自习、随班车接送学生等任务。特别是班主任,有的早晨很早到校(7:00前),晚上学生下晚自习才回家(晚上8:30以后),几乎全天候靠在班级,对学生进行“保姆式”管理,耗费很多的精力,工作负担较重。这导致教师没有精力和时间进行学习和研究。

三是教师缺失教育教学理论和方法。在问卷“教学中,影响教学质量最大的因素”一项中,约40%的教师认为无法管理学生,约30.5%的教师认为缺乏教学手段,约26.3%的教师认为缺少教学方法;“从现代教育理论方面看,您认为最需要补充的知识”一项中,约51.6%的教师认为最需补充教育心理学,约23.2%的教师认为最需补充班级工作理论;“您最想得到什么样的培训”一项中,约45.3%的教师想得到新课改方面的有关理论培训,约45.3%的教师想得到教材教法培训。在教师座谈中,许多教师发出了“学生难管理”的感慨,一致认为,缺乏一定的管理学生的方法与技巧,班级学生中的一些问题得不到有效、及时解决,教师被班级工作所累。学生问卷调查也充分反映出教师教育教学过程中存在着方法性问题。首先,教师在课堂上缺乏亲和力,“在新学期希望老师哪些方面有改进”一项中,约14%的学生希望教师不发脾气,有幽默感。其次,教师仍惯用“教师讲、学生听”的授课方式,课堂教学中没有把学习的自主权还给学生,教师一味包办,缺乏对学生自己讲和练习、自己理解和记忆、自己总结和梳理的指导,学生缺少“自由”的学习时间和方法。问卷中,约21.5%的学生认为“教师应改进教学方法”。再次,教师对待学生缺乏理解、尊重、信任和公平。约31.2%的学生认为教师应改变对待学生的态度(如换个角度看学生,课间多给学生点活动时间,多关注一般学生,多鼓励学生,多与学生交流等);约14.5%的学生没有感觉到老师的关注;约15%的学生遇到困难的知识不会向老师求教。

四是教师缺失职业幸福感。问卷“你对学校的工作环境和办公条件满意否”一项中,约27.4%的教师不太满意,约12.6%的教师不满意;“学校给您的整体感受”一项中,约21%的教师每天小心翼翼地工作,约11.6%的教师感到心情压抑;“您在学校参加业余生活和文体生活的情况”一项中,约26.3%的教师认为缺少活动设施、活动内容单一、活动效果不太好,约56.8%的教师认为基本没有、每天只忙于工作、感觉很枯燥。究其原因,一是教育工作未被家长、学生认可,导致教师工作中产生失落感。二是教师考核中存在不完善的方面,如教师的降聘及师德考核分为优秀、合格、不合格3个等次,都在一定的程度上削弱了教师的工作积极性。三是语、数、外等大学科教师的职称晋升较难,有一方面的原因是这些学科的优质课评选的比例较小。四是每天缺少一定的文体活动来充实、调节教师紧张、单调的教学工作。教师在工作中缺少激情、热情和活力,工作效率大打折扣,这种有些麻木的情绪带进课堂,影响了学生,影响了教育教学工作的实效。

五是学生被管得太“死”,缺少独立思考、学习及活动时间,缺乏良好的学习习惯、方法和能力。调研中,校园内很少听到学生朗朗的读书声和谈笑声,很少看到学生课间欢快活动的身影(这里不排除教师怕学生活动出现安全问题和纪律问题,这种思想束缚了学生的手脚);同时,也存在教师提前上课、拖堂的现象,学生已经形成了“课间只是为了上厕所”这样的习惯,学生的身心得不到及时地调整,长期处于一种学习低效、生活无激情的“亚健康”状态中。座谈中,教师普遍抱怨学生不爱学习、不会学习，课堂上不会听讲；实际上，这与教师平日“满堂灌”的教学方式和不注重学习习惯、方法与能力的培养是分不开的。

六是学生缺少与家长交流沟通的时间，双休日作业是低效甚至无效的。通过调查，学生的双休日作业量不多，但也有的班级学生双休日需完成5个小时的作业。虽然问卷中，约77.4%的学生对教师布置的作业感到满意，但学生对教师的建议中，约18.8%的学生希望教师布置适量或少而精的作业。初中寄宿的学生都是周六早晨离校，周日下午返校，除去在路上往返花费的时间，学生在家只待一天。这一天中，学生既要完成一定量的作业，又要整理自己的卫生，还要休息调节，导致学生周日作业的质量与在校晚自习时的差距太大。据了解，全班最多有20%的学生能认真完成作业。教师明知学生双休日的作业质量很差，却要给学生布置一定量的作业，唯恐双休日时间被其他科目占有，对自己进行暂时心理安慰。学生双休日有作业的“束缚”诚然会规矩些，但缺少了与家长交流沟通的时间，缺少了进行自我调节的时间，逐渐形成了“生活就是为了学习”的意识，厌学心理越来越重。

七是学生的综合素质较差。据调查，不仅学生的学习习惯、学习方法、学习能力欠缺，学生思想品质和身体素质、心理素质也欠缺。例如，有的学校开学第一周的国旗下讲话，有近10名学生因头晕而被搀扶离开。

八是体育、艺术“211项目”的实施及体育竞赛模式不够完善。一是体育、艺术“211项目”在实施中，对学生采取“一刀切”的要求，不利于学生的兴趣培养和特长发展。同时，以书面考试的方式来评价学生的音、体、美素质和教师的教学质量易使教师对教学工作产生错误观念，教学中只注重理论的学习，而忽视学生兴趣和技能的培养。二是体育竞赛与“音、体、美课均必须按课表上课”规定存在着一定的冲突。每项竞赛历时3至4天，而且需要从其他学段抽调体育教师担任裁判员。如果将竞赛放在工作日进行，势必对学校体育课造成影响；如果放到双休日分散进行，则加重体育教师的工作负担，影响教师工作的积极性。

针对上述问题，提出以下几点建议。

学校要进一步完善教师的考核机制。注重教师平时教育教学过程的考核，把教师的师德、德育等工作充分地纳入考核中，并占有相当的比例；科学合理地运用好检测的成绩，使检测成绩在教师的考核中占有适当的比例，彻底扭转学校一切工作“围着检测转”的局面，使学校工作回归教育教学的本真。教师考核等次不要太细化，师德考核可分为合格与不合格两个等次。在年度考核中，教师无严重违纪行为，是否可以取消降聘。

为教师搭建多种平台，提升教师的职业道德素质，转变教师的教育理念，促进教师的专业成长。加强师德修养，提高教师对全体学生负责、服务的意识，公平、公正地对待每一个学生，相信、理解、尊重每一个学生。通过“请进来、走出去”的方式，加强新课改方面的有关理论和教材教法的培训，开展“结合课例交互式讨论”的教研活动和组织教师外出参观学习，转变教师的新课改理念，规范自己的教学行为，提高课堂教学的能力，改进教学方法，把课堂的自主权真正地还给学生；让学生自己提问题、自己思考、自己解决问题、自己理解、自己记忆，向课堂45分钟要质量。同时，加强学生学习方法、学习习惯、学习能力的培养，指导学生掌握预习、复习、解题的方法与技巧，指导学生构建知识结构体系；加强教师现代教育理论的学习或培训，通过学习教育心理学和班级管理理论，帮助教师进一步了解学生的心理，掌握学生心理辅导的方法，增强管理、教育学生的能力。教师应进一步转变工作方法，加强与学生的交流沟通，多表扬、鼓励学生，少些惩罚，遇到问题多从学生的角度考虑；加强读书学习与研究，加强学生的思想品德教育，及时疏导学生思想中存在的问题；要关注问题多的学生并加强研究，寻求科学的教育方法，积极转化他们。另外，上级部门可以给学校一定的自主权，给学校一定的经费支持，让学校根据自己的实际情况，组织教师外出培训学习或聘请专家讲学。

进一步实施人性化管理，提升教师的职业幸福感。一是学校要组织教师开展丰富的文体活动，增加教师的工作情趣，缓解工作的压力。二是建议上级教育部门适当增加语、数、外等大学科优质课评选的比例，让更多的语、数、外教师能参加区级优质课评选，既能调动教师工作的积极性，又能为教师晋升职称奠定基础。三是合理安排部分人员专职负责学校的值班、送班车等事宜，尽量把一线教师从繁多的工作中解放出来，同时要减少教师教学工作以外的、收获甚少的书写内容，让教师拥有更多的自由支配时间去读书学习，去研究教育教学工作。四是学校领导须改进工作作风，采取弹性的工作方法，如进一步加强与师生的沟通交流（因为约34.7%的教师认为学校与师生沟通不够），广泛征求教师的意见和建议，多关心教师的工作及家庭生活，充分挖掘教师的长处、亮点，多鼓励、表扬教师，满足教师获得认可的心理需求，缓解教师的心理压力，让教师心中充盈职业幸福感。

多给学生些“自由”。充分发挥学生的自主能动性，充分发挥班干部、团委会、学生会的作用，相信学生，让学生自己管理自己，变“看管”为“放手管”，为教师减负，彻底解决把学生管得过“死”的问题，培养学生自律的能力。给学生充足的活动时间，组织学生参加多种活动，培养学生多方面的兴趣和能力，增强学生的体质，提高学生的素质。多给学生自由学习的时间，课堂上教师要精讲，让学生自己多练；晚自习放手让学生自学，让学生在可支配的时间内搞好预习、复习或补习较差学科，逐渐培养学生自主学习的习惯和能力。业余时间上保证自由，双休日可以不布置作业，让学生有足够的时间与家长交流沟通，与社会接轨，与大自然相融；若布置，教师要精心设计作业，布置动脑动手能力训练的作业，不布置机械记忆或盲目书写的作业，且作业量必须少。

进一步完善体育、艺术“211 项目”的实施和体育竞赛模式。体育、艺术“211 项目”的实施，应本着培养学生兴趣为主，培养技能为辅的原则，不能同一标准要求学生，能够让学生自主选择项目。同时，应完善考核办法，避免书面的考试形式，改分数评价为达标评价，以抽查班级合格率作为评价标准，合格率在规定值以上的为达标学校，否则为不达标学校。为了不影响音、体、美课的教学，篮球、乒乓球等比赛可在放暑假后两个周开展。

另外，地方课程和校本课程在实施过程中存在一定的问题：一是缺乏足够的场地；二是缺乏有效的课程资源（有的学校根本没有校本课程的教材）；三是缺少专业教师。鉴于以上多方面因素，这两种课程的开设，不仅增加了学校安排课程的难度和教师备课的压力，而且收效甚微。建议可以在开展活动中，把地方课程和校本课程融于其中。例如，邀请当地老干部到校讲革命故事，既可作为开展的德育教育活动，又可作为民族教育的课程，也可作为校本课程的一部分，可谓一举多得。

（此文曾写于 2012 年春季。教育部门曾派出调研小组到学校进行问卷、座谈调查区域教育存在的问题。此文稿是本人在前期调研的基础上撰写的）

素质教育中缺失的“素质”

任何一种教育模式的实施推行，都不应完全摒弃原有的教育模式，应在纠正原有教育模式的不足、继承和完善原有教育模式的优势的基础上进一步发展。新模式对旧模式不是格格不入、全盘否定，而是有继承地发展。

新课改为二十一世纪的素质教育注入了新的生机与活力，也提高了教育质量。然而在素质教育“光环”的背后，我们应全面认真审视我们的教育，查找其中的不足。在为素质教育高唱赞歌的时候，我们应该清醒地看到素质教育中缺失的“素质”。

一、思想道德素质的缺失

如今的青少年，有相当一部分的思想道德素质低。其具体表现：缺乏爱心、孝心、责任心。

留心周围的生活，就会发现青少年缺乏爱心的表现：乘公共汽车时，没有几位会主动为老人让座；排队买东西时，没有几位会主动让年老体弱者先买；遇见老人过马路时，没有几位会主动奔上前去引路；当周围的人遇到困难时，又会有多少青少年真正地给予同情并伸出援助之手？

孝心就更不用说了，如今的青少年大多是独生子女，在长辈无微不至地关怀下成长，尽情享受着“阳光、雨露”。对来自长辈的关心和照顾，他们认为是天经地义、理所当然。我曾经让学生写过一篇以“感动”为话题的作文，然而很多学生感觉难写。写父母、老师的关爱令自己感动的例子很少，许多学生写的是平时里鸡毛蒜皮的小事，比如某同学借我一支钢笔，某同学帮我捡起东西等。这确实让人感到可悲！

缺乏了爱心、孝心，又怎能有责任心呢？平时学校组织的一些活动，如清扫卫生，许多学生是在老师的反复督促下、长时间监督下完成的。

出现这种情况，家长有责任，我们教师也有责任。如此发展下去，教育的未来何在？民族的未来何在？国家的振兴只能是一句空话。

二、心理素质的缺失

如今的青少年由于身处优越的家庭和社会环境中，养成了抗挫折能力差、任性、爱发脾气等不良性格。这些不良性格进一步发展，导致了青少年产生诸多的心理疾病。我曾在初三一学年的班主任工作中接触过患心理疾病的学生，有的表现为情绪低落甚至忧郁；有的口中自言自语，特别害怕因学习成绩不好而遭到家长的责备，往往做完一件事后，马上征求老师的意见；有的表现为思维障碍、情感失调、行为乖僻，脱离学生群体；有的表现为上网成瘾，成为超越亲情、友情的最重要的精神“食粮”；有的表现为思维定式严重，行为极为冲动，言行反差太大，难以沟通教育；还有的表现为对老师过度猜疑，甚至怀有怨恨。这部分学生不容忽视。这些学生的心理问题，是他们缺乏参与社会活动、集体活动的锻炼所致，也是由于教师给予青少年不良心理因素的疏导、矫正的太少；当然也有家庭和学生个人自身等方面的因素。事实上，有的教师可能根本不具备矫正不良心理因素的专业素质和能力。

三、能力素质的缺失

学生能力素质缺失主要表现在自学能力、自控能力和生活实践能力的缺失。首先，我们来听听家长的心声："老师，我的孩子放学回家光想着玩，既不看书也不完成作业，怎么说也不行。"有相当多的初中学生家长在我面前不止一次说过类似的话。如今青少年的学习积极性太低，自学能力差，大多数是在老师、家长的督促下完成学习任务，的确令人担忧。他们对学习没有兴趣，把学习看成是一种负担，又怎么能培养自学能力呢？在学校，学生较少参与一些应有的社会实践活动，缺少科学学习方法的指导，死记硬背的知识充满了他们的大脑，影响了思考能力的发展，旧知识不能成为掌握新知识的工具，使他们思考创新能力的发展空间越来越小。如今，相当多的青少年对学习的目的缺乏正确的认识，学习的自觉性太低，愿意学习、会学习的太少。由于长辈的偏爱甚至是溺爱，他们养成了任性、冲动的个性。他们在学习或生活中偶遇干扰，往往抵挡不住，易受诱惑；遇困难，易急躁，不知所措；有时会因一点挫折而一反常态，失去自控，做出一些反常的举动。他们被长辈照顾得无微不至，失去了许多参与生活实践的机会，比如洗碗、扫地、洗衣服等家务，往往被家长一包到底，致使他们不会做一丁点家务。这些问题也在学校生活中得到了反映，例如，班级清扫卫生时，没有几个孩子能完成好分担的任务。更让人遗憾的是，生活在农村的孩子不会主动参与农田劳动，连基本的农具也不会使用，甚至连庄稼和蔬菜何时栽种、收割也不知道。素质教育的目的是培养青少年全面发展和适应社会生活需要的能力，可其中不少内容脱离了现实生活。如果青少年连基本的生活能力都不具备，他们的成长过程必定会困难重重，甚至会接连遭遇失败。素质教育的确应该革新某些方面，把青少年从课本的束缚中"解放"出来，让他们更多地参与到社会实践活动中，增强社会生活能力，奠定人生发展的基础。否则，素质教育在不久的将来就会面临极大的挑战。

四、文化素质的缺失

当今青少年喜爱读书的很少，大多数热衷于上网，而上网的主要目的是玩游戏或聊天。他们厌学情绪严重，有相当多的青少年对学习中的问题懒于动脑、撒手不管。曾有学习成绩优异的中学生直率地对家长说："爸爸，我真不爱学习。"他们书写中的错别字有上升的趋势。他们的口语和书面语的表达水平越来越差，有相当多的中学生说话没有条理性，作文中更是病句连篇。

由此可见，我们教师在注重学习成绩时，忽视了教学中的许多细节，例如，对学生作业中错别字视而不见；只强调多读书，对于读什么书、应怎么读，却没有向学生讲明确，甚至连学生读书的姿势都没有培养好。

许多教育家不止一次质疑："当今的中国，为什么没有一位本土的诺贝尔获奖者？"这从当今的教育中可探知一二，如今学生的文化底蕴太差，缺少优秀传统文化的积淀，教育中功利性的东西太多，自然的、个性化的东西太少；强制性的要求太多，自觉性的努力太少。除了学校的原因，还有家庭、社会的文化氛围不浓的因素。而我们教师对此有不可推卸的责任。学生为何不爱阅读？因为学校的书让学生读得太死、太厌烦，学生已在学校失去了对教科书的兴趣，又怎能会自觉地读一些课外书呢？

不管怎样，素质教育所取得的成就是令人瞩目的。世界上任何一种事物都不是完美的，素质教育也不例外，教育者在实施素质教育中须保持清醒的头脑，一分为二地审视素质教育，客观理性地实施并逐步完善素质教育。

（此文写于 2007 年 2 月 7 日，离现在已有 10 多年的时间）

我谈当前教育的 7 个议题

——人民教育"基教 100 题"投稿

一、议题：优化整合教育资源应"以人为本"

推荐理由：撤并村小，优化整合教育资源，让农村中小学生在校寄宿并受到良好教育；但也造成了上学路远、家庭教育缺位等现实问题。撤点并校后期农村义务教育学校发展将面对教学压力增大，以及教师、学生由于环境变更而缺乏认同感等现实困境。

二、议题：再提"教育即生活"

推荐理由：学校教育内容充斥着太多应试成分，偏离了学生的生活，学习的并非是学生现在或将来所需的，导致学生学习缺乏原动力。

三、议题：学校办学要注重学校历史的构建

推荐理由：学校是否被众人认可或铭记，关键在于它有怎样的文化历史。学

校首先要充满“故事”,有“故事”才有历史,有历史才有文化和品质。

四、议题:“有效教育”是学校教育最重要的“坎”

推荐理由:教育方式单调、教学内容重复,挤压了学生自由发展的空间,加重了学生的课业负担,学到的未必有效,未必真正促进学生成长。

五、议题:责任教育是学校教育的“内核”

推荐理由:教师对工作缺乏激情和创新,学生对学习缺乏兴趣、主动性,都可归结为责任的缺失。责任教育缺失的学校是没有未来的。

六、议题:学校要有自己的“灵魂”

推荐理由:翻转课堂、云课堂等诸多的课堂新模式带来了视觉的冲击,但盲目照搬学习,往往使学校失去了立足的根基和发展的“灵魂”。

七、议题:学校应设有专职校医和心理教师

推荐理由:学生健康成长是学校工作的出发点和落脚点,没有学生健康成长,教育就无从谈起,学生的身体和心理的健康需要受到高度重视。

学校管理篇

我的办学理念

一所学校，有故事才有历史，有历史才有文化，有文化才有品质和底蕴。

学校没有差生，只有有差异的学生。

一、我心中的理想学校

学生快乐学习、健康成长，教师幸福工作、主动发展。通俗地讲，师生能够自由呼吸，过一种充实而完整的教育生活。学校教育不被功利所羁绊，师生不被名利所左右，校园充满欢乐，学生富有灵性，教育充满智慧。

二、理想学校的内涵

1. 校训

学校要秉承“尊重、责任、自主、创新”的校训。

尊重和责任是做人的必须，自主和创新是生存的必须。

尊重与责任为学校教育之魂，自主为学校发展之路，创新为学校发展之力。

总的来看，尊重是学校发展的前提，责任是学校发展的关键，自主是学校发展的根本，创新是学校发展的目标。

尊重就是理解，要理解教育规律，理解学生个性和成长规律，理解教师专业发展的规律；责任就是付出，要为学生成长付出，要为学校发展付出，要为社会进步和国家富强付出。

自主是学校教育发展之核心。只有自主办学，学校才能持续发展；教师和学生自主发展，才能够拥有美好的未来。

创新是撬动学校发展的第一杠杆。学校教育从来都不是整齐划一可以办得好的，要知道，凡是能齐刷刷的地方，多是找不到生长点和创造力的，学校也就陷入了一潭死水。

学校须加强尊重教育和责任教育。

（1）尊重教育。要尊重教师，尊重学生，尊重他人，尊重劳动，尊重规律（尊重教育规律，尊重教学规律，尊重学生个性特点和成长规律——顺人之天性）。

（2）责任教育。教师须对学生尽心，对学校尽责。学生须对学习尽心，对班级尽责。

学校的每一个成员必须明确责任，有所担当，各负其责，各尽其能，这样的学校才是充满活力的理想学校，这样的教育才是健康的、完整的。

没有责任的学生是没有前途的，缺乏责任教育的学校是没有未来的。

有了尊重、责任、自主、创新这些内涵的学校教育才能有根有魂、有声有色。

2. 校风

自尊自立，育德立学。

3. 教风

严谨求实，寓爱于教。

4. 学风

勤学善问，寓情于学。

5. 办学理念

为学生健康、幸福的人生奠基。

6. 办学目标

教学生学会生活、学会学习、学会做人、学会做事，并最终成为德、智、体、美劳全面发展的社会主义建设者和接班人。

哈佛大学在300多年里，先后培养了7位总统、40位诺贝尔奖获得者。这些成功人士的启示：只有学会了做人，才能学会生存。

三、校长与学校

一所学校承载着一位校长的梦想，一所学校承载着教师发展、学生成长的梦想；没有梦想的校长，学校便没有希望。

当校长，首先应考虑的问题是，为谁办学，办一所怎样的学校。为谁办学，从大的方面说，是为国家、为民族、为社会的未来发展；从小的方面说，是为学生健康成长、教师幸福工作办学，而不是为校长个人的名利。应该办一所师生能自由呼吸、幸福快乐的学校。

校长应该是师生最亲近的人，因为校长是学校的“第一服务员”。在学校管理中，校长应该首先想到自己也是一位教师，这样，学校管理才能人性化、实效化。

一位校长的思想有多高远，就能带领师生走多远。

作为校长，要时常告诫教师，必须坚守职业道德的“底线”，不踩踏职业道德的“红线”，更不要触碰职业道德的“高压线”。

四、教师与学校

任何一所学校，都不是因为出名才有了名师，而是有了名师才出名。

一所学校有了名师，就有了其深厚的文化内涵和深远的影响力。校长办学，要先从培养名师开始。

作为教师，实在应该每天抽点时间反思一下教育教学工作，看似耗时费力，其实，这是迈入成功的捷径。

教师工作的三要素：知识、能力、态度，其中态度最为重要。教师工作的态度直接决定着工作的成效，好的工作态度是成功的一半。

五、学生与学校

自主学习、自主合作、自主管理、自主评价、自主规划为学生成长之路。

严格规范的管理融入人文性的因素，以德育为先，把培养学生良好的习惯、品德和自学能力作为学校工作的出发点和落脚点。

六、发展与学校

《人民教育》总编傅国亮说：“每一所学校都是潜在的特色学校。”学校不能丢了自己的特色，丢了自己的特色就失去了办学的灵魂。校长须谨记，坚持办自己的特色最好。

北师大之行

——北师大培训考察报告

2013年6月24～30日，牟平区教育体育局组织学校领导、骨干教师50人，远赴北京师范大学（北师大）参加了学习培训。此次培训，开阔了大家的教育视野，学习到了教育教学的前沿理论，触摸到我国基础教育发展的最快脉搏，提升了教育教学理念，丰富了学校管理经验，拓宽了学校管理路径。

一、收获与感悟

（一）学校要有自己的文化

每一所学校都要有自己的历史和文化，每一所学校都需传承和发展。学校也应有自己的特色，特色是学校文化的发展节点。学校文化不是简单的墙壁挂图，也不仅是丰富的文体活动，而是根植于学校之中的被师生认同的教育生活方式。正如北师大高益民教授所讲："学校文化是一种有共同信念的教育生活方式。"

清华大学附小秉承"自强不息，厚德载物"的清华校训，确定了"为聪慧与高尚的人生奠基"的办学理念，系统构建了"1 + X课程"体系，既落实国家基础课程，又满足学生个性发展，形成了"1 + X课程"新型育人模式；学校成为学生幸福成长的乐园，师生共同发展的精神家园。北师大附中——三帆中学"以满足学生成长的需要，为学生将来做好准备作为工作的出发点"，大力开发校本课程，建立以基础型、丰富型、发展型和专长型四类课程为核心的课程体系，满足不同兴趣爱好、不同发展方向、不同层次的学生的需求；以"培养学生四个良好习惯"为育人特色，根据学生的特点，在实践中培养良好的道德习惯、学习习惯、生活习惯、健身习惯，为学生学会做人奠定坚实基础。北师大实验小学依托北师大教育科学、心理学科及学科教学等方面的研究优势，以"实验"为特色，始终进行教学体制、教学教法等改革实验，创设了必修课和课外兴趣选修课并行的课程体系。这三所学校，都把"实施多元化课程，满足学生发展需求"作为学校发展的核心，把开发多元化课程作为学校教育教学工作的蓝图和依据，并以此作为学校的办学特色，带动学校其他工作的开展，提升了学校的品质，成就了学校的文化。

学校文化不能一蹴而就，要符合校情，运用本校原有的文化资源，从特色项目切入，靠平时工作的点滴积累。而我们区域有的学校，至今仍没有自己明晰的办学理念，没有符合自身实际和学生特点的特色项目。校长也没有自己的办学思想，学校工作只是实施模式化的程序，传达、执行上级的指示，缺乏创造性的工作，缺少传承和规划。有的学校文化只停留于表面、浅层次，如悬挂名言警句、名人画像而已，没有把学校文化真正融入师生的生活中，形成师生有共同信念的教育生活方式；也没有形成一套系统的管理机制，师生缺乏共同的奋斗目标，缺乏对学校的认同感，团结协作精神不强，工作、学习动力不足，工作中的问题得不到有效解决。事实上，没有思想就没有方向，因为方向比努力重要；没有特色就没有学校的发展和教育的未来。

（二）理论是教师成长的支点

教师的发展需要实践和理论的支撑。有了理论的指导，教师的工作就有了明确的方向，就能从实践中累积成经验，从经验中总结出规律，在实践中进行创新。

北师大附中——三帆中学开设了基础型、丰富型、发展型和专长型四类课程，把教师培训作为首要工作，通过聘请专家讲座，不断丰富教师的教育教学理论，使教师能够运用理论撰写课程纲要，承担并胜任所开发的课程。北师大实验小学则依托北师大教育科学、心理学科及学科教学等专家资源优势，建立由知名专家和学者组成的专家指导组，定期对教师进行理论讲座，指导教师参与各类课题研究，著书立说，有效地提高了教学水平。

教育教学的过程，其实质就是教师在实践中验证、完善教育理论，在理论学习中反思、总结教育实践的过程。教师是在不断丰富理论和实践创新中获得成长，正如北师大郭华教授所言："名师的成长需要自觉的实践和系统的理论学习。"教师承担着教书和育人的任务，教育的对象是个性鲜明、充满活力的学生，教师不仅得有扎实的专业知识，还要有丰富的教育学和心理学等有关理论知识。有了这些，教师才能真实地了解学生的心理，把握学生思想观念形成的途径，有效地开展德育工作；才能知晓学生掌握新知识的过程和认知的规律，构建课堂教学的结构；才能有效分析学生学习障碍的原因。这正如北师大刘儒德教授所言"有效教学取决于学习中的固有认知负荷、附加认知负荷和生成认知负荷所占的比重"，刘翔平教授所说"教师要从病理学角度看待学生的学习表现"。同时，通过理论学习，教师才能较全面了解古今中外教育发展的历史，才能知晓当代教育家的教育思想与实践，找到实际工作的理论依据和捷径。

如今，我们中小学的许多教师整天忙于琐碎事务，无暇进行读书学习、思考和总结。工作缺少理论的指导，从而产生"工作好不知为何好，工作失败不知什么原因"的盲目状态，好的工作经验得不到系统总结，教训得不到有效吸取；导致工作中每天都面临新问题，许多简单的问题被复杂化，消耗了大量的精力，丧失了职业的幸福感。在日常工作中，一谈到专家讲座，许多教师心中就会犯嘀咕：教育理论在工作中根本用不到，我们需要的是教育一线的经验。可见，教师对于理论的学习是不够积极主动的，教师对有些专家的理论性讲座也是不感兴趣的。事实上，虽"教无定法"，但"教有好法"，"好法"是教师在实践的基础上总结出来的，"好法"需要理论的支撑。

（三）立足学生自主发展，才是最好的教育

"为学生提供什么课程，促进学生健康成长是检验办学质量的依据，课程是学校教育教学工作的蓝图和依据。"三帆中学李校长曾介绍说。无论是清华附小的"1＋X课程"体系，清华附中的"综合课程、学生自创课程、领导力课程、核心课程"，还是北师大实验小学的"必修课和课外兴趣选修课并行的课程体系"，以及三帆中学的“以基础型、丰富型、发展型和专长型四类课程为核心的课程体系”，都以满足学生的兴趣爱好为核心，为学生个性发展而开发整合课程、搭建舞台。学生可以自主选择非基础课程，自己组织开展活动，自己进行课题研究，学生的特长得到了自主发展。

走进清华大学附中的语文课堂，我们可以发现：教师以学生已有的知识经验为课堂教学的起点，逐步引导学生主动探究；教师始终尊重学生对课文的解读，不厌其烦地引导学生由浅入深研读课文、感悟内涵；教师在课堂上始终保持着微笑，言语间充满着对学生的鼓励；教师解读课文、驾驭教材和课堂的能力很强，能把教材的内容自如地贯穿于教学过程中，而且不拘泥于教材，例如根据诗歌的意境，在《再别康桥》原文“我（心）甘做一条水草”一句中，加上了“心”字，从而表达出的深沉情感更为强烈。同时，教师也能根据学生所需，推进课堂的进程。例如，第一次朗读课文后，一个学生谈出了“文中蕴含着深沉的感觉”；当课堂教学进行到某一章节时，教师就让这个学生朗读体会“深沉”的感觉。整节课上，学生不仅深入解读了课文的内容，而且了解了诗歌的写作技巧以及欣赏的方法。

而我们的课堂，过多注重学生对知识毫无体验的“接受”，教师为完成知识的传授而传授，不注重引导学生构建学科知识体系，不注重规律的总结和方法的指导，也不注重科学思维方式和美好情感的培养，导致学生“越学越难，越学越厌”。德育工作没有紧贴学生的生活实际，以“说教式”为主，缺乏丰富的活动和有效的跟踪指导机制，学生缺乏真实的体验和感悟，致使德育工作流于形式，实际效果不理想。正如北师大高益民教授所说：“德育教育必须在学生参与的实际活动中才能取得实效，因为学生是在实际活动中形成自己的品德、观念。”

二、建议与思考

（一）以特色项目为切入点，创建学校文化

学校文化是学校的核心，不仅是校长办学思想的高度概括，也是学校的办学方向，是全体教职工、学生的共同奋斗目标。创建学校文化，可从特色项目入手。我们参观别的学校，除了明确“教育不可复制”外，更应该深入思考，思考我们的学校将走向哪里，我们的教育将迈向何方，学校的特色项目是什么，如何利用本校的优势资源，创建学校文化。例如，有的学校处于“苹果之乡”，是否可以引导学生开展与苹果种植、市场销售有关的一系列课题研究，以此带动学校的德育工作、教学工作；有的学校教师擅长根雕、绘画，是否以此创建兴趣小组，生发学校文化的特色；有的学校地处海边，是否可以依托大海，融合地理、生物的知识，引

导学生开展海洋生物与海洋保护的课题研究，创建“蓝色”的学校文化；有的学校地处烈士纪念馆附近，是否可以此创建独具特色的德育文化等等；我们必须清楚，学校在创建文化的同时，也“启迪了学生智慧，照亮了学生的人生”，带动了学校其他工作的开展。

（二）发展教师特长，消除职业倦怠

教师的职业倦怠，主要是由于教师体会不到工作的乐趣，收获不到职业发展成就，找不到职业的生长点。这既有教师对自己职业发展缺乏规划的原因，也有学校对教师发展缺少关注的原因。学校应为教师搭建更多的舞台，消除教师的职业倦怠。可把研发校本课程作为教师职业发展的补充点、生长点；充分利用教师的特长，为其搭建职业发展的平台，成就事业的“二次曲线”。比如好写作的教师，学校可安排负责校报、校园广播工作；好种植花草的，可安排负责学校“开心农场”或“种植园”工作；擅长创造发明的，可安排组建科技发明小组等；总之，学校要充分利用并发挥好教师的优势，最大程度地满足教师职业发展的需求，做到“人尽其能，人尽其用”，成就每一位教师的“教育梦”。

（三）上好“种子课”，生发学生的能力

“种子课”即每一章节的第一课，是单元的开篇课、基础课，也是生长课。平时教学中，教师要上好“种子课”，要讲清有关概念、公理、法则，引导学生种下“智慧的种子”，让学生掌握学科学习的方法技巧，总结知识间规律，并在后面的课堂教学中进行强化训练、指导，催其“生根发芽”，逐步发展形成科学的思维方式和自主学习的能力。

（四）了解学生，夯实教育的基础

“教师不要苛求把学生拉回自己的时代，应该充分地了解学生，找到与学生谈话的节点，学生喜欢的，教师可以不喜欢，但教师不能不了解。”北师大余清臣教授在“现代师生交往中”的专题中曾这样讲道。的确，了解学生是教育学生的基础，教师只有了解了学生，才能拉近与学生的距离，与学生搭建起对话的桥梁。有效的课堂教学只有建立在了解学生的基础上，教师才能把握好学生的已知与未知，学习的重点与难点，这样，课堂教学才能有的放矢。德育工作也是如此，教师了解了学生的行为动机、心理特点、思想情感，家庭状况等方面，才能与学生建立起有效的对话，教育才能深入学生的思想，触及学生的灵魂。总之，教师只有想学生所想，知学生所知，学生才会对教师产生认同感，教师才会具有较高的解读学生行为的能力，不仅能看到教育的表面现象，也能看到教育的实质。

教育是头顶理想天空、脚踩着大地的事业。办好教育，需要有广阔的视野，更需要踏踏实实的工作。当我们迈进校园，走进课堂，心中就会有所担当；我们需要常想：应该为学校的发展做点什么，为学生的成长付出点什么。在升学考试尤为重要的今天，我们不能浮躁，不能“追风”，要坚守教育的本色，不能只做一件事情，学校办的是否成功，课堂是否有成效，关键在于为学生的发展做更多、更好的事情，促进学生的健康成长；我们为学生做得越多，学生取得的进步就会越大。

从“熟视无睹”到“教育有痕”

平时工作中，相信大家都遇见过这样的现象：询问学生对学校情况的了解，比如让他们随口说出学校宣传栏、文化走廊上的经典语句，发现能说出的学生很少。虽然学生每天都会路过文化墙、宣传栏，但他们却对此知之甚少，早已“熟视无睹”。其实，还远不止这些。我曾经到某学校听课，私下询问学生对老师情况的了解，很多学生直摇头，不少学生连老师的姓和名都不知道。这不是个例，学校教育中的类似现象并不少见。试想一下，多年以后会有多少课堂上知识印刻在学生的记忆里？答案恐怕是少之又少。对此，大家都有切身的体会，多年后驻留在记忆深处的往往是学校生活中的琐事，特别是自己曾经历过的逸闻趣事。

一所学校或一位教师对学生的教育少则一年，多则几年，然而，却没有给学生留下什么值得回忆和留恋的东西，这不得不值得反思，“熟视”怎么会“无睹”，教育怎么会“无痕”？不知从何时起，我们的教育变得如此陌生，师生间如此隔膜，心间距离如此遥远。鲁迅先生曾在《藤野先生》一文中写道：“我就是叫作藤野严九郎的……”，记述了在日本求学时的老师——藤野先生在课堂上介绍自己的内容，读到这里，无不为之动容。作为学校的管理者和教师，实在应该深刻反思。

如今的教育，受功利主义的影响和束缚，较多地呈现了“形、简、智”的因素。一是形式较多，实质较少。学校未“因学而教”，未精心打造适合学生的校园文化，往往生搬硬套其他学校的校训、校风、学风等，偏离了学生自身成长和发展的实际需要，导致学校的表面文化千篇一律，产生了多校一貌的状况。这样的文化墙、宣传栏只是支撑学校门面的“摆当”，对学生的教育和学校发展没有任何意义。二是简化过程，重视结果。在教育教学中，部分学校怕耗时费力，教师懒于动脑，往往简化了诸多的过程。本应学生参与的不参与，本应学生讨论的不讨论，本应学生自己思考的不思考，本应学生动手做的改为教师演示。许多时候，教师注重把知识灌输给学生，注重学生学习的评价结果。学生不主动参与，就没有体验，形不成认知，更不可能转化为自己的思想意识和自觉行为，导致了诸多的“漠视”现象。三是注重智育，忽视德育。在教育教学中，教师更多注重知识的传授，而忽视了学生思想的引导，品德的濡染，心理的塑造，没有把学生当成“人”来教，没有把学生当成“一个完整的人”来育，以致部分学生产生心理问题和道德问题。

教育不是万能的，但违背规律的教育是万万不能的。从学生的身边着眼，从学生的生活入手，正确引导学生认识学校、了解老师以及做好自己，是学校教育的首要任务。

每个学校要有自己的历史，形成自己的特色文化。要让文化墙、宣传栏真正“发声”，让校园文化真正融入学生的学习生活中，融入学生的一言一行中，融入学生的灵魂中，融入学生的健康成长中，而绝不能仅仅停留在专栏上和口头上，流于教师和学生“熟视无睹”的形式中。

要上好“开学第一课”。开学的第一天，教师就应引导学生认识、了解现在的学校，逐渐形成对学校的认知、认可和归属感，产生“学校是我家，我须爱护它”的强烈责任感。同时，还要引导学生了解学校的过去和未来，要深刻认识学校对自己健康成长的意义和作用，明确自己对学校的责任，拥有强烈的认同感和归属感，让学生在多年以后可以自豪地说：“那所学校曾经是我的母校，那里留下了我许多美好的回忆。”学生了解自己的学校，才会爱上学校，才会对学校、班级拥有责任感，才会自觉守纪、努力学习、奋发有为，将来才会对国家和社会有所担当。

教学要有声，育人要留痕。教育是育人、树人的工程，必须实实在在、扎扎实实地做好每一项工作，任何浮躁和急功近利都将歪曲教育的本真，偏离教育的正常轨道，使育人、树人成为一句空话。如今，许多学校对学生的教育，特别是德育工作，一味节省时间、简化过程。教育的场所由室外转向室内，该让学生参与和体验的活动，改成了老师的单一说教，教育过程中少了学生主动参与的身影，课堂中没有了学生自己的声音，以致育人工作没有在学生心中留下任何印痕，“熟视无睹”的现象时有发生。为此，学校必须重视过程教育，摒弃一味说教的方式，践行学生主动参与，使教育有声、留痕。

作为学校管理者和教师，我们需要经常反思：我们应该教给学生什么，让学生学会什么，我们的教育应该给学生留下什么；但不管怎么反思，“教育有痕”应该成为每一所学校和每一名教师始终遵循的最基本原则。

从“扰民”说起

——教师授课的音量大小

周五下午放学时，学校附近一居民找到学校领导，反映学校课间音乐声太大，干扰了他休息。他说得很激动，校领导连连点头应允纠正。

曾几何时，学校上、下课间的铃声消失了，取而代之的是音乐，课间音乐在某种程度上的确缓解了教师工作和学生学习的压力，活跃了课间的气氛。可是，有的学校课间音乐播放时间过长、音量过大，这不仅没有收到好的视听效果，反而成为一种“噪音”，影响了师生的身心健康。

事实上，人的听觉最适宜的声压范围为 15 ～ 45 分贝，声音超过 50 分贝，给人的感觉是吵闹，而且有损神经。（根据国家规定，住宅区的噪音，白天不能超过 50 分贝，夜间应低于 45 分贝，若超过这个标准，便会对人体产生危害）

有数据表明，长期生活在噪音环境中，人的听力会受到严重影响并产生神经衰弱、头疼、高血压等疾病；如果突然暴露在高达 150 分贝的噪音环境中，鼓膜会破裂出血，双耳完全失去听力。

以前的同事曾经对我说，她们学校课间的音乐声很大，让她感觉很不舒服；何况学校有的老师还患有神经衰弱、偏头痛、心脏病等疾病，根本受不了太大的声音刺激。

由此可见，人们生活和工作环境中的声压需要在一定的范围内。那么，联想到课堂上，教师的授课声音也应保持在合理的声压范围之内。如果教师授课声音太小，传递给学生的声音符号太弱，对学生的听力神经起不到有效的刺激作用，往往导致学生的注意力不集中，课堂教学效果就会大受影响。联想到自己刚参加工作时，老校长在会上反复强调说，教师授课要有力度。当时，有的年轻女教师因授课的声音太低，往往受到校长的批评。于是乎，时间一长，全校教师授课的声音都是较高分贝的。有时从某班教室门前经过，教师的授课声音能听得清清楚楚；甚至坐在前排的办公室里，也能清楚听到后排教室里某些教师的授课声音。那么，教师授课的声音越大，教学效果就会越好吗？答案是否定的。一些教师对此缺乏正确的认识，有的教师把对学生的授课变成了“课堂上的喊叫”。从另外一个角度看，教师授课声音过大，也收不到好的教学效果。授课声音过大，学生的听觉就会产生疲劳，而且声音过大也不利于学生思考。课堂学习既需要学生认真听讲，也需要学生静心思考，俗话说：静能生慧。

对学校工作的若干建议

一、一所成功学校必备的七要素

（1）学校管理：优秀的学校领导层、优秀的教师队伍是学校成功的两个人为因素。

组织纪律是学校成功的第三个因素。

这三个因素是学校成功最有力的支撑和保障。

（2）发展目标与愿景：即期望与梦想，这是学校成功的第四个因素，它对学校的发展起到导向、引领、激励的作用。

（3）扎实的教学活动：这是学校成功的第五个因素，强调课堂教学和定期检测。定期检测是课堂教学的“试金石”。

（4）学好语文：这是学校成功的第六个因素，语文是其他学科的基础，学生的语文综合能力强，能为其他学科的学习起到极大的促进作用。

（5）高质量的课外活动：这是学校成功的第七个因素，他是课堂教学的有力延伸与拓展。

二、学校要设立博物馆和历史档案室

学校要设立教师、学生博物馆，在博物馆中可展出教师个性照片、个人简历、参加各类培训和竞赛的照片、获得的荣誉等；可陈列教师各个时期的教育教学成果、使用过的教案、讲义等具有纪念意义的物品，以及学生写给老师的书信或便签；也可展示学生入学、毕业照片以及参加各类活动照片或获得的荣誉。博物馆，有形的是场所，记录着教师、学生成长进步的足迹；无形的是呵护教师专业发展、学生健康成长的学校文化。

学校也要单独建立学校历史档案室，展示学校不同时期的历史及发展历程，特别是对学校发展具有重大意义的事件。要有影像、图片、文字等资料，比如学校要每年把全体教师的合影、学生毕业合影珍藏；除了在档案室里存档外，可以在一层走廊展现出来。学校要及时记录下发展中的重大活动，保存好能清楚反映师生活动的影像、图片资料；等到一届学生毕业时，能够在毕业典礼上进行还原，剪辑成影像进行播放，让学生重温小学五年或初中四年的美好时光，留下在母校学习生活中的美好回忆。

三、积累教育智慧，引领成长

每学期，学校要组织教师开展读书、写作活动，要求每人每学期至少写出一篇原创的读书心得或工作经验或教育随笔等，组织专人编辑教师的《阅读心声》《教学心得》《育人心语》3 种专著，做到每学期一本，这既是教师的教育教学经验的展现，也是学校教育智慧的结晶。我曾经在养马岛中学组织编辑过三本，但由于各种原因，这项工作未坚持下去。

四、学校应该设有专职校医

学校设有专职校医，能够对学生的身心健康提供一定的保障，也能有效保护学生的人身安全、预防伤害。校医应定期对学生的身体健康状况进行检查，协助学校加强对学生的卫生保健教育，增强学生的卫生保健和安全意识，有效防控类似 2003 年的非典事件对学校和学生的冲击和影响。

如今中小学生的安全用眼问题亟待解决，中小学生良好的饮食习惯也急需培养。有一部分学生不吃早饭或晚饭，只吃一些面包、火腿肠之类的东西；有的学生吃一些垃圾食品。学生们不懂得良好的生活习惯对自己身心健康成长有多么重要。学校应该充分发挥校医的作用，有针对性地开设学生饮食健康安全课，让学生掌握基本的饮食安全知识。

学生没有好的生活习惯，他的身体健康和学习成绩都将受到极大的影响。

五、学校要加强校园文化建设

学校应加强校园广播、校报、宣传栏的建设。一方面展示学校的风貌、师生的风采，集聚正能量，形成良好的舆论氛围，创建良好的校风；另一方面为教师和学生搭建展示自我的平台，增强荣辱感和自信心，促进教师和学生积极发展。

六、加强领导和师生队伍建设

学校应加强领导队伍、班主任队伍、教研组队伍、学生班干部队伍建设，培养以身作则、认真负责的工作作风，特别是要做到“守土有责”。在工作中，严抓各项规章制度的落实，培养领导和师生们的工作能力，逐步养成自觉、自主的行为习惯，使学校由制度化管理转向人文化管理，由管理转向自理，逐渐形成独具特色的校园文化。很多学校不注重学生管理，很多教师不相信学生管理。我曾在 1986～1989 年就读于大窑中学，在那时，深刻体会到自主管理对学生个人、班级、学校发展的重要作用，自己的自律能力和抗干扰能力就是在那个时期培养起来的。

七、搞好规划管理和自主管理

学校领导要列出每月的工作要点，定期总结工作情况，使学校各项工作有序开展、有果呈现；定期举办教研组长、班主任工作论坛，研讨工作中的问题，宣传、学习典型的经验；完善少先队、团委会的组织建设，定期开展活动；成立学生会并组织上岗值勤，加强学生行为的监管和督导，定期进行工作总结，批评后进、表扬先进。班级要放手让学生自己去管理，树立"我的班级我做主"的责任意识，培养学生的自治、自理能力。

八、完善各项制度

学校要根据教育形势发展和师生成长的需要不断完善各项制度。制度的内容一定要突出学校的重点工作和热点问题，切实符合师生实际，能最大保障师生发展的权益。规章制度越简越好，越有实效越好。要建立较为公平、公正的机制，使广大教师在工作中有章可循、有度可守。

九、学校管理中的问题

学校工作中的问题就是学校管理的问题。学校管理了出了问题，首先是领导的问题，其次是教师的问题。班级出了问题就是班级管理的问题；学生的问题，在很大程度上反映的是教师的问题。在班级管理中，学生不是做不好，而是缺乏正确的引导和积极的管理，要时刻提醒教师要守住自己的师德"底线"。

十、学校工作必须讲原则

学校工作应考虑到教师的需求，但必须以遵守好规章制度为前提，不能为照顾部分或个别教师而牺牲学校的或学生的利益；否则，这是无原则的表现。学校开展任何工作，必须要讲原则，正如俗话所说"没有规矩，不成方圆"。

十一、校长听课需关注学生的回答

校长听课不仅关注教师的"教"，更要关注学生的"学"。要记录学生的回答，分析其中的词汇量、言语的逻辑性和修辞的成分，从而作为评价教师在培养学生学科素养方面所付出的努力和取得的成效，同时也利于掌握学生的学习力。

十二、借鉴办学经验

如何借鉴别的学校的办学经验？要明晰自己学校的实际情况，即学校发展的优点和短板是什么，还要明确别的学校发展如此成功的最核心因素是什么。切不能盲目照搬、完全复制。既要把握成功办学经验的内涵，又要在实际中创造性地运用；否则，借鉴办学经验只能是“水土不服”、半途而废。

十三、上好入学“第一课”

学校文化的创建，学校历史的积淀，应从学生入学开始。首先要培养学生对学校的认同感，既让学生了解学校的发展历史和文化，也要了解学校的自然环境。可以让每年入学的新生种一棵树，让这棵树伴随学生成长。这棵树可让本届学生管理，要给这棵树挂上“身份证”，记载树原名及习性、新名及植树人等。每年的校园文化活动，可以以每年所植的树为依托，比如在树上系上心愿卡，寄上祝福卡，展示个人魅力的照片，以及学生个人的摄影、绘画、书法作品等等，临近年末或毕业，可让学生与这棵树合影、留念。事实上，从表面看，学生种的是树，其实种下的是“理想与成长”。

十四、给学生自主支配的时间

事实上，如果每天上、下午能给学生安排一节自习课，这将大大有利于学生的学习。中午的时间可让学生巩固上午所学知识，做做练习；下午，最后一节让学生巩固下午或一天所学知识。自习课，让学生先巩固再做作业；做作业时，要引导学生不到万不得已，不要翻阅教材等参考资料。这样的话，学生学习中的很多问题就可以得到解决，比如，知识的遗忘，知识的巩固、消化，知识疑难点的解决等，这非常符合“艾宾浩斯遗忘曲线”中对学生认知规律的阐释，新知识遗忘是先快后慢的，需要及时复习，达到事半功倍的效果。

自习课上，教师可参与辅导，但不允许讲课。从表面看，可能影响了教学的进度；而事实上，学生既及时消化、巩固了所学的新知识，也解决了所学新知识中产生的疑问，为后面知识的学习奠定了基础；同时，也培养了学生质疑和自主学习的能力，提高了作业效率，有效遏制抄作业的现象。

我当年在大窑中学读初中的时候，学校的早晚自习采用放手让学生“自己自习”的方式。早自习安排了史、地、生、政等学科，晚自习则安排语、数、英、理、化等学科。任课教师只许进教室辅导，帮助学生解决学习的疑问，不允许教师面上讲课，更不允许哪一个教师“侵占”整个课堂或自习。学生处于一种自主学习的状态。真正把自习的权利还给学生，真正把自习的空间和时间还给学生，不仅有利于学生对所学知识查漏补缺，更重要的是培养了学生的自学能力和自我管理能力。

十五、校长与教师的谈话

作为校长，找教师谈工作，最好提前全面了解教师工作的实际情况。谈话时，态度要温和，气氛要愉快，地位要平等；否则，教师不会认同校长的建议的。

十六、校长要会讲故事

一名校长，应该是一个很会讲故事的人。许多工作要求的落实，并不一定要靠学校的规章制度等强制手段来实施。在某些方面，校长通过讲故事的方式来指导工作，往往会博得教师们情感上的共鸣，心灵上的共振，思想上的共识。

十七、学校要有自己的校歌

如果条件允许的话，学校应该有自己的校歌。校歌凝聚并展现了学校的文化，校歌记载了学校发展的历程，师生传唱校歌就是传承、发展学校的文化。

十八、制定恶劣天气应急预案

2017年第二学期开学第三天（周三）下雪，小学部分学生在路滑的情况下到学校拿课本和作业本。事实上，中央电视台和网上早有对恶劣天气的提前预报，而学校未在此方面提前召开部分领导及教师会，布置好有关工作。

恶劣天气对学校的教育教学工作产生较大的影响。应对恶劣天气，学校应建立好应急预案。

一是提前召开领导和班主任会议。讲清学校应对恶劣天气的预案，提前布置好相关的工作，班主任要及时传达好有关要求，比如学生是否到校、如何到校，以及安排好学生在家的学习情况。

二是加强家校联系。班主任应在学期初，及时建立好家长通讯录（家长电话号码有变动要及时更换）；遇到恶劣天气，要及时通过短信、微信、QQ等方式与家长沟通（对于特殊的情况和学生，最好的沟通方式是打电话），把恶劣天气情况下学校对学生的相关安排和要求清楚地告知家长，让家长监护好学生在家的学习和安全情况。

总之，学校必须建立好恶劣天气应急机制，确保恶劣天气师生的安全，做到“停课不停学”。

十九、规划每学期作息时间的变动

由于气候变化和为了保障学生上、下学的安全，每年五一和十一及十一月中旬期间，上级教育部门都会对学生在校的作息时间做出详细调整。学校教务处应提前搞好规划，提前告知学校领导、教师、学生及家长，让大家对自己的工作和学习提前做出安排，避免各方面工作因考虑不周而出现纰漏。比如，“五一”放假前就应该布置好学生午休的相关事宜，通过电话、短信或致家长一封信等形式，把时间更改情况和学校对学生上、下学及午休等方面的要求及时通知家长。

二十、做好放假和开学的准备工作

学校每到临近期末，师生归心似箭，心里都容易发慌，许多工作因思想麻痹大意、考虑不周而出现失误。学校的许多工作在整个假期中几乎处于无人监管中。临近开学，许多领导、教师心未收回，仍沉浸在休假状态之中。

因此，在这两个时间点上，至少要提前 2 个周，甚至一个月，由分管领导考虑好、安排好各方面工作。要结合实际反复推敲，全方位、多方面地考虑，注重细节，一点一点地准备并开展好各项工作，如水阀的开关，电器及电源插座和电闸的开闭及线路的检修，卫生清扫、后勤物品的回收、伙房食品的保存、教科书及图书的回收、暖气的入水和放水、教室及伙房餐具、刀具及学生餐盘的消毒、各类物品采购及提前发放，校舍、教育教学设施设备的安全状况等。总务处负责的工作较多，这也充分体现了学校后勤保障工作的重要性。

二十一、认真落实假期返校情况

假期返校要及时清点并落实教师及学生的人数，做好请假记录，加强对学生的安全教育，还要做好返校卫生清扫及教师值班工作。

二十二、教师的职业道德一刻不能松

要经常加强教师的职业道德教育，教育教师必须坚守职业道德的“底线”，不踩踏职业道德的“红线”，更不要触碰职业道德的“高压线”。特别是在喝酒开车、赌博、乱收费、参与办班与补课收费等违规违法方面。

教育教师勿违规违法。教师的违规违法问题将牵扯学校很大一部分精力，处理不好将直接影响到学校的正常教学秩序，直接损害学校的形象和声誉，使学校和师生们“蒙羞”。

二十三、学校管理根在基层，赢在中层

学校任何工作，都必须切实考虑到教师的切身利益。领导在平时工作中要

多与教师交流、沟通，及时解除误会，消除不理解，把内耗降到最低点。同时，学校各项工作必须靠中层领导去认真贯彻、执行、落实。

二十四、工作必须公平、公正、公开

学校平时任何一项工作必须做到公平、公正、公开。任何涉及教师切身利益的事情，都必须在经过领导班子协商、广泛征求教师意见、由教代会讨论通过的基础上再实施，且最终结果必须公示，还要留有公示记录和照片。（有感于2016年底的教师评聘工作，有的学校教师考核方案及评聘方案不完善、教师考核及评聘结果未公开，导致教师们意见很大）

二十五、学校管理重在落实的内涵

学校管理在具体落实上要做到“七有”，即有制度（各种制度要合理完善）、有机构（专门机构设置级部、政教处、教导处、总务处等）、有人员（专职人员检查——领导及值班教师、学生会成员）、有责任（分工要明确，责任要明确，第一责任、主要责任、专门责任明确，做到人人有责、人人负责、人人尽责）、有措施（问题能够及时预警、及时预防、及时处置）、有督导（任何工作都有检查、有督促、有指导、有责任追究，谁负责，谁担责）、有恒心（任何工作必须持之以恒，成为一种常态）。

总之，一句话，学校布置的工作要在第一时间检查、总结、公示，促使教师养成“有令必行”的工作作风，达到“立竿见影”的效果。

二十六、学校管理重在细节

抓好平时常规工作和工作中的细节是学校管理的重心。原山东省烟台牟平区大窑中学校长李培植说：“学校工作没有多少标新立异的东西。”

二十七、学校管理中的“内耗”

学校工作最为糟糕的事情莫过于“内耗”，即领导与领导间、领导与教师间、教师与教师间的不和谐、不支持。“内耗”伤害的不仅仅是人与人之间的感情，更重要的是滞后了学校的工作，影响了学校的发展。请记住：“内耗”对谁都没有利。在学校工作中，领导和教师应达到“双赢”。

二十八、学校安全和卫生

校长须谨记：学校工作最重要的是师生的安全工作，没有安全就没有生命，没有生命谈何教育。其次是卫生工作，学校的卫生是学校的外在形象、“脸面”和窗口。

二十九、学校管理的关键

学校管理的关键是要让教师气顺。领导要用心倾听教师的声音，能最大程度地满足教师的需求。教师的气顺了，心齐了，劲足了，绩效就高了。

三十、与家长的沟通

学校开展有关工作，要及时与家长沟通好。学校要告诫教师，与家长沟通时，不要说气话、大话、过头话。当有些事情与家长沟通不好时，要及时汇报给分管领导，由分管领导上报学校，及时采取补救措施。

三十一、教师的成长

不经过浴火重生的苦痛，教师要成长起来是不可能的（有感于部分教师备讲区级、市级甚至是省级优质课）。参加优质课评选的教师所受的苦楚只有自己知道。经过了一遍遍的授课、评课，教师在“磨课”过程中自己也会成长起来。成长的过程不亚于“破茧成蝶”。曾经有的教师在背后说过，“刘校长，我恨死你了。”这句话是教师发自内心的，也是教师成长的另一种表现形式。

三十二、任何新举措都要慎重

任何一项新举措都会涉及全体或部分教师的切身利益，如果实施不当，就会遭到教师们的强烈反对，使学校陷入“内耗”中。校长必须始终坚守一个原则：有利于学校发展进步、有利于学生健康成长、有利于教师专业发展的事情必须要做，而且要一做到底，尽全力做好。

三十三、学生体育锻炼须适量

由于学生在假期中缺乏锻炼，身体各方面机能需要一个调节、适应周期，因此，学生在新学期前几个周的体育活动量不宜过大。运动量过大，不仅让学生体力透支，感觉身心疲惫，而且容易导致学生受伤。过大的体力消耗也会直接影响到学生的课堂听课乃至学习效果。对此，应该采取循序渐进的原则，有计划、有步骤地逐渐加大学生的运动量，而不是盲目地寻求“高负荷”运动量，让学生“吃不消”。（有感于不少学生日记中写到活动量很大，回到课堂或家中身体疲惫）

对于身体不适的学生，教师要提前了解。在体育运动方面，教师要与学生沟通好，对身体有特殊情况的学生必须给予适当的照顾（少训练或不训练）。

三十四、校长到新校上任须“定”

校长到一个新的学校上任，首要的工作不是急于给教师灌输自己的教育教学理念或办学思想，而是要全面了解领导及教师的情况，了解学校约定俗成的规章制度及考核办法，了解教师心中所想和领导工作的开展情况（可通过座谈、个别交流、教师书写对学校教育教学工作的看法及建议等方式），即通过实际调查，掌握学校的发展现状及存在的问题。对于学校和前任校长的成绩必须予以充分尊重和肯定，要坚持“取其精华，去其糟粕”，学校过去发展中好的管理措施和经验要继续发扬，不当的地方要逐渐纠正、完善。

对于教师考核方案、评先树优、职称申报、值班等关系教师切身利益的重要敏感的问题，一定要慎之又慎，不可轻易改变教师原有约定俗成的东西；否则，就会引起教师的不理解，甚至抵触。（有感于某学校教师评聘中对教师考核随意加分的问题）

三十五、绩效考核发放要公平

教师的绩效考核应该依据教师的工作量（班主任工作、学期上课总节数、备课、辅导、作业批改等情况）和教师的教育教学成绩而定，并且要加大教师平时工作量所占的比重（应至少占60%以上），而不能单纯以教师的教学成绩来考核教师的绩效情况，这样对相当多的教师来讲是不公平的。

三十六、班主任工作的重要性

教师是学校发展的关键因素，班主任工作是学校工作成败的决定因素。一所学校的好坏，关键在于班主任工作的成败。在平时工作中，学校必须加强对班主任的培养，既要搞好班主任专业理论的学习，也要搞好班主任工作经验的交流和积累。

三十七、做明智的校长

校长须明智，不能因某些人的片面性汇报，而偏离事情的真实情况、工作的本原。校长不仅要腿勤、嘴勤，还要脑勤，要善于思考学校管理中的人和事，知晓哪些教师是“能者”，哪些事是“大事”“要事”。校长做人要大气，做事要精细。

三十八、学校规划的问题

学校的规划和改建应有整体意识、超前意识和环保意识，不能随意更改学校原有的布局和绿化环境，不能只看眼前，要从长远的角度定位学校的规划。一所学校改建，不仅仅是教育设施、校园环境的改善，更重要的是学校原有的历史文化的传承。

三十九、要“人尽其才”

在学校管理中，领导要有双“慧眼”，善于发现教师的长处，并为其搭建平台，做到“人尽其才”，让其发挥专长，为学校发展贡献聪明才智。

同时，学校提出与以前有区别的决策或原来没有的决策，一定要让有关领导或教师发挥他们的才智，谈谈自己的看法，初步拟定决策草案。而后，校长要在参考大家意见的基础上，组织领导班子成员讨论后再做决策。最终，决策要经过教代会讨论表决通过后再实施。

四十、学校及时控制好疾病舆情

学校搞好疾病的舆情控制很重要，这关乎学校的声誉和正常的教育教学秩序。

首先，每年必须搞好季节性传染病多发（如春季沙水痘和流行感冒，冬季的流行感冒）的提前预警。可提前聘请医院（或疾病控制中心）的专家对师生进行疾病预防的专题教育。班级要开好疾病预防的主题班会，让师生全面了解疾病预防的相关知识，提前搞好疾病预防。

其次，学校要落实好晨午检制度。班主任每天要落实、记录好每个学生的身体健康情况。若发现学生生病，要在第一时间内上报学校，不允许隐报、瞒报，并留好相关的检查记录。学校要安排分管领导牵头，组织专人汇总、分析好每天的晨午检情况，发现突发疫情，要在第一时间上报学校主要责任人，要在第一时间启动疾病应急预案，及时采取有效控制措施。

再次，学校要全面搞好卫生工作。教育学生要做到饭前、便后洗手，要勤换衣服，勤洗澡；平时生活中不乱碰、乱触摸不卫生的东西。要及时搞好校园环境卫生、教室卫生、宿舍卫生、伙房卫生、餐厅卫生；要组织学生勤晒被褥；同时，要经常搞好班级、寝室的消毒工作，并留好消毒记录。伙房也可从学生的饮食入手，做一些能增强学生体质、预防疾病的饭菜。

最后，学校可向家长发放相关疾病的宣传材料，让家长协助学校做好疾病防控。如学生生病需回家治疗，班主任一定要跟家长解释清楚，沟通好，让家长理解配合学校工作，避免发生误解。若孩子在家生病，要求家长及时向教师反映孩子的情况，便于教师及时了解孩子的病情，做好针对性的照顾和相应的教育工作（有感于某学校春季发生的“沙水痘”病情）。

四十一、组织教师开展文体活动

学校的确应该把教师当成一个有思想、有情感、有品位的完整的人来管理。除了要重视教师的教育教学工作，更应该重视教师的身体健康、幸福工作的指数，还要关心教师的家庭生活状况。要利用课余时间，组织教师开展一些文体活动（趣味运动会、读书朗诵会、独唱或合唱会、音乐舞蹈会），为教师搭建展示自己才艺的舞台，愉悦教师的身心，缓解教师工作的压力，增进彼此的了解、和谐，加深彼此的感情，增强工作的凝聚力和向心力（有感于教师为参加读书朗诵比赛录制视频一事）。

四十二、校长办学不能跟风、“东施效颦”

校长办学不应丢了学校原有的文化，不能丢了传统文化。传统文化是民族发展的“根”，也是学校发展的“魂”，学校教育没有了灵魂，如同“行尸走肉”。不能上级考什么，学校就抓什么，学生就学什么，办学要有自己的“定力”。缺少了传统文化，学校办学还会有多少“中国味”“民族情”？应该重拾传统文化，向学生传授武术、珠心算、毛笔字、剪纸、绣荷包、京剧、吕剧、泥塑、根雕、印刻等传统文化的技能。从表面看，学生学的是技能，而实际上是受到传统文化的熏陶，是对传统文化的继承和发扬，这对学生成长和发展所起的助推作用是深远的。

四十三、充分发挥老校友和老教师的作用

通过调研，充分掌握学校走出去的优秀老校友和退休老教师的情况。在他们方便的时候，向他们发出邀请函，邀请他们到学校走一走、看一看。这既是让他们走走校园路，看看新变化，说说过去事，叙叙师生情，更是议议发展路，请他们为学校的发展献计献策。

通过这种方式，可以传承学校的历史文化，提升学校的知名度，拓展学校发展的人文资源，拓宽学校发展的路径，规划学校发展的蓝图，增强全体师生对学校的认同感、自豪感，以及奋力前进的责任感和使命感。

任何老教师对学校都有割舍不掉的“校园情怀”。他们对教育教学工作及学校的发展有着自己的独特见解，对学校来讲，这是最宝贵的教育资源。邀请他们回学校看看，充分体现了学校对他们工作的肯定、尊重和感谢。对学校来说，忘

记了老教师，就意味着忘记了学校的历史，遗失了学校的“根”。

因此，学校要有“本土教育化”的意识。

四十四、学校工作不可“临时抱佛脚”

听说有的学校为了在即将举行的区运动会中取得好成绩，临时组织学生周六、日上午加强训练。这样，真的能提升运动成绩吗？

学生的运动体质不是短时间内就会提升上去的，关键在于平时的训练，比赛前的突击训练往往不会收到好的效果。有时可能会因为学生身体受伤、过于疲劳等因素而影响到比赛的成绩，由此可见，“临时抱佛脚”的做法是不可取的。

如今，学校面临的检查特别多。因平时工作繁忙或缺少计划打算、个人松懈等原因，许多日常工作做得不充分，当上级部门来检查时，学校急忙组织相关人员采取了“突击性”准备，效果可想而知了。

其实，学校的工作跟农民种地是一样的。什么季节、时令做什么工作，具有常规性和客观规律性。对于常规性的工作，学校每年要提前搞好规划，制定好计划，按部就班地开展。

四十五、学校工作的整合

为了节省时间和精力，学校有些工作可以进行整合，做到“多个会一次开”（一次会议，传达研讨多项内容，比如把班主任安全会议和班级卫生会议整合一块开），也可以“多种活动一次搞”。例如，把有关安全演练活动、德育活动或艺体活动整合在一起开展，学生下楼可开展消防安全演练，上楼可开展防恐安全演练；举办主题班会可以融合多项的教育内容；举办校园文化节，可以把合唱比赛、绘画和书法比赛融合在一起。这样既充实了会议和活动的内容，又节省了时间，减轻了师生的负担。

四十六、不可全部否定或一棍子全打

对于学校工作中出现的问题和失误，领导要追责，该谁的问题就是谁的问题，该谁担责就由谁担责；不可以把问题和失误强加到无责人员身上，这样对无责人员是不公平的。学校领导在处理教师工作中出现问题时，一定要就人论人、就事论事，不可打击面太宽，伤害无辜者。否则，容易引起无辜者的抵触和反感。

四十七、学校工作避免“一个萝卜一个坑”

学校教师工作安排应避免“一个萝卜一个坑”。每年很多学校的个别教师因生病等原因而不能正常上课，导致教育教学工作出现“空岗”。学校领导对此很为难，因为学校没有多余的教师可以安排，而且“空岗”班级学生的教育教学工作又不能耽搁。

建议上级教育部门在每年每所学校的人事安排上，可以给学校一定的“替补”名额，使学校能够从容地应对工作中的“空岗”，特别是关乎学生学习知识的文化课教师，不至于出现“一位教师病了，学生的课就暂时停了”的现象。

请记住：什么工作都可以等一等，而学生的教育不能等。

四十八、学校开设“校园风景线”栏目

学校可安排专人每天拍摄校园的风景，定期通过摄影图片的形式在宣传栏中进行展示，展现校园的美丽风景，展现教师在教育教学工作中最美的风采，展现学生靓丽的身影。通过这种方式凝心聚气，弘扬正能量；特别要展现一些默默无闻的教师风采，让他们得到应有的尊重，拥有成就感。

四十九、校长可亲临不可亲为

一次，到某学校去参加全区的工作会议，校长亲自查看和整理会议室的卫生。其实，在学校管理中，这样的事情应该安排分管领导去做，校长只去查看或过问一下即可，不可亲为。

学校管理根在基层，赢在中层。任何一所学校，任何工作必须靠中层领导去布置、安排、抓好落实，甚至带头做；必须靠一线教职员工去做到底、落实到根上。校长的主要职责是安排、督查落实情况，校长在学校管理中不可“错位”。

五十、德育工作早该落实

（有感于张志勇厅长在烟台市学校德育一体化工作会议上的讲话）

德育教育“形式化”已成为学校教育不争的事实，义务教育阶段因为有所谓的学科质量检测和中考，高中阶段因为高考，许多应该开展的德育教育课程被挤占了，德育教育内容被删减了，德育教育活动被停止了。面对这样的教育现状，现在的大学不得不把德育教育列入培养学生的重要内容。其实，德育教育应从小学抓起，直至高中、大学；但重要的是抓好初中、高中阶段，因为这两个阶段是学生人生观、价值观塑成、发展的关键期。离开了这个关键期，再去培养学生思想品德，恐怕会收效甚微。

我们应该多学习北欧的瑞典等一些国家，加大对教育的投入，他们的教师承

受不起教育失败的结果。教育上的任何投入都是应该的，都不为过。因为教育承载着一个国家和民族的未来，抓好教育就是赢得了未来发展，奠定好教育的基础就是奠定国家和民族未来发展的基础。

五十一、学校工作要“以人为本”

学校工作以“爱”为先，学校领导在工作中要设身处地多为师生考虑，教育才能实现“以人为本”“以生为本”。例如，学校要想方设法解决好师生的饮食、午休等方面的生活问题，师生的生活状况是开展教育教学工作的基础和保障。

五十二、规范办学始于规范教育教学行为

要规范学校的办学行为，首先应从规范教师的教育教学行为开始，特别是年轻教师的课堂教学行为。未经过一定时间、深入、专业的教育教学培训的年轻教师即时上岗已不是新鲜事，这将直接制约学校的发展。

教师的教育教学行为不规范不仅影响学校的声誉和发展，更重要的是制约了学生的健康成长。请记住，好的学校源自优秀的教师。

学校应及时搞好年轻教师上岗培训、专业发展、职业规划等重要工作。这些工作不是简单的一个教师成长档案袋就能解决的问题，而应实实在在抓实、抓牢、抓好。这项工作应该由分管教学的副校长、教导主任、教研组长来具体落实。

五十三、学校用水的问题

如果不违反上级规定或条件允许，学校可以拥有自己的深水井。2017 年春季、夏季胶东半岛地区多处干旱，好长时间未下一点雨，学校出现严重缺水的问题，导致伙房到传达室运水、做饭，学生把饭盒带回家刷，教学楼无水，没法打扫卫生，大大影响了学校的正常生活秩序。（有感于 2017 年春季、夏季干旱的情况）

五十四、学校的三类课程

学校课程可分为基础课程（国家课程）、传统课程（珠心算——开心智，书法——育心德，武术——健体魄）和个性发展课程（兴趣小组或社团），这三类课程不是割裂开来的，应该是协调统一的。基础课程奠定了学生成长的基础；传统课程涵养了学生的美德，弘扬了传统文化；个性发展课程培养了学生的特长，发展了学生的专长，让学生拥有了成长的自信，发现了成长的潜能。

五十五、学校管理中的民主与集中

学校不是所有的工作都可以采取民主协商的方式进行，有时较广范围地征求意见，反而缺少了正确、有效、果断的决策；有些工作，就得采取集中的方式。

五十六、学校安全隐患的处置

学校要安排专人定期负责校舍、消防等方面的安全隐患排查，排查要细致、全面，要把发现的问题做好记录，并及时上报有关部门。学校的校舍、消防安全是学校安全的“重头戏”，不可掉以轻心。

五十七、让教师少受干扰

其实，绝大多数教师是最容易满足的，学校只要提供一个和谐、安静的教育教学环境，让他们能够静下心来教书育人即可。学校领导要想方设法，创设有利的条件，让教师远离繁杂事务的干扰。过多的行政文件耗费了教师过多的时间和精力，大大干扰了教师的工作。

五十八、校长办学的根本

一所学校的校长，如果没有自己的办学思想和办学理念，缺乏课程的领导力和实际工作的指导力，单凭靠“搞好关系”来管理学校，工作是难以服众的，效果是微不足道。时间一长，学校的各种问题必暴露无遗。校长必须靠学识、能力和人格魅力来办学，这也是一所学校得以持续发展的根本。

五十九、校长心中要有“定力”

作为一名校长，在学校管理中会经常遇到领导或教师提建议。对此，校长心中要有“定力”，不可偏听偏信，更不可不假思索就心血来潮做出鲁莽的言行或决定。校长是一校之长，任何不成熟的决定都会对师生和学校的发展产生不利的影响。

六十、教育教学模式不可随意“变身”

任何一种教育教学模式的更新，都不应完全摒弃原有的教育教学模式，应继承和完善原有模式的优势，弥补原有模式中的缺憾。新的教育教学模式是否可以借鉴推广，不要轻易地取决于人的认识，更主要取决于实践，因为实践是检验真理的唯一标准。任何教育模式的更改都要慎重，因为这不仅仅关乎学校的工作，更重要的是关乎学生的成长。任何一所学校要推行新的教育教学模式，都必须持谨慎的态度，要在广泛征求教师、学生、家长的意愿的基础上开始阶段性、小规模的实验；当积累一定的经验后再推广，切不可领导头脑发热，不顾实际情况，一股脑地全部实施。校长请切记：孩子的今天不可“实验”，孩子的明天不可“重头再来”。

孩子的健康谁来“买单”

前段时间，读到《中国教育报》关于“毒跑道”事件和常州外国语学校的环境污染问题的报道。其实，这已不是个案，如今不少学校附近都存在着环境污染问题。面对环境污染，很多学校束手无策，孩子的健康谁来“买单”？

众所周知，区域的环境污染与当地经济发展是紧密联系在一起的，关闭污染环境的企业就会给当地的经济产生一定程度的影响，这是“经济指标至上”的当地政府最不愿涉及的问题。因此，一些污染环境的企业就有了地方的“保护伞”，便肆无忌惮地乱排乱放。这是环境污染问题得不到彻底根植的最根本原因。学校作为弱势群体，又怎能与企业对抗？面对污染，学校只能忍气吞声，致使广大师生成了“毒气”“毒水”的最大受害者。当下许多曝光的事件，都是由于学生身体短时间内出现了不适而“东窗事发”。另外，一些学校附近虽也存在环境污染问题，但短时间内不会发生中毒事件。学校知道正当诉求得不到解决，所以只能听之任之。

学校附近的环境污染问题已不是小问题，因为“孩子是祖国的未来”。如果孩子没了健康，国家的未来又会在哪？维护好学校附近的环境，绝不是靠学校自己“发声”，它需要全社会的广泛参与，更需要当地政府的严词厉行。习近平总书记多次强调“决不以牺牲环境为代价去换取一时的经济增长”。解决学校附近的环境污染问题真的是刻不容缓。

“教师读书”之我见

时下，读书的教师太少，主动读书的更少。尽管许多学校在引导教师读书上动了很多脑筋，想了很多办法，下了很多功夫，采取了很多措施，但收效甚微。一说起教师读书，许多学校领导会皱紧眉头，直摇头，甚至许多教育专家对此也有点束手无策。其实，当前教师“厌读”的情况不亚于学生“厌学”。教师不愿读书的原因除了工作忙而没有时间外，也有其他因素。

从教师的工作性质来看，教师最应该多读书，通过读书来构建自己的专业知识体系，丰富文化底蕴，积淀教育教学的经验，提升教育教学的技巧，进而提高自己的专业素质和教育教学能力。事实上，许多教师整天忙于非课堂教学的繁杂事务，埋没于备课、作业批改、辅导中，以致身心疲惫，对其他教育教学书籍的涉猎感到厌倦。正像有的教师所说："一看到教育名著，我就犯迷糊，什么也看不进去。"这里既有缺少时间和精力的因素，也反映了某些教育专著的理论性强、内容枯燥，以致教师们不愿读或读不懂。教师对教科书以外的书籍阅读的厌倦感，如同大家每顿饭只吃同一个菜一样，觉得没有胃口。

从读书的功效来看，读书对教师的工作应有一定的促进作用。然而，读书对教育教学工作的短期促进作用不明显，有的教师由于看不到读书的好处，而不愿读书。同时由于受功利主义的影响，许多教师寻求工作效果"立竿见影"，而读书对教育的促进作用是潜移默化的，不可能短时间见效，况且因为多读书而取得成功的教师毕竟是"凤毛麟角"。读书对教育教学促进作用的大小关系着教师是否喜欢读书。

另外，网络阅读弱化了教师的读书的兴趣。随着网络的普及，许多教师习惯于上网查询有关问题。网上检索快速便利，慢慢取代了从读纸质书中寻找答案。因此，书籍慢慢淡出了教师们的视野，走出了教师们的生活。

教师不愿读书的原因较多，上述几个方面不容忽视。教师读书还是以主动阅读为好，任何强迫形式的阅读都容易流于形式，达不到预期效果。那么，如何引导教师主动、有效阅读呢？

首先要引导教师进行趣味性的浅层次阅读，让教师们喜欢读书。教师的阅读兴趣也很重要，学校可以向教师推荐或提供学科教学以外的与教师身心、生活密切联系的书刊，比如《读者》《幸福家庭》《健康杂志》《养生》等，以此来诱发、培养教师读书的兴趣，引导教师由阅读非学科教学类书籍而走上阅读学科教学类书籍之路，即由多读生活类书籍转向多读专业类书籍。

当然，学校向教师推荐教育教学理论书籍时，一定不要照着上级教育部门的要求"画瓢"，不加选择地把多方面、多本或很厚的一本教育教学专著一股脑地抛向教师，明明知道教师不可能完全阅读却要为之，最终使教师读书流于形式。学校一定要本着"少而精""小而实"的原则，对教师读书要深思熟虑，充分考虑实际情况和多方面因素。例如，要充分考虑教师平时工作量和工作的压力，要贴近他们教育教学的实际，如阅读最能帮助教师解决工作中实际问题或启发教师实际工作灵感的书籍；要精选一篇或几篇文章让他们阅读。读书之前可以提出一点要求或进行相关的指导，但一定不要提出过多的要求，甚至提出“必须写读书笔记”这样的硬性规定；因为阅读是一种私人化的过程，是教师个性化自觉成长的过程。

平时，学校可以开展多种读书交流活动，为教师读书营造良好的氛围，搭建交流展示读书成果的平台。例如，学校领导可以参与教师的“读书沙龙”活动，与教师们一起交流读书的心得，产生思维的碰撞，形成情感上的共鸣、心灵上的共通。还可以开展“经典诵读”“美文赏析”“每周一文”等活动，让教师登台亮相、展示阅读的风采，使教师意识到读书的意义和价值，特别是对个人成长和实现人生价值的重要作用，进一步激发他们自觉阅读的兴趣，增强持续阅读的后续动力。

学校还可以采取有效的激励机制，进一步激发、引导教师读书。从实际看，无论哪个学校，就算教师多数多么不爱读书，但总能发现几位、甚至是十几位教师爱读书，而且他们的读书成果令人瞩目、敬佩。学校可以以此为突破口，举办“某某老师读书经验交流会”“某某老师读书展览”等活动，让这些教师登上讲台，讲述自己读书的经历和感受，充分展示自己的读书经验和成果。作为学校领导，要充分相信“星星之火可以燎原”，以少数几位教师读书的“星星之火”来燎学校阅读的“原野”。

教师读书是一个老话题，也会是一个永久性的问题。有教育存在就需要教师读书。作为学校领导，必须客观理性地对待教师的读书，急不得也快不得，多不得也高不得，要切合本校的实际，以教师为本，站在一位普通教师的立场上，有理、有序、有力地组织引导教师读书，以此助推教师的专业成长。

教师最不喜欢的3件事

事实上，许多教师平时的工作压力都比较大，他们大多对这三件事表现得极为冷漠，甚至有抵触情绪。作为学校管理者，必须客观了解教师工作上的喜与厌。

一是上级有关部门组织的多个与教育教学工作无关的检查。这些检查不仅对学校工作，特别是对教师的工作造成了一定的干扰。学校是育人的园地，开展教育教学工作需要一个宁静和谐的环境，与教育教学工作无关的检查无疑是对这种育人环境的破坏，它冲击了正常教育教学工作的进行，也带来了形式主义和浮躁风。

二是上级和学校组织的与教育教学工作无关的各种培训及会议。要做到“一会简开”“多会一次开”。上级有关部门要以立足教师的专业发展、学生的健康成长为宗旨，适当筛选与教师成长有关的，而且对教育教学工作有利的培训内容和会议，对教师的工作关系不大或无关的培训和会议大可不必举行。而不少所谓的“培训主题”往往是由一些从来都没有在教学一线工作过的“专家”，在家里对着电脑屏幕拍脑袋想出来的，至于这个主题所涉及的内容是不是一线教师关心的，相关的报告能不能切实解决教师在教学实际中产生的疑惑，好像很少有人关心。教育教学培训要贴近教师的实际工作，最好聘请一线教师搞好专题讲座或经验交流。专业成长其实更多的是一个私人化的过程，每个人的起点、特点、目标都不尽相同，需要的也就不一样，给教师最大的个人学习自由是继续教育组织者要思考的事。人大附中翟小宁校长曾说:“优秀教师都不是靠培训出来的，而是教师自觉成长起来的。”强迫教师们牺牲自己宝贵的时间去听一些不知所云的报告，学一些七拼八凑的理论，写一些违背良心的“培训心得”，这样的继续教育培训必定会失败。

另外，学校领导在布置工作前一定要精心备好课，要弄清楚应该布置什么工作，教师怎样去完成工作，以及什么时间完成和应该达到的工作目标。一定要长话短说，面面俱到的内容抓住重点说，重点的内容强调说，教师能听懂的内容要简短说，能看懂的内容也可通过书面或电子版的形式让教师自己学习了解。

三是领导把自己的工作推给下属。工作中，许多领导习惯当“甩手掌柜”，把上级安排的、本应自己亲自完成的工作直接推给下属，着实令下属苦不堪言，也会使工作成效大打折扣。作为领导，要明确自己的责任，知道哪些是自己该做的，哪些是教师该做的，哪些是指导教师做的。基层的、具体的工作是教师该做的，而涉及学校发展规划、学校管理等一些面上的工作，就应该由领导自己亲自做。

一味将本应自己做的工作推给下属，不仅会加重下属的工作负担，也会使下属产生抵触情绪，极大降低领导在教师心中的威信。

领导切莫当“甩手掌柜”

下班后，去一家大型超市闲逛，偶遇这家超市在重新调整柜台，工作人员来来往往忙碌着。刚踏入进口处，一位60多岁的老者迎上来，亲切地问:“您需要篮子吗？”我连忙摆了摆手。其实，我认识这位老者，他是这家超市的董事长。这么大岁数，这么高的职位，在这么晚的时间，能亲自参与到超市的柜台调整中，其敬业精神令人敬佩。

由此想到平时，身边许多同事和朋友曾多次向我抱怨，自己单位某些领导习惯当“甩手掌柜”，常把上级安排的、本应自己亲自完成的工作直接推给下属，着实令下属苦不堪言。许多下属虽心中有一百个推辞或不满意，但慑于领导的权威，只能听之做之。这不仅是领“懒政”的表现，更是领导的失职和不作为。

作为领导，首先要定好自己的位置，起到“领”和“导”的作用。“领”是引领：作为领导，在布置、落实任何一项工作，都要首先为教师搞好工作规划，确立好工作实施的路线图和时间表，让教师知晓什么时间做、怎么做、做到何种程度。“导”是指导：领导应深入一线，积极参与到教师的教育教学工作中，对教师的工作进行实质性的指导，并提出科学合理的建议，有时需要亲自为教师示范，做出榜样。

领导要树立“自己的事情自己做”的观念，明确自己的责任，知道哪些是自己该做的，哪些是教师该做的，基层的、具体的工作是教师该做的；而涉及学校发展规划、学校管理等整体上的工作，就应该由领导自己亲自做，切不可盲目推给教师。

由于下属对工作的指示精神理解得不透彻，对工作要求把握得不准确，而且发自内心有抵触情绪，往往会抱着不够负责的态度去完成，致使工作的效果大打折扣，严重影响工作的顺利推进。长此以往，不仅滋长了“懒政”的官僚主义作风，而且也会严重影响到学校的声誉，极大降低领导的威信。

浅谈“全员班主任制”的优点

——齐抓共管，同舟共济

全面培养、提高学生的素质已是二十一世纪教育所面临亟待解决的问题。学生素质的全面提高要依靠教师辛勤扎的工作。教师工作的成果怎样，很大程度上取决于学校的管理机制。“全员班主任制”是牟平区大窑中学顺应时代的发展，适应本校的实际情况，运用科学的管理理论所开创出的一项全新且符合学校教育客观规律的举措。“全员班主任制”有着科学的理论依据。一是体现了教育学中教师劳动的群体性特征。学生德智体各方面的发展，是许多教师共同教育的结果，也是教师集体智慧的结晶。“全员班主任制”的实施，一改过去班主任是学校德育工作的唯一实施者的陈旧观念，调动了广大教师参与教育学生的积极性。对学生的德育工作不再是哪个班主任的事，而是全体教师的共同任务。大家加强了集体观念，朝预定目标不断努力，最终达到了培养学生具有良好道德素质的教育目的。二是体现了教师从教的基本职责和任务——教书育人。教师不仅要向学生传授科学文化知识，启迪学生的智慧，培养他们的能力，而且要对学生进行思想品德教育，使他们懂得做人的道理，树立“做正直人、善良人”的志向。“全员班主任制”指导、督促了广大教师在传授科学文化知识的同时对学生进行思想品德教育，培养学生形成正确的价值观和人生观，养成文明的行为习惯。“全员班主任制”是大窑中学的领导和教师多年辛勤耕耘和智慧的结晶，它已走过了十几个春秋。在这种管理机制引领下，大窑中学的各方面工作已在全区、全市乃至全省享有一定的盛誉，取得了一个又一个的辉煌。我作为本校的一名初三的班主任，“全员班主任制”的直接实践者和受益者，对它的实施有着较为深刻的体会，仅此浅谈“全员班主任制”的优点。

一、培养了广大教师的团结协作、同舟共济的集体主义精神

教师的劳动具有个体性的特点，而对学生的教育实质上是整体劳动。那么要想完成对学生的教育任务，达到预期的教育目标，全体教师必须协调一致，通力合作。而“全员班主任制”正体现了教育劳动的整体性的特点，每位班主任或副班主任都有自己相应的工作管理模块。有了明确的分工，大家就有了工作的目标和动力，都会尽自己最大的努力去干细、干好自己分内的工作，唯恐自己工作的失误造成整个班级工作的被动，影响班集体的形象和荣誉，影响到其他班主任工作的考核。况且班主任或副班主任的教育对象是同一个班的学生。要教育培养好学生，大家只有携起手来，齐抓共管，把个体的劳动转变为集体的劳动，把零散的工作分力集成合力，朝着预定目标努力、再努力。各位教师在努力工作中不耻下问，虚心向别人请教学习，不断完善自我，协调好与其他教师的关系；对其他教师工作中遇到的困难，主动伸出援助之手，协同解决困难。在工作中，教师们增进了彼此的了解、理解，达成了共识，增强了相互之间的友谊，形成了一座座坚不可摧的真挚感情的堡垒，为工作的进一步开展奠定了牢固的情感基础。同时，每位教师自觉培养了“集体光荣，我荣；集体落后，我耻”的集体主义荣誉感。“全员班主任制”实现了教师群体脑力劳动和体力劳动的统一，实现了对学生的全面教育和培养。

二、极大地调动了广大教师工作的积极性和创造性

教师是知识分子的一部分，具有热爱科学、追求真理、有远大抱负、容易接受新事物、新思维的特点。他们在工作中有上进心强、不甘落后、不计报酬的优点。

“全员班主任制”的实施，极大调动了教师参与工作的积极性。为完成好自己分内工作，不让集体背“包袱”，许多教师都是早早到校，巡视检查、认真落实自己分管的工作，发现问题及时处理、纠正。为了干好分内工作，许多教师牺牲了平时休息时间。教师从事教育工作的积极性、自觉性空前高涨，由过去领导督促工作的局面转变为现在教师自觉主动工作的局面。为做好分内的工作，教师们不断地开动脑筋，想方设法，既把工作做细做好了，又节省了时间，提高了工作效率。例如，冬季下雪后的卫生区的清扫，教师们早晨早早到校，带领学生清扫卫生区的积雪。同时，教师们又开动脑筋，创造性地开展工作，抓住工作重点，例如先扫主要甬路的积雪。这样，既照顾到行人走路的方便，又避免了积雪被踩压、造成难以清除的局面。教师们面对卫生清扫工具少的状况，则创造了“人轮流休息，工具不停息”的卫生清扫局面。这样，既调动了学生卫生清扫的积极性，又在短时间内把卫生区清扫好了。“全员班主任制”的实施，教师的主动性被充分调动起来，并在工作中进行了卓有成效、创造性的劳动，积累了一套套灵活扎实的工作方法，培养了一切从实际出发、勇于创新、不断进取的品质，陶冶了教师珍惜生命、热爱生活的情操。

三、有利于培养、发挥教师的特长，提高了教师育人的能力

初中阶段，学习活动多姿多彩。“全员班主任制”把班级工作划分了16个管理块，每个管理块对教师的工作都是严峻的挑战，要干好自己的工作，教师必须精通工作的有关要求。例如，要指导学生办好黑板报，教师自己必须对黑板报的图案、版面设计有自己的一套见解和认识；要带领学生搞好队列广播操的训练，教师必须得精通队列广播操的要领。要干好工作，每位教师都必须自觉地学习有关的理论知识和实践经验；引导学生完成好工作的过程，也是教师发挥自己特长的过程。“全员班主任制”的16个管理块，主要是对学生进行思想品德的教育。教师要科学地育人，还必须懂得教育规律、掌握教育理论，用教育学、心理学等方面的理论来完善自己。在完善自己的过程中，教师也逐渐培养了育人的能力。例如，要教育学生，教师必须具有善于观察、鉴别的能力，因为教师面对着几十个学生，他们的思想、学习、兴趣、志向等方面都有差别。要培养他们，就要了解和研究他们。教师要时时处处做有心人，善于从学生的细微表现中，洞察到他们的知识、智力和个性发展的状况；从学生的眼神、表情、动作中，透视学生的内心世界，捕捉学生的真实想法，从而有针对性地进行教育。教师在深入观察、认真总结、寻找规律的教育实践中，观察能力也得以培养。“全员班主任制”为教师育人能

力的培养、特长的发挥搭建了平台。

四、对教师的劳动进行了客观的、公正的、科学的评价

教师所处的为人师表的地位，使他们具有较强的自尊心。他们希望得到学校领导的尊重。这种尊重不是简单表扬一下或开展几次尊师活动所能实现的。作为教师，总是希望学校领导能了解他们的工作，尊重他们的劳动，知道他们的甘苦，而和他们一起研究工作中存在的问题，及时发现并推广他们的经验。考核、评价是学校对教师管理的重要手段。学校对教师工作考核、评价是否公正，关系到他们的切身利益，影响到他们的威信和发展，影响着教师工作的积极性，影响着教育教学的质量，也影响着学校工作的进一步开展。因而，教师对考核、评价是异常关注、异常敏感的。“全员班主任制”通过实施量化积分的方法来考核评价教师。例如，大窑中学每年对教师卫生工作的考核评价是通过八次大型检查和平日多次小的检查来实现的。年末，把这些积分进行汇总，给教师全年的卫生工作算出一个总的积分。这种考核、评价的方式，比过去的主观模糊评价更具公平性、公正性，大大消除了评价中人情的因素。教师的劳动得到了肯定，人格得到了尊重，教师工作的积极性大大增强。同时，这种方式也避免了个别人在工作中投机取巧的做法。

五、对学生进行了多渠道、全方位的培养，减轻了班主任工作的负担，有利于学生成长

以往对学生的教育，主要依靠班主任的工作。一名班主任面对几十名学生，工作的负担太重，压力太大。繁重的工作，往往使班主任忽视了对部分学生的教育。即使班主任对有些学生进行了多次耐心的教育，由于个人的认识水平、能力有限，个人力量单薄，往往也没有从根本上彻底疏通学生的思想，造成了教育工作的失败。“全员班主任制”的实施，不再是单一的班主任教育，而是多个班主任一起参与对学生的教育工作，多位教师要在不同的地点、不同的时间、运用多种方法，对学生进行教育，使教育活动具有多样性、灵活性，避免了单一性、枯燥性。同时，教育内容更充实，对学生思想转化作用更强，能深入触及学生思想中亟待解决的关键问题。正是所谓“众人划桨，开动大帆船”，教师们工作的统一性所产生的合力，逐渐转化为学生积极性上的巨大动力，促使他们不断进步。例如，我班级一名学生由于学习基础较差，对学习失去了信心，一心想辍学。当我和副班主任以及任课教师了解到情况后，利用课余时间，在学习上，对他进行了多次辅

导;在思想上,对他进行耐心地教育引导。经过多方面的努力,这位同学打消了辍学的想法,学习的积极性提高了,期末考试取得了很大的进步。“全员班主任制”既减轻了班主任繁重的工作负担,又使教育面向全体学生。

因此,“全员班主任制”是遵循科学的教育规律、能不断提高教师的育人能力、多渠道和全方位培养学生的管理机制。它的实施,对学校各项工作的开展注入新的生机和活力。“全员班主任制”虽是新生的事物,但它将随着教育改革的不断深入,迎着二十一世纪教育的春风,不断完善,走向成熟,在辛勤耕耘的土地上将绽放出精彩,结出累累的硕果。

如何加强班主任队伍建设

学校要高度重视班主任工作,建立健全班主任的选拔、聘用和培养工作机制,为班主任提供全面支持,搭建成长舞台,努力创建一支优秀的班主任队伍。

一、坚持好中选优的原则,真正把德才兼备的教师选拔到班主任岗位上

严格坚持政治强、业务精、纪律严、作风正的标准,根据实际需要,把德才兼备、乐于奉献、潜心育人、善于育人的教师,科学合理地选拔到班主任队伍中来。要实行班主任任职资格制度,进行公示,颁发聘书,确保班主任队伍的凝聚力和战斗力。

二、坚持多元培训的原则,全力打造一支思想崇高、理念先进、业务精湛的班主任队伍

要把班主任培训纳入学校教师全员培训计划,建立培训机制,同时把上级培训与本校培训有效结合起来。要定期举办班主任培训班,集中对班主任进行系统提高培训与研修培训;定期组织班主任工作论坛或举行优秀班主任报告会,相互交流经验,共同提高能力。每年,学校可选派多名班主任到区内和区外参加培训学习,开阔眼界,提高境界。要构建好班主任培训规划,建立分层次、多形式的校本培训体系,实现老中青班主任的自然衔接;坚持日常培训和专题培训相结合,引导班主任在学习状态下工作,在研究状态下提高,尽快成长、迈向成功。要定期召开班主任例会,解决班级管理、学生教育、家校沟通中存在的问题;要充分利用本校的优秀班主任资源,推广先进班级管理方法和育人技巧,提高班主任整体的工作能力。

三、坚持重点倾斜的原则，切实激发班主任工作的主动性和积极性

进一步建立健全班主任工作激励机制。一是把班主任的表彰纳入学校表彰奖励体系。每学年都要召开全体师生大会，大力表彰优秀班主任；每年的教师节，组织学生向班主任献花；学校在职称、优质课、名师和其他荣誉称号的推荐中，同样条件下要优先考虑班主任。二是把班主任作为学校领导干部的重要来源。干部的提拔使用，原则上优先考虑班主任，班主任工作突出的可以破格提拔使用，全力为班主任搭建干事创业的舞台。三是为班主任工作提供全面支持。学校制定的绩效工资和校内分配方案，要向班主任予以适当倾斜。要把班主任工作记入工作量，并适当安排班主任的教学任务，使他们既能上好课又能做好班主任工作。还要及时了解班主任在工作和生活中的困难和问题，主动为他们排忧解难，切实维护班主任的合法权益，千方百计减轻他们的精神压力和工作压力，保障他们的身心健康。要通过多种形式大力宣传，通过榜样激励和典型引领，使班主任成为令人羡慕的岗位，形成“人人争做班主任”的良好氛围。

学校还要不断探索班主任工作的思路和办法，大力推进班主任工作专业化进程，努力创建一支专家型的班主任队伍，实施科学育人方略，努力提高教育教学质量，积极推进学校各项工作持续发展。

师生关系失衡是“教”与“育”的割裂

《人民教育》2016年第2期《师生关系怎么了》一文深入分析了中小学师生关系中存在的问题、原因及良好师生关系的重要性。身为一线的教师，我对此感受很深，也极为赞同该文作者的观点。

其实，师生关系是维系教育的基石，是教育得以发展延续的支柱。缺乏良好的师生关系，教育又会有多大的价值和意义，可想而知。师生关系失衡，不仅是社会的原因，更重要的是教师对自身职业的性质认识不足，以及职业责任感的缺失，割裂了“教”与“育”的关系。古人云：“师者，所以传道受业解惑也。”“传道”即教给学生做人的道理，这是教师最重要的职责。细观“教育”二字的含义，“教”的意思是传授，“育”有培养、培育之义；“教”是“育”的手段、途径，而“育”则是“教”的目的、结果。作为教师，应秉承“德育为先”的宗旨，在传授知识中融入德育教育，用诚心营造良好的师生关系，用责任心引领学生的思想、性格、心理健康发展。期盼教育不再出现类似“邵东连环弑师案”“鲁甸伤师案”等让人沉重、使人心痛的事件。

为何冬天感冒的学生少了

冬天，学校组织学生参加户外体育活动非常必要，特别是组织学生进行长跑活动。2015 年冬天，牟平区养马岛中学学生感冒的几乎没有。许多老师很惊讶，学校领导也觉得可喜。其实，静下心来细思，不难发现其中的缘由。去年冬天，学校对全体学生的上、下午大课间活动进行了妥善安排和有序组织。学校要求所有学生大课间必须走出教室，走到室外，积极参加体育活动。对于不同年级的学生，学校每天都安排了一定距离的长跑活动，即使天再冷也不间断。这不仅磨炼了学生的意志，更增强了学生的体质，大大减少了学生因病请假而给教育教学工作带来的麻烦。

而 2016 年冬天，学生感冒的不少，这与未及时组织学生到户外参加活动，特别是开展长跑活动有直接关系。

学生的身体健康必须引起学校领导和教师们的足够重视。据有关材料显示，近几年青少年的体质仍呈现下滑的趋势，尤其是许多高考生的体质更令人担忧。肥胖、近视、缺乏运动柔韧性和耐力，是当前青少年体质弱的主要表现。学生的身体健康是顺利开展教育教学工作的基本保障，学生如果没有了健康，学校教育就会失去意义。

学校除了要开设好体育课、体育活动外，还要树立“健康育人”的理念，引导学生积极参与各种体育活动，既要培养学生体育方面的一技之长，还要引导学生养成自觉锻炼身体的良好习惯。学校不可为了所谓的学习成绩，而剥夺了学生体育锻炼的时间和空间。事实上，开展丰富多彩的体育活动对教学工作产生增效应，对学生的发展起到促进作用。

一所学校把学生的身体健康置之度外，它的办学之路还能走多远？当然，一个不把学生的身体健康放在心上的校长是不称职的。

我之校长观

有的教育专家曾说，一位好校长就是一所好学校。对此，我一直认同。前不久，有幸参加了某市初中校长培训。短短一周，使我受益匪浅。无论是市局领导的开班致辞，还是专家、教授的专题讲座，名校长的现身说法，场场都很精彩；从理论到实践，从学校管理到课堂教学，从学校的创新发展到教师的专业成长，娓娓道来，寓情于理，值得借鉴，令人深思。

校长办学需要学习理论、借鉴经验，但理论必须根植于实践，经验必须联系实际，任何的盲从和复制，都将使学校教育失去本色，发展遭遇“瓶颈”。作为校长，应秉承学校的办学理念，传承、发展学校的文化，创建、丰盈学校的特色。而在创建、发展学校文化的过程中，校长起着至关重要的作用。校长须认真审视、践行好自己的角色，才能有效引领学校的发展。

一、校长是思想者，学校的发展首先是思想的引领

苏霍姆林斯基曾说过：“校长对学校的领导，首先是思想的领导，其次才是行政的领导。”事实上，校长的办学思想是学校教育的指南和灵魂，对学校教育起着引导、评判、修正等作用。

一所学校就是一部历史，它有自己发展的昨天、今天和明天。这部历史由学校领导、教师和学生共同撰写，而其中，校长的角色更为重要。校长从继任的第一天起，就应该沿溯学校的历史去反思：学校的特色是什么，文化有哪些；就应该思考：把学校办成什么样，培养怎样的学生，成就怎样的教师，如何在教育教学中确立并实施办学理念，形成办学思想，积淀学校文化等诸多主导学校教育发展的实际问题。

作为校长，应该树立“爱心是基础，发展是宗旨，育人是目标”的教育观，“以学生为中心，建立师生合作的民主的教学环境”的教学观，“教师是学生学习的合作者、引导者和参与者”的教师观，“承认并尊重每一个学生的发展个性，承认并尊重每一个学生的发展潜能”的学生观，“基础教育的评价目的是为了创造适合学生的教育，而不是选拔适合教育的学生”的评价观等，并在教育教学实践中，不断发展这些理念，逐步形成符合学校实际发展的办学思想，以此构建学校发展的蓝图，促进学校管理由制度化向规范化、民主化、人文化的方向转变，引导广大师生由被动参与转向自觉、积极、主动地发展。

二、校长是领导者，要加强对教师专业发展的指导

关于校长的领导，苏霍姆林斯基曾说过：“要把学校领导好，意味着要精通教育学，并使这门科学成为科学地领导教育和教养以及组织全校师生活动的基础；意味着要成为教育教学的能手，要掌握影响儿童和青少年的艺术。”因此，校长只有不断完善自己作为教育者的技巧，才能充当教师专业发展的指导者。

校长的领导作用，不仅体现在学校管理的引领上，更重要的体现在对教师专业发展的指导上。校长不仅要有较深厚的文化底蕴，还要有扎实的专业知识和

业务能力；不仅要精通教育学、心理学，而且要通晓学科教学的技巧。这样，校长才能“领”有方向，“导”有成效。

学校的发展关键是学生的发展，而学生的发展则取决于教师的发展，教师的发展主要根植在课堂教学中。校长应把课堂教学作为学校管理的中心工作，把听课和评课摆在每天工作的首位，在听课和评课中了解学生的特点和发展状况，了解教师的精神世界和教育教学技巧，发现、揭示教学工作中的主要问题，对教师的教学工作提出良好建议，进行专业性指导，促进教师的专业成长。反之，脱离了课堂教学的校长，对教师的专业成长将起不到实际性的指导作用。

三、校长是管理者，学校管理重要的是制度的落实

学校的管理必须以制度管理为前提，这样，学校才能迈入规范化的发展之路，才能真正实现公平、公正。现实中，许多学校缺少的不是制度，而是缺少对制度的敬畏，缺少对制度坚定不移的执行，缺少对制度的严抓落实。

校长应把健全管理机制、完善制度作为学校管理的重要条件和前提，通过制度来规范师生的言行，构建常态化、规范化的管理模式；应把严抓落实作为学校管理的重中之重，通过“严”使师生对制度产生敬畏感，通过“落实”避免搞形式、走过场，务求实效，实现公平、公正。在学校管理中，要加强管理团队成员的培训，强化他们的大局意识、责任意识、创新意识，提升他们的管理能力和水平，特别是树立、践行“严抓落实、真抓实干”的工作作风，抓实、抓好各项工作，既做到有章可循、有据可依，又做到分工明确、责任到人、落实到位。任何一项工作，要切实做到有计划、有组织、有实施、有指导、有检查、有评比、有总结、有改进，使制度成为师生言行的准绳，并内化为师生们自觉的行为规范。

四、校长是研究者，教育教学的成效来源于实践

校长每天面临学校管理中的诸多问题，经常思考和研究学校发展中出现的新问题和新现象，组织研讨新措施，出台新规定。因此，校长的工作要紧紧围绕教育教学的实践展开，必须每天深入教育教学的一线，走进课堂，走近师生，在认真观察、分析和总结的基础上，理解各种教育现象的实质和因果关系，揭示教育教学工作中的联系和规律。在实践中发现问题，在实践中研讨措施，在实践中践行办法，在实践中观察实效；总之，办法和措施探寻于实践，困惑和矛盾化解于实践，过程和效果呈现于实践。切忌整天忙于行政事务和只听汇报，忽视与课堂、教师、学生“零距离”接触，致使措施与规定“不接地气”，实行起来困难重重，最

终流于形式;这不仅降低了师生对制度的敬畏感,也大大削弱了学校管理的执行力,形成“有令不止、有令不行”的管理局面。

五、校长是学习者,学校发展的不竭动力来源于创新

许多校长经常建议教师要多读书、多学习,而这种建议并没有被大多数教师采纳,就连教育专家李镇西也不得不承认,关于教师的阅读,却不十分理想;询问原因,教师说了N个理由。事实上,教师不爱阅读,校长也应从自身找找原因。有的校长整天忙于行政事务,自己很少读书、学习。事实上,口头上的建议不如身体力行引导的效果好。

校长必须每天不断地学习,通过学习开阔视野、拓宽思路,正确地面对、分析问题,有效地采取措施解决问题;通过学习来充实知识和经验,更新观念,反思、调整工作路径。学习不是盲目接受、照样复制,学习应该是在实践的基础上,辩证地借鉴、吸收,有效地发展、创新。校长要经常为教师带来新的东西,以此开阔教师的视野,激发教师工作的积极性,增强教师工作的幸福感和成就感。反之,教师的思想就会停滞,工作缺少积极性;学校就会失去发展动力,陷入一种惯性的机械状态,不仅没有特色可言,更不会有任何的创新。

任何一所成功的学校,无不是在学习借鉴经验、自我创新的基础上发展起来的。然而,学习必须“取其精华,除去糟粕”,创新发展必须与学校实际和特色紧密相连。失去了学校原有特色的发展与创新,只会陷入“邯郸学步”的困境中。

每一所名校都有自己的特色;每一所普通学校的发展都存在着“短板”,且往往能找到相似的缺憾之处。校长只有通过不断学习、思考、实践,坚定“传承学校文化,发展学校特色”的脚步,才能引领学校走出自主创新的发展之路。

(此文发表在2014年7—8期《烟台教育》)

校长办学急不得

私下与一位朋友闲聊,听到某校长为提升学校的办学品质,提高学校的知名度,增强学校在区域内的影响力,不惜经济上投入,安排骨干教师团队外出参观学习,组织有关人员构建学校发展蓝图,顶层设计学校的办学理念,精心编写学校校本课程,而工作进行一段时间后却陷入想干不能、欲罢不忍的两难境地。

其实,每一位校长都想把自己的学校办出特色,创办成名校,不惜绞尽脑汁

和群策群力也是情理之中的事情；但若不立足实际、深思熟虑、勇于实践，一味靠骨干教师或专家的筹谋规划是行不通的。校长办学“急不得”。

现实中，许多新任校长一到任，为实现自己的教育抱负，便迫不及待地提出自己的办学主张，尽展自己的才能，要求教师尽快适应自己的工作方式，适应自己的工作风格，尽快适应自己的办学思路，跟上自己的步伐，这些都是无可非议的。但是一所学校无论办得多么普通，它都有一些师生认可的、约定俗成的东西，这些经过时间磨砺而积淀下来的东西就是学校的历史文化。一位新任校长办学必须要尊重学校原有的历史文化，在原有历史文化的基础上去实践办学，不断完善学校管理，逐渐提出自己切合实际的办学主张；切不可“新官上任三把火”，凭一时头脑发热、灵感一闪，不管办学方向对错，便定下大目标，下定大决心，摒弃学校原有的发展优势，否认学校原有的文化，盲目丢弃前任校长的办学理念和办学实践成果；随手“另起炉灶”大搞一套，随意重建学校的文化。其实，这也是许多学校不能成为名校的主要原因，因为学校发展缺少了传承性、连续性、系统性。当今，任何一所名校的成就，都经过了学校几代人几十年甚至上百年的辛勤耕耘、无私奉献，都是在继承学校原有历史文化的基础上不断实践探索、创新发展的结果。

现实中，一个人的某些行为较容易改变，新任校长让教师适应自己固然无可非议，而一个学校约定俗成的文化在短时间内难以更改；所以新任校长办学不仅需要教师跟上自己的节奏，也应让自己的工作融入学校原有的历史文化中，与师生的发展“合拍”。

另外，提升学校办学品质往往是学校良性发展到一定程度就能水到渠成的事情。为此，校长必须加强学习，不断实践探索，逐渐总结提炼，最终形成自己的办学思想。当然，校长也须清醒认识，发展、成就一所学校，往往需要经历以下四个阶段。

一是形成共同的价值认同，即达成共识。任何一位师生都有自己的思想，校长办学必须重点考虑为谁办学的问题，让自己的思想与师生的认识统一起来。校长首先要明确师生的需求是什么，学校的文化是什么，学校发展的优势在哪里，学校发展的短板是什么，学校的特色有哪些，并在此基础上深思熟虑，形成自己切合实际的办学主张，即学校应该有怎样的改变，学校应发展哪些方面。而后要通过全体师生大会、领导班子会、教代会等渠道来宣讲自己的办学主张，让师生能够认同、接受，内心产生跟着校长前行的意愿和冲动。

二是创建共同发展愿景，即确定学校的发展目标。校长要在提出办学主张的基础上，充分思考应该办一所怎样的学校、如何办学等前瞻性的问题，要把师生的发展与学校的发展统一起来，把师生的发展融入学校发展之中，特别要让师生看到学校发展的愿景，对学校和个人的未来发展充满希望和期待，从而实现学校发展方向的引领。

三是要不断实践探索、逐步完善。校长要立足本校实际，深入师生生活，深入课堂，触摸学校发展的脉搏，倾听师生的心声，掌握校情、师情、学情的第一手资料，为推进办学提供客观的实践依据。校长更需要引领师生在实践—反思—再实践—再反思的过程中，不断累积办学的实践，完善办学模式。

四要认真总结，提炼理论。校长要不断总结学校发展的经验，反思发展的“短板”，要在不断学习教育专家理论的基础上积淀自己的办学思想，依靠理论支撑逐步提升学校品质，构建学校文化。

总之，学校品质的提升不能一蹴而就，也不是靠校长一拍脑袋就能促成的，更不是靠某些骨干教师或专家“编写”出来的。它需要日积月累，是在学校教育的田野中一步步“走”出来的，是在克服一个个困难中“立”起来的，是在一点一滴的成绩中“积淀”下来的。校长办学，须时刻保持清醒的头脑，因为理想是美好的，而现实往往是骨感的。

对于一个人的成功，我们常说“十年磨一剑”，更何况是一所学校的发展，它需要几代人十几年甚至是几十年的不断实践探索，要经得住历史的考验，耐得住现实的磨砺。真的，提升办学品质和学校知名度，校长急不得、快不得。校长需要静下心来，沉住气，用“鲤鱼跳龙门”的勇气和胆识，用“愚公移山”的决心和意志，用“咬定青山不放松”的韧劲和干劲，紧密结合学校实际，深入调研，全面客观地分析论证，最终确立学校的办学目标和发展愿景，制定科学合理的发展路线图和时间表。那么，在不远的将来，学校品质定会得到提升，办学特色定会得以彰显。

真的，当前我们的校长的确需要静下心来，放慢脚步，等等自己的灵魂，为了一个教育梦，因着一份教育情，默默奉献、风雨兼程，把更加美好的未来送给我们深爱着的孩子们。

校长的心思应在课堂

我在牟平区教育体育局工作过一段时间。那时，我经常跟随有关领导到学校去听课调研或检查工作，在校长室与校长交谈是平常事。我偶然会发现，校长们的办公室窗明几净，办公桌上除了茶杯和几份文件再别无他物，让人看了总感觉缺少了什么。其实，作为一名校长，不应整天忙于一些繁杂的事务和多方应酬，而应把更多的心思用在读书学习上，用在研究优化学校管理上，尤其要用在指导教师的课堂教学上。苏霍姆林斯基说："多年的经验使我深信，尽管校长有各种各样的工作，但应把听课和分析课摆在首要的地位。"因此，无论校长平时工作多么繁忙，作为学校发展的第一责任人、引领者和决策者，都应把自己的心思放在课堂上。

当然，现实中也有不少校长经常走进教师的课堂，参加教研组的听评课活动，但校长由于教育教学理论不够深厚，教育实践不够丰厚，对教师课堂教学的指导只停留在浅层次，停留在知识讲授或教学环节呈现得合不合理的层面；不能从教学理论的高度、课堂实践的深度进行针对性指导，不能从学生学习知识、个性发展、养心育德以及教师教学方法、学法指导等方面进行深刻阐释并提出合理的建议。苏霍姆林斯基说："一个有经验的校长，他所注意和关心的中心问题就是课堂教学。经验证明，听课和分析课是校长一项极为重要的工作。"

其实，听评课也是校长一项极其重要的教育教学指导能力。校长走进课堂，不仅应该关注教师课堂教学的内容和学生对知识的掌握情况，还应该关注教师的教学理念和教学方法、学生的学习方法、学生的精神世界和心理素养等多方面的因素。任何一位教师的课堂，不仅展现了教师本人的教育教学风采，也呈现了学校教育发展的诸多实况，承载了学生成长的诸多过程。校长应从走进课堂的那一刻起，用心观察学校教育教学中的诸多现象和问题，既要观察学校管理、班级文化建设、学生智育和德育的发展现状，也要观察教师的教育教学理念、专业素质、驾驭课堂的能力以及对课程标准和教材的解读等多方面实情。说白了，一个教师的课堂其实就是一个学校教育教学工作的缩影，课堂上囊括了学校管理和文化建设、教师专业成长、学生德育和智育发展等诸多内容。所以，当校长在学校管理中遇到了难题，当学校发展进入了"瓶颈期"，最好的解决办法就是校长走进课堂，细心去观察教育教学的细节和现象，客观地分析其缘由和本质，深入探寻破解难题的有效方法和措施，确立提升办学品质的顶层设计蓝图和科学合理的实施路径。

由此可见，校长走进课堂，不仅仅是对教师课堂教学的关注，更是对学校教育教学工作发展现状的实际考查和检验。一位有经验的校长走进课堂，不仅会看教师的教态、教学手段和教学环节，还会看学生的听讲，看学生课堂上的发言，看学生自主探究学习和参与小组讨论的积极性，也会看教室的黑板报或班级专栏，看班级的卫生情况，看学生的精神面貌，看学生的坐姿、站姿、写姿，看学生朗读、默读和书写水平等等；既会关注教师的“教”，更会关注学生的“学”；既会关注教师教得怎样，更会关注学生学得怎样；既会关注智育的因素，更会关注德育的因素；既会关注课堂教学的整体和过程，更会关注其局部和细节。

校长走进课堂，不仅能聚集人气，也会使自己的学校管理工作更“接地气”；不仅营造了浓厚的教科研风气，客观掌握了教育教学工作的第一手资料，而且储备了指导教育教学工作的足够“底气”，提升了转变理念、凝聚思想的“心气”。

无论校长平时多忙，总该挤出点时间，静下心来，多读读书，看看报，深入课堂，把更多的心思用在课堂，关注一线的教育教学工作，倾听师生最真实的教育心声，触摸学校发展的脉搏。到那时，我们的校长，何愁不是专家型的校长！

学生“减负”始于课堂

——教师不“减负”，何谈学生“减负”

当下，中小学生较重的课业负担已成为热门的话题和不争的事实，而且在某一区域、某一时段尤为突出。据报道，有的地方的小学生每天家庭作业达到 1.5 小时，初中学生每天达到了 2.5 小时，许多学生写作业至深夜。第二天早晨，他们又得早早起床赶往学校，每天睡眼蒙胧、满身疲惫地走进学校、教室，睡眠极其不足，身体处于一种“亚健康”状态。《中国教育报》曾提过陕西某中学生因熬夜写作业而猝死的事件，许多教育专家、学者也多次撰文呼吁“为学生减负”，然而，最终效果并不理想。

从根源上看，学生的课业负担主要源自学校加班加点和教师布置了过多的作业，当然，也有一部分是家长给孩子安排的额外学习任务，例如给孩子布置的额外作业或安排参加补习班等。学校加班加点，其目的就是为“声名远播”而一味地追求教学成绩，这种做法不仅违反了规范办学的要求，更重要的是牺牲了学生的身心健康和全面发展。教师布置过多的作业，一方面是为应对学校对自身教学成绩的考核评价，不得不对学生加大学习的压力，加重学业的负担；另一方面是由于授课质量不高，将课堂应该完成的学习任务拖延至课后。但把学生课业负担较重的“板子”打在教师身上，教师们也会觉得“冤屈”。其实，教师授课质量不高的原因在很大程度上并非工作不努力。现实中，绝大多数教师都勤奋工作、积极向上，而他们承担的教育教学的任务太多、太重。许多教师不仅承担教书育人的任务，而且还要承担烦琐的班主任工作，要参与多种网上研修、教育平台工作，需要迎接上级多个部门对教学工作的督导，还要迎接一些示范校、星级安全校园、教师专业成长、多媒体运用技能达标等一系列检查。学校开展的各项活动，分管教师必须得留存好计划、过程、总结等相关图片和文字资料。另外，与学校教育教学工作关系不大的检查，如企业安全生产检查、文明社区验收等，也耗费了教师许多的时间，牵扯了教师许多的精力。在这些琐碎的工作中，教师用于教育学生、钻研教材的时间被大大地挤占了。教师每天拼命忙于应付多个部门的各种检查，少有时间阅读，少有时间解读课标、研究教材教法。对此，许多教师曾感慨，教学工作成了“副业”。教师用于教育教学的最基本时间都得不到保障，如何能静下心来钻研教材、研究教法？这种情形下的课堂教学质量可想而知了：教师在课堂上讲不深、点不透、练不够，学生则听不懂、练得少、学不会。为了完成教学的任务，教师不得不把课堂的学习任务安排到课后，通过多做题来强化训练，这直接加重了学生的课业负担。

当然，有的教师在课堂上很好地完成了教学任务，而课后也布置了较多的作业。究其原因，一是怕作业布置少了，学生不重视自己所教的学科，导致所教学科成绩下滑；二是给自己一种心理安慰。布置作业是一回事，学生做不做是另一回事；会不会是一回事，考不考和能否考好是另一回事。教师坦然地认为，反正作业布置了，做不做是学生的事，会不会也是学生的事；考试考了，学生不会也不是老师的责任。

由此可见，较重的学业负担有其产生的根源。学生要减负，首先要把教师的负担减下来。教师不减负，学生不可能从根本上减负。教育部基础教育司王定华司长在《启动学校品质提升》一文中说：“品质提升，不是建豪华学校，而是让每一所学校都获得实实在在的发展，获得成功的喜悦。当前，要进一步全面落实国家教育方针，减少‘花架子工程’、减少迎合各级检查而为之的无效劳动，把减下来的时间和空间还给学生和老师，提高教师教育教学水平，提高学校管理效益，提升学校内在发展动力。”上级有关部门要减少对学校、教师工作检查的次数，更不要把与教育教学工作无关的任务强加给学校和教师，减少对学校教育教学工作的干扰，还教师一个宁静的育人环境。苏霍姆林斯基说：“想克服负担过重现象，就得使学生有自由支配的时间。”由此可见，要想克服教师负担过重现象，就得使教师拥有自由支配的时间。教师拥有更多自由支配的时间，就可以深入钻研教材、研究教法，充分备课，在课堂上把知识讲深、讲透，就会把更多的时间用于教书育人。

教师要确立正确的育人观和教学观。教师要明确“学习不是学生人生的全部，作业不是学习的全部”的观点：学生的人生除了学习，还有身体健康、心理塑造、品德涵养等重要的方面；学生的学习除了写作业，还有听讲、学习习惯和能力的培养、动手实践等内容。因此，教师在教书的同时要育人，在关注学生学习的同时要关心他们的身心健康和品德修养。教师还要努力提高自己的专业知识和课堂教学能力，在有限的课堂时间内把教材讲深、讲透；要科学整合教学资源，合理组合教材内容，缩短课堂教学过程，把课堂教学中节省下来的时间，用于着力引导学生加强练习、构建知识结构、拓展阅读以及培养自学能力。一定不要把本应该在课堂上讲深、讲透的内容让学生带到课后，带回家。否则，这会在无形中加重学生的课业负担。现实中，许多家长让学生参加校外补习班，其实就是针对课堂上未学会的内容而采取的弥补措施。另外，教师要站在学生角度，从中等学生的学习水平出发，合理设计选做、必做等类型作业，充分考虑作业的难易程度和数量，较精准地预算、把握作业的时间。

当下，若教师把功夫用在课堂，学生把心思倾注于课堂，教师讲深、讲透、训练到位，学生听明白了，学会了，会学了，教师布置过多作业、家长给孩子报补习班等一系列问题都会迎刃而解。到那时，何愁学生不减负？

当然，对于学生减负，学校绝不能置身事外，而应担负起监管责任。学校要加强对教师教学工作的监管，既要关注教师的课堂教学，又要关注作业布置的有效性及数量（可通过实行作业审批、上报等制度，加强对学生作业的监管）；同时还要通过学生座谈、家长会等形式，搞好学生课业负担的调查、反馈。

习总书记指出，“金山银山，不如绿水青山”，并多次强调“决不以牺牲环境为代价去换取一时的经济增长”，以牺牲环境为代价而获取经济的发展，这样的发展大可不要。同样道理，以牺牲学生的身心健康和全面发展为代价的学校教育大可不搞。

总之，教师不减负，学生不可能从根本上减负。学生减负始于课堂，责任在教师和学校，更在上级有关部门。

学生日常行为规范养成细则

一、生活习惯

（一）上下学

（1）要遵守交通规则，注意安全，不坐“三无”或无安全保障的车辆。

（2）乘坐校车的同学要在指定地点自觉排队，乘坐校车时要系好安全带，不喧哗打闹，不将手或头伸到车外，听从跟车教师的管理。

（3）出入校门自觉排队，禁止在校园内骑车。

（4）不要把手机、随身听等物品带进学校。

（5）按时上下学，因故不能到校必须及时由家长向班主任请假。

（6）放学后，不在路上逗留，要及时回家。

（二）就餐

（1）不在教室就餐，自觉排队进入餐厅，不奔跑。

（2）自觉排队领饭，不插队，不喧哗、打闹。

（3）就餐时，小声细语；爱惜粮食，节约用水，不乱扔乱倒，人走桌净。

（4）不吃变质或无卫生安全保障的食品。

（三）午休

（1）要按时午休，不擅自外出。午休前要小声轻步进入宿舍。午休时不在宿舍说话、打闹，不吃东西，不喝饮料，不乱扔杂物，不影响他人休息。

（2）维护好宿舍卫生，起床后及时整理好宿舍内务。

（3）出入宿舍，上下楼梯要注意安全。

二、言行习惯

（一）课间活动

（1）不在教室、走廊、楼道喧哗、打闹，要小声轻步，上下楼梯要自觉排队、靠右行走，注意安全。

（2）课间活动时要听从教师的安排，不进行危险的活动，注意安全。

（3）按时参加课间操，集合要快、齐、静。跑操时步伐整齐，口号响亮，听从指挥，不嬉戏打闹，防止摔倒。

（4）因特殊原因不能参加活动或上操时，必须向班主任、级部主任请假。

（二）文明礼仪

（1）要尊敬师长：遇见教师、来校的客人，要运用普通话及时问候，语言要文明，举止要得体。

（2）进办公室要喊“报告”，经过老师同意后方可进入，离开办公室时要向老师说“再见”。

（3）团结友爱，不给同学起外号，不说粗话，不吸烟，不喝酒，不赌博，不打架。

（4）要爱护公物，不乱涂、乱画，不随地吐痰，要主动捡拾垃圾，不拿劳动工具打闹。

（5）要文明如厕，不在厕所内逗留、疯闹。

（6）走路时自觉排队，不喧哗、打闹。

（7）不在校园内边走边吃，不乱扔杂物。

（三）集会、升旗

（1）集会时，要迅速到达指定地点，做到快、齐、静；不无故缺席，要认真听讲，不东张西望，不低头，不随意讲话，保持会场的安静。

（2）升旗时，要立正站好，行注目礼，态度庄重、严肃。

（3）散会时，要有秩序地退场，不乱跑、拥挤。

三、卫生习惯

（1）要整齐摆放好清扫工具，及时认真清扫教室和室外卫生区，不乱扔乱倒，要保持教室地面整洁。

（2）储物柜和桌洞内物品要整齐摆放，桌面要保持整洁，不能把书包放在桌旁或挂在椅子上。

（3）讲究个人卫生，按时洗澡，勤换衣裤、鞋袜。

四、学习习惯

（一）预习

（1）自觉进行预习，在预习中记录好疑问。

（2）预习要有针对性，初步感知、理顺知识的框架结构。

（二）课前准备

（1）课前 2 ～ 3 分钟要在座位上坐好，提前准备好本节课的学习用品。

（2）自觉进入学习状态，复习或预习相关内容。

（三）上课

（1）老师走上讲台，要起立向老师问好；下课时，要起立向老师说“再见”。

（2）坐姿要端正，挺胸，两腿自然平放入桌下，眼睛注视老师，专心听讲，认真思考。

（3）发言先举手；发言时要站立，声音响亮，口齿清楚。

（4）读书写字时，坐姿、执笔姿势要正确，做到“三个一”；字迹要工整清晰，字体要规范。

（5）上课期间进入教室要先喊“报告”，经老师同意后再进入教室；上课时不私自离开教室，有事需向老师报告。

（6）认真倾听老师和同学的发言，用心思考，大胆质疑，积极发言，不随意打断同学的讲话。

（7）微机课、实验课上，要严格按照规章制度和老师的要求进行，不做不符合要求的事情，防止发生事故。

（四）复习

（1）晚上要利用适当的时间进行复习。

（2）复习时，要注重构建知识框架，要有针对性和侧重点。

（五）作业

（1）要认真独立完成作业，不抄袭他人作业，对疑难问题要做好记录。

（2）作业格式要规范，不潦草，少涂改，要整洁。

（3）按时交作业，及时整理作业中的出错的内容。

（4）在完成老师布置作业的基础上，选做课外作业。

（六）检测

（1）拿到试卷后，首先检查页数和内容有无问题。

（2）在试卷规定地方先写好班级、姓名等内容。

（3）认真审题，读懂题意后再做题。

（4）字迹要工整，卷面要整洁，不用涂改液、胶带，修改符号要规范。

（5）答完题后要认真检查，防止漏题漏项，不提前交卷。

学生习惯养成的“三点”思考

为了进一步规范学生的言行，加强良好行为习惯的养成，现针对我们牟平区养马岛中学2014—2015学年度上学期学生行为习惯养成情况进行深入思考，并做简要总结。

一、细则烦琐，要求不严

根据学校的实际情况，制定并下发了《养马岛中学行为规范养成细则》。但该细则缺乏有效的内容整合，导致要求过于烦琐，在学校和班级管理的过程中，操作性不强，执行力不够，致使部分细则要求流于形式。同时，班主任对学生提出的要求过于宽松，教育的力度不够，只是对学生讲讲细则及要求而已，没有提出相应的落实措施，没能引起学生思想上足够的重视。学生在规范自己的言行、养成习惯方面不够主动，而且对自己的要求太低，许多的言行未达到细则的要求，如“走路自觉排队”“课间不大声喧哗”“坐姿要端正”“不乱扔乱倒”等。

二、监管不到位，缺乏持久性

值班教师和班主任对学生的日常行为规范监管不到位。有的值班教师未及时到岗，对学生的言行表现只限于“看一看、说一说”；特别是对违纪的学生未采取有效的纠正措施，使学生未深刻认识到自身行为规范方面存在的问题，对其他学生也未起到很好的教育作用。

对于学生的行为规范养成，许多班主任工作中存在“龙头蛇尾”的现象，学期初重点抓一抓；学校强调、检查时，重点抓一抓；缺乏整体和全局意识，对学生的日常行为规范养成缺乏长期的计划和有效的措施，没有真正地落实到学生的一言一行中，落实到学生的学习、生活中，工作时断时续，有的甚至流于形式。

三、缺少重点，效果不明显

学生的习惯养成不是一蹴而就的，不是哪一个教师的事情，也不是涉及学生一个方面的行为习惯。它需要全体师生的共同努力，涉及学生生活、学习的方方面面。

学校没有对学生的习惯养成进行整体规划，没有选准切入点、抓住重点、突破难点，只是“眉毛胡子一把抓”，什么都抓，结果什么也没抓好。学生对一日常规的要求不清楚，教师对一日常规的措施未彻底执行，导致学生的日常行为规范较以前没有明显改善。

学校不缺制度，缺的是执行力

——有感于学生习惯养成表的落实

2015—2016学年第二学期，为了培养学生良好的行为习惯，作为牟平区养马岛中学学校政教工作的负责人，我创立了学生习惯养成和班级管理自查表（见附件）。在第一次检查中，我发现了不少的问题。

有的班级管理自查表和学生个人习惯养成表缺少时间，份数不够，字迹潦草，错别字较多，内容表述简短、空洞，与实际不符，明显是应付差事。有的班级没有按照要求填写“矫正周期及内容”“矫正情况及效果”两栏。

究其原因是班主任未布置好，未认真向学生讲明“规矩周”和养成表的意义，未指导学生认真填好。以后班主任要在每周一或周末，指导学生针对自己的表现，查找个人在生活习惯和学习习惯方面存在的突出问题，让学生提出下周需要改正的方面，并认真填好养成表中“矫正周期及矫正内容”一栏。一周后，班主任指导学生针对一周的表现，填写好“矫正情况及效果”一栏。以上两栏内容要每周填写，字迹要工整，避免错别字，内容要全面、切合实际。学生填好后，班主任要每天督促学生严格落实表中的言行要求。同时，班主任对每周学生习惯的养成情况进行认真总结，及时指出习惯养成中存在的问题，及时向学生提出习惯养成的新要求；且每月末要把班级和学生个人规范养成表进行汇总，写出学生习惯养成总结报告，作为下阶段班级学生习惯养成的“指南”。

养成表不是形式，应该成为学生习惯养成的一面“镜子”。每天班主任让学生对照表中相关内容，反思、纠正自己的不良言行，养成良好的行为习惯。班主任思想上要高度重视，要认真做好此项工作，不能让学生认为是“走过场”，是写出来给别人看的，或留着学校检查用。要向学生传达一种信息，不仅要查找、写下自己言行方面存在的问题，更重要的是要按照养成表上的内容认真纠正好。

由此可见，任何一所学校都不缺少制度，而是缺少坚定不移的执行力。许多学校往往对平时工作做了大量的部署，采取了一定的措施，而工作的效果却不尽人意，学校也未获得明显的改观，造成了“雷声大雨点小”的局面，究其原因就是缺乏坚定不移的执行力。

布置的工作必须要落实到底，要有检查、有总结、有通报，表扬好的，批评差的。否则，再好的学校“管理经”没有人去念，也会成为“一纸空文”。因此，在学校管理中，学校的规章制度必须由一部分人去严抓落实。现实中许多学校都有较为完善的规章制度，但事实上很多内容成了放在盒子里、挂在墙上的“摆设”，规章制度只是为了迎接上级的检查或装扮学校的“门面”。

学校管理能否成功，关键在于学校的规章制度是否在工作中真正得到坚定不移的执行，要求真正得到认认真真地落实。许多学校学期初大张旗鼓地宣传学校管理规定，并安排分管领导抓好落实，可工作进行一阶段后，便将规章制度的落实抛到脑后，造成工作“龙头蛇尾”。以后学校的工作，只是某些领导开会时提提要求，那么会后由谁来抓、怎么抓、抓到何种程度却不明确。久而久之，学校领导提出的要求缺乏力度，学校管理的执行力将会大打折扣，学校工作就会陷入无序、无时、无力、无果之中，师生就会失去对学校规章制度的敬畏之心。

附：《学生行为习惯养成表》和《班级管理自查表》

学生行为习惯养成表 **时间：**

姓名	我的不足我查找	我的不足我矫正	我的情况我总结
		第一周（09-28～10-09）	
		第二周（10-12～10-16）	
		第三周（10-19～10-23）	
		第四周（10-26～10-30）	

班级管理自查表 **时间：**

班级	日常行为规范养成的突出问题	矫正措施	矫正周期及内容	矫正效果
			第一周（09-28～10-09）	
			第二周（10-12～10-16）	
			第三周（10-19～10-23）	
			第四周（10-26～10-30）	

学校改建应尊重原有的历史文化

当下，随着规模化办学的逐步深入，许多学校因交通不便、地域狭窄、校舍老旧等因素而改建或搬迁重建。建好的新学校设施设备齐全先进，充分满足了教育教学的需要，也彰显了经济发展的时代气息。可是透过宽敞明亮的校舍，人们往往会陷入了深思，学校原有的历史和文化哪去了？

我多次去过北京，一次次被古城的历史文化所折服，参观名胜古迹也会偶遇修缮的情景，这些修缮都是在尊重名胜古迹原有历史文化的基础上进行的，基本保持了“原汁原味”。古城因灿烂的历史文化得以延续、发扬而被人们所向往，那么，一所名校之所以吸引众多的教育专家、学者和教师们参观学习，不仅因为良好的教育教学质量，更因为学校得以传承的优秀历史和文化。众人所知的北京101中学，北京十一中，清华大学附中等名校，就因传承发展了学校原有的历史和文化而被世人所推崇。当前的学校改建，特别是名校的改建，都扩大了原有校舍的规模，一座座拔地而起的现代化办公楼、教学楼、公寓楼，宽敞明亮的教室，崭新的、快捷便利的现代化教育教学设备，令人心中豁然、耳目一新。然而，漫步于新学校，心中不禁会产生茫然与困惑，学校原有的历史和文化踪迹难寻。

一所学校发展成为名校，需要几代学校人持之以恒的艰辛努力和不断创新，同时还得具备一定历史发展机遇，正如有人所说，在对的时间、对的地点遇见对的人。成就一所名校的确不易，既是历史的恩惠，也是苍天的厚爱。随着时间的变迁，许多名校的校舍、设施设备已跟不上时代的步伐，亟须重新改建、增设。事实上，学校改建会让学校领导大伤脑筋，陷入两难境地。若保留学校原有的一些东西，改建后的学校往往缺少时代感、视觉感，也会与上级部门创建现代化学校的要求不一致；若重起炉灶、大兴土木，学校原有的历史文化便会破坏，学校历史文化的传承和发展就会受影响。

其实，改建是为了学校更好的发展，更好的发展必须以学校原有的历史文化为基础、为起点。学校改建必须在继承和发扬原有历史文化的基础上创新，而不是全貌的焕然一新。遗弃学校历史和文化的改建，虽达到了“全新面貌”的效果，可往往使学校失去了发展的根基，迷失了发展的方向，也从根本上歪曲了学校改建的初衷和实质。

高大宽敞的楼舍永远替代不了学校的历史，先进的设施设备也永远替代不了学校的文化，学校的历史和文化具有独特性和不可复制性，一旦遭到破坏，将会永远失去。学校的历史和文化不仅体现在师生们的精神风貌、学校办学理念、管理育人模式等人文因素上，也体现在学校的一草一木、一砖一瓦等外在的事物上，这些看似无关紧要的东西，恰恰与学校的历史文化息息相关、紧密相连。它们承载着学校发展的历程，展现着学校走过的风风雨雨，彰显着几代教师和学生们奋斗的沧桑岁月。

学校改建既是当地教育部门的一件大事，更是当地社会和群众的一件幸事，这将涉及校舍布局、校园绿化美化、原有设施部分保留等诸多的因素。学校改建不应该是哪一位教育部门领导或校长拍脑门就能决定的事情，这不是哪一个人说了算的，需要经过多方部门人员参与，经过反复研讨、协商、论证，不可一时头脑发热而轻率为之。学校改建既要征求当地政府、教育部门以及当地群众的意见和建议，也要征求学校领导、教师和学生的意见和建议，还要征求学校退休领导、教师以及校友的意见和建议，即要融合多方意见和建议。学校改建必须在尊重原有的历史和文化的基础上进行，其中既包含了内在的人文因素，比如办学理念、管理模式、校园文化等，也包含了外在的形态因素，比如学校的一室一厅、一草一木等。由此可见，学校改建需要的不仅仅是物质的保障，更需要的是远见和智慧，合理改建一所名校，既要展现时代发展的风貌，更要保留能够充分体现学校历史和文化的标志性事物，最大程度上展现“原汁原味”，为曾经的教师和学生留下一片值得回忆和重新回看的“痕迹”。

一所学校，特别是名校，改建后遗失了原有的历史文化，它还会走多远？

（此文发表在2017年10月第30期《山东教育》）

一次不该举行的升旗仪式

有位朋友曾向我讲述了某学校的一次升旗仪式。

那是学期开学的第一天，天气格外寒冷。我的朋友早晨到校，有工作需向学校领导说明。同领导交谈之余，朋友试探地问：“今天挺冷的，早晨还飘雪花了，能升旗吗？”学校领导犹豫了一会儿说：“今天是挺冷的，照常升旗吧。”我的朋友便把想说的话又咽了回去。

7:50准时集合，先举行了升旗仪式，而后由学生发言，整个过程耗时约5分钟。全体师生都戴着帽子，手揣在兜里，在寒风中瑟瑟发抖；特别是有的学生，穿得挺单薄，手露在外面，被冻得通红。学生发完言后，几位分管领导又分别总结了上个学期的教育教学工作，提出了新学期的计划和要求。为此，全体师生在寒风中又站了约30分钟。因为在升旗仪式上，站在后边和边上的学生根本听不清讲话的内容，大部分师生耳朵里灌满了“呼呼”的风声，心中装满的是“冷啊，冷啊”。此次升旗仪式的效果可想而知。

在学校管理中，坚持每周一升旗仪式是应该的。但学校领导选错了时间和地点，更没有考虑到学校管理中人性化的因素。学校的任何工作都应“以人为本”，都应以保护师生身体健康为前提。学校也不需要采取这种方式来锻炼师生，任何提前布置的工作因特殊原因是可以更改的，领导不应有“说一不二”的官僚主义思想，抱着错误的想法“摸黑走到底”。在学校管理中，面对突发的情况，领导及时更改工作中的不妥做法，这不是丢掉“权威”，而是赢得“尊重”；不肯改正的，丢掉的不仅仅是“面子”，更是“威信”。

治“欺”，“法”不是唯一

校园欺凌事件早已屡见不鲜，据有关调查数据显示，校园欺凌正呈蔓延之势。很多专家呼吁：无“法”不足以治“欺”，必须依靠法律的手段治理校园欺凌。事实上，治理校园欺凌，“法”不是唯一的选项。

校园欺凌现象，根在心灵，责在家庭、学校和社会。治理欺凌应从源头抓起，校园欺凌事件绝大多数发生在校园或其成因在校园，事件的解决也离不开学校这一客观主体，加强学校教育是预防和治理校园欺凌的重要途径。加强学校教育不仅要深化教育的内涵，更要完善教育的方法和手段，特别是完善对学生批评教育和惩罚的手段。

学校教育除了要培养学生的责任心、爱心、进取心、自尊心、自信心等内涵品质，还需培养学生的敬畏心，即对校规校纪的敬畏心、对教师的敬畏心以及对法律法规的敬畏心。要让学生明确“拥有自由必须遵守校规校纪，违反校规校纪必受批评甚至惩罚”的意识，正确引导学生依规矩做事、做人，让学生充分认识错误言行的危害，理性地对待错误言行应承担的责任和受到的惩罚。

学校要完善教育的手段。曾几何时，学校积极倡导表扬鼓励的教育方式，少有批评，缺失惩罚。事实上，批评和惩罚也是教育必不可少的方式，应与表扬鼓励相济并行。从现实的校园欺凌事件来看，要特别强化对严重违纪学生的惩罚措施，必要时要给予处分，甚至可以启用“开除学籍留校察看或开除学籍”。虽然今天的基础教育更主张人性化，全力保护未成年人的合法权益，但从另外的角度来看，处分了严重违纪的学生也是伸张了正义，保护了其他学生的身心健康和人身安全。

当下，社会和家长给予了学校和教师极大的关注和太多的压力。一谈到惩罚，学校和教师就会想到体罚，想到网络媒体，便顿生“恐惧症”。同时，学校和教师对惩罚实施者、如何实施惩罚、实施怎样的惩罚缺少界定，人情化的思想也会在教师的头脑中占据主动，应有的惩罚措施便会软化下来。其实，这里的惩罚绝不等同于体罚或变相体罚，它是对严重违规违纪学生必要的教育和惩戒，也是对违纪学生的一种保护，使他们避免继续滑向违法的深渊。反之，学校教育缺少了必要的惩罚措施和手段，也随之降低了学生对教师和校规校纪的敬畏心，无意间也增长了部分学生违纪违规的嚣张心理。现实中，偶有学校或教师惩罚了学生，往往会被扣上“不近人情”的帽子，或因要保护学生脆弱的心灵、怕受惩罚学生出事而导致惩罚及其效果大打折扣。因此，对待学生违规违纪，学校和教师往往采取以教育为主、息事宁人的处理方式。而事实上，这样的处理方式不是对每个学生都有效的，特别是对严重违纪或经常违纪的学生，往往达不到预期的效果，且对受伤害的学生造成了“二次伤害”。因此，对于严重违纪的学生，学校和教师在“人情和原谅”面前敢于说“不”，教师要敢于批评、严于教育，学校要敢于惩罚、严于惩罚。

任何事情都有其发展的规律，校园欺凌也不例外。任何一名欺凌者都不是带着欺凌走进校园的。未成年学生的天性应该是善良的，内心是充满正义的。导致欺凌者的过激行为应有一个发展的过程，这既有家庭的原因、社会的原因，也有学校教育的原因。作为教师，应义不容辞地保护学生的身心健康和人身安全。因此，发生了校园欺凌事件，教师有不可推卸的责任。为了避免欺凌事件的发生，教师应走近学生，倾听学生的心声，全面了解学生的思想和行为表现，深入洞察学生的心理，全力掌控学生间的关系状况；教师要与学生建立平等的、良好的人际关系，生活中要多关爱学生，避免运用简单粗暴的教育方式；教师还要教育学生严格遵守校规校纪，正确引导学生自觉践行良好的言行，对于学生言行的问题要及时指出，并及时跟踪批评和教育。

教师要允许学生犯错误，不犯错误的学生是不存在的。“法”的确能够治“欺”，但“治”的目的不是简单认定学生的违法，对学生进行严厉处罚。“治”应达到教育和“治病救人”的目的。我们相信，以“法”治“欺”绝不是任何学校、教师和家长希望看到教育学生的最终结果，它不仅给欺凌者烙上违法的印记，也会给被欺凌者内心留下抹不去的阴影。的确，不到万不得已，不可随意依“法”。

其实，少年儿童在心智上具有较强的可塑性。只要教育适当，有可操作的规则教育、行为教育，教师能严格履行职责，校园欺凌可以避免。但我们也须谨记：教育不是万能的，“法”不是治“欺”的唯一选项，放逐了惩罚，教育将不再完整。

（此文发表在2016年第11期《烟台教育》）

中小学应补好“传统节日课”

时间迈入11月底，离圣诞节更近了。往年的圣诞节前夕，商家们都会使出浑身解数，加大宣传力度，变着花样吸引年轻消费者的眼球，而中小学生是其中最为活跃的群体。当下，不少中小学生热衷于过圣诞节，他们对中国的传统节日没有太多的关注，缺少对传统节日最基本的认知，校园中往往呈现出“洋节热闹、传统节日冷淡”的景象。笔者已从教25年，每当见到此情景，有说不出的困惑和无尽的忧虑。作为一名中国人，一名中国的中小学生，身体里流淌着中华民族的文明与发展的血脉，竟迷失了“本心”，忘记了“本来”，盲目吸收“外来”。这既有家庭教育和学校教育的因素，也有社会因素的影响，更有个人主观的因素。

中华民族是一个伟大的民族，在绵延五千年的历史文明中，积淀和塑成了根植国人血脉之中的诸多传统节日，这也推动了中华民族文化的不断传承和发扬，中华民族文明的不断延续。习近平总书记在十九大报告中指出，文化是一个国家、一个民族的灵魂。文化兴则国运兴，文化强则民族强。没有高度的文化自信，没有文化的繁荣，就没有中华民族伟大复兴。传统文化是中华民族得以伟大复兴的根本，传统节日是中华民族传统文化中重要的一张“名片”。广大人民群众的日常生活与传统节日息息相关，没有传统节日，就不会有传统文化的传承和发扬。纵观世界历史，一个国家、一个民族要屹立于世界民族之林，都离不开文化的积极引领；一个国家、一个民族要实现振兴强盛，都需要以文化繁荣为支撑，而传统节日则是文化支撑中核心的内涵。

如今，中小学生热捧“洋节”，传统节日在他们心中的“味道”变淡，这里既有社会商家的不当宣传、片面诱导，也有家庭教育的缺位和学校教育偏颇的原因，还有中小学生民族认同、家国情怀和意识的淡化。由于年龄的原因，中小学生的人生观、价值观、世界观还未塑成，淡化对外界不良环境和因素的敏锐判断和有效抑制，当“洋节”涌入他们的视野和生活，他们不寻求“洋节”的来历，也不过问“洋节”的缘由，只是盲目“跟风”，缺少了一种家庭观、一个中国魂和一颗民族心。

传统节日是中华民族历史积淀和文化传承发展的结晶，有着深厚的历史文化根基。中国是世界上唯一的从未中断过民族文化发展的文明古国。透过传统节日，我们可以深刻感受到浓浓的家国情怀。例如，春节、清明节、端午节、中秋节、重阳节等，分别承载了阖家欢乐、怀念祖先、缅怀英雄先辈、亲人团聚、尊敬老人等意蕴深刻的家国情怀，它在中国绵延发展的历史长河中，得到了广大人民群众的认可和传承，有深厚的文化基础和久远的历史渊源。而“洋节”只是较浅层次的情感抒怀或与宗教信仰有关。例如，“愚人节”，较普遍的说法是起源于法国，这一天人们可以以各种方式互相欺骗和捉弄；“情人节”据说与古罗马的基督教徒瓦伦丁被处死有关；“万圣节”是西方人祭祀亡魂、避免恶灵干扰的传统节日；“圣诞节”，耶稣诞辰，是一个宗教节日。事实上，许多中小学生对这些“洋节”的来历以及其中蕴含的深意并不知晓，过节也是为了盲目“跟风”和攀比。

由此可见，中小学生对传统节日的“冷淡”，不仅仅是传统文化的缺失，更重要的是德育教育的缺位。青少年是国家的未来、民族的希望，肩负着传承和发展传统文化的重任，传统节日是传统文化中显著的符号，又与中小学生的生活密切相关。加强对中小学生的传统文化教育，提高他们对传统节日认知和认可，学校担负着极其重要的责任，在完成好传授知识的同时，必须给学生补好“传统节日课”。首先，要加强以“弘扬传统文化”为主题的德育教育，通过开展“走进传统节日”“我身边的民风民俗”等一系列活动，让中小学生了解传统节日中所蕴含的博大精深的文化内涵，增强民族自信心和自豪感。其次，在学科教学中融入德育，在课内搞好传统文化传播、学习，引导学生诵读经典，了解传统节日的渊源和风俗，培养他们的家国情怀、民族意识、国家认同。同时，还要矫正中小学生对“洋节”的认知，重新定位“洋节”在生活中的价值与意义，客观理性地对待“洋节”。在课外，要正确引导学生积极参与到传统节日活动中，通过对传统节日风俗采风、学习传统手艺等形式，让学生深刻感受传统节日的魅力，深刻感受自己肩负着传承传统文化的责任感、使命感。另外，还可以组织学生走进综合实践教育基地或当地的民村、民居中，全心体会民风民俗，深入挖掘浓浓的节日味、深深的民族情。

文化自信是一个国家、一个民族发展中基本、深沉、持久的力量。实现文化自信必须要传承、发展传统文化。从大的方面说，传统文化中蕴含着民族自信和国家认同，蕴含着深厚的家国情怀；从小的方面说，传统文化是广大人民群众家庭生活的坚实根基，而传统节日是传统文化中牢固的支撑，是广大人民群众生活中必不可少的家乡味、民族魂。总之，要实现文化自信，中小学校必须从传统节日入手，为每一名学生全心补好“传统节日课”。

追寻教育的“根”

——回到教育的“原点”

众所周知，一个民族绵延不息，依靠的不是这个民族约定俗成的制度，而是这个民族的文化，文化就是这个民族的“根”。

如今的教育，革新的东西日益涌现，许多教师陷入迷茫，遗失了教育的本源——“根”，迷失了教育的方向。教育的内涵包括“教”和“育”两个方面，“教”是为了“育人”，“教”是“育”的手段和途径，“育”是“教”的最终目的。如今，受功利主义影响，为了追求短期的效应，学校教育过于注重教学，忽视了教育的本质——育人，忽视了学生身心发展的规律。事实上，一个人的改变，最难的是观念的转变；而教育学生，最重要的是思想的引领。作为教师，在向学生传授知识的同时，要正确引领学生的思想发展，使学生的灵魂得以安顿，身心得以健康；而且要把学生的思想、心理的健康发展优先于、重于知识的传授。否则，让学生带着轻视、质疑、盲从的思想和恐惧、无所谓的心态来倾听教师授课，这种境况是非常可怕的，收效也是甚微的。而这种境况产生的根源是，教学成绩成为学校发展好坏的“晴雨表”，学习成绩成为评价学生的主要依据，教育者遗弃了教育的“根”——学生的个性思想和心理的发展。

学生的思想和心理是教育的基础和起点，而且其培育要优先于知识的传授与发展。现实中，许多教师误认为，自己的任务只是向学生“灌输知识”，学生掌握好知识就是教育的全部，而忘记了自己工作的首要任务——育人。课堂教学中，忽视了对学生情感、态度、价值观的引领，让学生盲从、在恍惚中听课，课堂的效果可想而知；德育教育中，一味地向学生提出规范要求，而忽视了德育教育就是让学生主动参与、体验、感悟，在践行、感悟的基础上形成自己的德行。

古人云：亲其师，信其道。由此可见，教师对学生的思想引领是多么重要。只有学生亲近、信服自己的老师，才能很好地聆听教师传授的知识。教师对学生的思想引领、品德涵养、心理塑成起着至关重要的作用，教师不仅是文化知识的传授者，更是学生人生的导师。忽视学生的主体地位，简化教学过程，一味追求教学成绩，学生的心灵就会缺少依靠，内心的情感就会干涸，学生就会觉得知识枯燥乏味，对学习失去兴趣，进而产生“厌学”。压缩德育教育的内容，简化教育的方式，流于形式的德育教育对学生思想的提升、心灵的濡染到底有多大的意义，便可想而知。

德育工作是教学工作的基础和保障。学生是活生生的生命个体，其思想、心理状况无不直接影响着自己的学习习惯、能力和水平。任何教学工作离开了德育这一沃土，就会失去发展的根基，成为无水之源、无本之木。如今学生，面对教师关于学习目的的提问，只是局限于“为了将来找份好工作”这一现实而简单的回答，没有“为中华之崛起而读书”的豪言壮语，缺少了一个完整的人在社会中生存的追求和价值。一个人生活在世上，最可怕的是没有追求和信仰，学生又何尝不是如此？学生的德行、学习态度都取决于人生的追求，而这些都源于德育教育。从某种角度讲，思想品德和心理、情感等非智力因素是学生学习文化知识的基础和助推剂，这些会直接影响着学生对知识的接受、理解和掌握，决定着课堂教学的质量。有了良好的思想、健康的心理、愉悦的情感，学生就会把学习作为一件乐事，积极主动参与课堂学习，大大提升课堂教学的效果。而忽视了学生的情感、态度、价值观的课堂教学，带给学生的只是“死记硬背”和“精神游离”。这样的教学对学生的人生会产生怎样的影响？这样的教学又会走多远？

许多学校的教学成绩斐然，“高考名校”瞬间传遍了大街小巷，吸引了世人的目光，但这种“光环”的背后，又有多少是以牺牲学生的健康和个性发展，牺牲了教师的专业成长和幸福为代价的？衡量教育的标准不能简单地看眼前的“成绩”，因为教育是“百年树人”的事业，教育的功效是长远的，影响的不仅仅是一代人；评价学校工作的优劣，不应单纯地看教学成绩，要看学生的健康指数和综合素质，要看教师的幸福指数和专业成长，应以培养人才的数量和质量为根本标准。

20 世纪 30 年代，南开中学参加了河北省会考，在全省 69 所会考学校中，南开中学男校仅名列 18，南开女校名列 37，著名教育家陶行知却向校长张伯苓道喜。因为当时的教育可谓是“应试教育”盛行，学生“负担过重”，许多学校“学生是学会考，教师是教会考，学校变了会考筹备处。会考所要的必须教；会考不要的，不必教，甚而至于必不教”。而南开中学不是这样赶考的学校。南开中学学生六点半学校摇铃起床，八点上课。上午几乎堂堂有课，下午课主要是理化实验和作文，以自修为多。两节课后正是下午三点半，这时教室里几乎看不到学生，都到运动场或会所去了。南开特别注重学生的“整个生活”，以学生的全面发展为本，它的教育是完整的、健康的、快乐的，因而也是幸福的、和谐的、成功的。有统计显示，仅 20 世纪 30 ～ 40 年代的南开中学毕业生中有 57 位当选为中国科学院、中国工程院院士。

学校教育追求短期的功利性与学生自身发展的长期性和深远性不符成为当

前教育的主要矛盾。没有哪一所学校愿意为学生误入歧途而“买单”，因为学生的发展囊括了家庭、社会、学校、自身等多方面因素；但我们必须承认，学校教育承载着学生的健康、快来与未来，丢掉一个学生，将毁弃了一个家庭甚至是几个家庭的幸福。国学大师在谈到中国的“孝”文化时，要求大家像对待子女一样对待父母；那么，在学习和生活上，教师应该像对待子女那样对待学生。这样，教育中的一些问题就会迎刃而解。时下，“教育多动症”使许多教师并没有意识到自己在从事与心灵密切相关的灵魂工作，只是认为自己不过在做一种“知识搬运”的工作，思维也因此被格式化了，逐渐淡忘了教育的实质。解决这些问题，需要我们回到教育的原点，追寻教育的“根”，在尊重学生个体生命的基础上，扎扎实实开展德育活动，实实在在进行德育教育，真正走进学生的心灵，轻轻地拨动学生的心弦，奏响心灵的乐章，愉悦学生的身心，涵养学生的美德，引领学生的思想健康发展。

（此文发表在2014年第4期《烟台教育》）

德育篇

我的德育理念

教学生学会做人是最朴素的、最重要的德育。

教师不仅是一个耕耘者,更应该是一个有情人。教师要善于观察学生的每一个细节,了解他们的心情变化。

每一片树叶都有自己的一片风景,每个学生都有自己独一无二的地方。

一、教师的责任

一个学生就是一个世界。教师善待、成就了一个学生,不仅呵护了一个孩子,幸福了一个家庭,更孕育了一个世界。

做班主任工作,一定不能辜负育人这一天底下最神圣的职责。班主任要无愧于自己的良心,无愧于信任自己、赋予自己重任的领导,更无愧于那些渴望知识的眼睛和放心把孩子交给我们的家长。

二、德育教育的方法

育其德必先导其行,导其行必先明(阐明)其理,明其理必先其动其心,动其心必先通(通晓)其情。

晚上,是学生意志最为脆弱、情绪最为激动的时候,教师做教育工作一定要避开这个时间。若确实需要与学生交流,教师要特别注意谈话的内容、方式、地点和时间等因素。(我曾在晚自习给初二3个班级学生进行过简短的德育教育,让学生想想自己的学习,想想自己父母的辛苦操劳,结果班级中的绝大多数学生都痛哭流涕)

"问题学生"成就教师

任何一位教师的成长、成功甚至成名,在很大程度上都得益于工作中遇到的少数"问题学生",这就如同医生治病一样,只有诊断、治疗了诸多的"疑难杂症"的医生才能成为名医。

班级工作中,最让班主任头疼的往往是班级中的几个"问题学生",他们耗费了班主任太多的时间和精力，而且长期对他们的教育转化工作往往收效甚微。新学期初，许多班主任最为闹心的事情莫过于公认的“问题学生”分到自己的班级。所以，对班主任来说，新学期分班是“提心吊胆”“几家欢喜几家愁”的事情。班主任们都不希望摊上“问题学生”，大家都公认这是“出力不讨好的事情”。殊不知，这些“问题学生”不仅是班主任工作的挑战，更是班主任积累工作经验的一笔宝贵财富。虽然，“问题学生”给班级工作带来了诸多的麻烦，消耗了班主任的很多精力，甚至有时使班主任身心疲惫；但在教育“问题学生”的过程中，班主任也收获了师生间的深入了解，收获了彼此信任，更收获了失败的教训和成功的经验。

纵观名师，特别是优秀班主任的成长都离不开“问题学生”的助推作用。一位教师工作经验的积累和成长，都是在解决工作中的一个又一个难题中得以实现的；教师的工作能力更是在与“问题学生”的一次次“交锋”中得以提升的。如果哪一位教师从未或从不想与“问题学生”发生思维碰撞，甚至是陷于“教与被教”的冲突中，他的工作就会平淡如水，永远也不会成长起来。因为他缺乏解决工作中“疑难杂症”的历练，缺乏对学生教育的深入思考和经验积累，更缺乏对人性的理解和关怀。现实的学校中却不乏其人，他们从教至今从未当过一天的班主任，他们的教育经历是不完整的，教育工作是不可能有所建树的，正如俗话所说“不想当元帅的士兵不是好士兵”。班主任不是人人都能当的，更不是人人都能当好的，这既有工作态度的原因，也有工作能力的因素。事实上，任何一名成功的教师，特别是优秀班主任，都是在与“问题学生”的一次次接触甚至是“交锋”中，感悟到教育的真谛，累积了工作的经验，最终有效地转化了“问题学生”，取得了良好的教育效果，提升了自身的工作能力，彰显了工作的实力，树立了自身的威信，最终赢得了良好的声誉，也成就了自己。

教师在工作中与“问题学生”相遇，并不是一件坏事，反而是好事，这使教师拥有了成长的可能。这是上天的厚爱，是上天赐予教师历练自己的机会，为教师搭建起成长、甚至成名的平台，正如俗话说“不经风雨，怎能见彩虹”。是的，没有人可以随随便便成功。说白了，我们教师还真应该感谢那些“问题学生”，他们的出现给了我们成长的最大可能。

班级管理“七段论”

任何工作都是有规律的，规律都是可循的，班级管理也不例外。我在多年的班主任工作中，逐步总结了整个学年的班级管理工作的7个阶段，简称班级管理“七段论”。

上学期经历4个阶段，即观望期、试探期、摩擦期、发展期；下学期经历浮动期、稳定期、严控期3个阶段。

观望期。新学期开始，班主任和学生之间都是陌生的。这个时期的班级管理较为平静，班级中似乎没有什么问题，许多学生表现得“很乖”，这个阶段的周期为1～2周。对此，许多教师都曾感到困惑，为什么学生这么听话、守纪？因为学生升入新的年级，还未适应新的环境、新的老师和同学，处于一种把自己暂时“包装”起来的状态，在言行表现上暂时收敛了许多。班主任切记，这个时期的学生言行表现往往具有伪装性，一定不能被假象所蒙蔽。要深入实际地观察、了解问题，全面客观地评价学生的表现。这个时期，几乎所有的学生都对学习和个人成长充满信心。

试探期。为“观望期”的下一个阶段，此阶段的周期为2～3个周。在这个时期，学生的违纪现象和发展中的问题逐渐暴露，班级管理出现浮躁现象。在这个时期，班主任对待学生的违纪问题的处理一定要慎重。一些学生往往通过稍稍违纪来试探教师的工作风格和工作能力；部分学生也会通过教师对违纪情况的处理来“观望”教师的处事风格。这个时期的班级管理工作极为重要，因为通过个别学生给班级工作制造的“麻烦”，给班主任出的“难题”，许多学生对班主任的班级管理工作进行“定位”，即教师严不严，班级管理有哪些漏洞，在什么地方可以“钻”教师的“空子”等。

摩擦期。这个阶段的周期为1个月左右。部分学生通过违纪对班主任的班级管理进行“试探”后，从中感悟出一些想法，比如较客观地揣摩了班主任的心理、喜好，发现了班级管理中的“缺管区”。这个阶段，学生的违纪现象一一暴露出来，学生出现的问题较多。通常，更多的违纪现象或问题往往集中在几个学生身上。这是班级管理的“关键期”，不仅耗费了教师更多的时间和精力，更是对班主任工作提出了挑战。此时，班主任处理学生的违纪行为更要慎重。在批评教育学生前，班主任一定要充分备好课，力争教育内容上做到全面、充分，教育方法上做到合理、适当，教育过程上要细致、完整，教育效果上要深刻、显著。在此阶段，对待学生的教育一定要“有因有果”“有始有终”；切记不可草率处之，甚至用一两句批评的话，就想达到教育转化学生的目的。但也要特别注意处理问题的方式方法，不可因为学生犯了一点小错，教师就“耿耿于怀”，抓住“错误”不放，这样使学生产生“逆反”心理。还需要指出，在这个时期，少数后进生已经对学习逐渐失去了兴趣。

发展期。经历了前3个阶段后，班级管理就进入了相对平稳的发展期，班级工作也会步入正轨，绝大多数学生也会按照班级管理的规定要求去做。这个时期的班主任工作相对轻松，但不可麻痹大意，放松对学生的严格要求。

浮动期。过完新年刚开学，学生的言行表现比较浮躁，许多学生患上“假期综合征”，起居生活没有规律，思想上没有学习的压力，班级管理中的要求早已抛之脑后。班主任要尽快采取有效措施，将学生的心“收回来”，让他们的思想稳定下来，尽快适应新学期的学习生活的节奏，尽快步入成长的“正轨”。此阶段的周期为1～2周，而且周期越短越好。

稳定期。学生的学习和生活逐渐回归到正常的“轨道”，班级工作也逐渐步入了快速发展阶段，班集体的凝聚力和向心力更强。当然，此时班级学生的发展出现了严重的“两极分化”，优生会更优，后进生将会更落后，不少后进生已经对学习失去了信心。这个时期的班主任工作要特别关注后进生的转化。

严控期。此阶段为第二学期结束前的1个月左右的时间，可谓“问题多发期”。此时，学生表现得更为浮躁，班级管理中出现的问题较多，比如男女生之间的交往，学生上课说话、走神，卫生工作不理想等，特别是在班主任反复强调的方面。有的学生竟对班级规定毫无“敬畏”之心，直截了当地把违纪行为呈现在同学们的面前。对此，班主任必须想方设法及时解决好班级管理中的问题，让浮躁的气氛沉静下来，让班集体成为学生心中永远的“留恋”。

班级管理中的“头牛”法则

对班主任来说，班级管理是耗费时间和精力、任务繁重的工作，它占据了班主任的大半工作时间和精力。实际工作中，越是问题多的班级，班主任工作负担越重、压力越大；而相对优秀的班级，班主任耗费的精力相对较少。这就是人们常说的“最糟糕的班级中有最累的班主任”。

班级管理中，往往一些特殊学生会牵扯班主任很多的精力，即使班主任花费很多的时间，投入很多的精力，也未必会取得好的教育效果。而这些特殊的学生，往往会在班级工作中造成很大的障碍，个别学生在这些特殊学生中有一定的影响力，成为他们的“头牛”。因此，班主任抓好班级工作，不得不面对这些特殊学生。若要有效地转化他们，首先必须从“头牛”开始，在生活和学习上，要给予“头牛”更多的关心，让他真切感受到老师的温暖；课后，要多与他坦诚地交流沟通，走进他的内心，让他充分信任老师，达到对老师无话不说的程度；要多发现他的优点，及时予以表扬，以此激励他上进；对于“头牛”的缺点，尽量采取个别批评教育措施，不要在大庭广众之下批评，使其丧失“面子”。更重要的是在他的学习和言行表现上及时给予正确引导，可以根据他的个性和特长，让他承担一定的班级工作（担任班干部或课代表），让他为班级服务，在耗费他精力的同时不断增强其自身的约束力，逐步转变他的思想观念，促使他逐渐克服不足，逐步转化。最终，通过“头牛”的转化，引领其他特殊学生的转化、进步。

初中女生不适装扮的思考

步入初中的女生越来越注重自己的外表，爱美心理越发凸显。不少初中女生的装扮越来越接近成人化，打耳钉、带手链、留长指甲、衣着时髦等已成为一种常态，这些问题不得不引发教师的思考。透过初中女生这些装扮，我们可以追寻到其背后隐含着的心理问题。

平时，作为教师，特别是班主任，对学生奇特装扮背后隐含的心理问题却不加以研究，往往采取简单、粗暴的方式加以制止。其实，奇特装扮既隐含着学生成长中的生理因素，也有学生盲目模仿成人的心理因素，还有家长、教师对学生的着装未提出合理的要求和正确引导的原因。

从学生自身来看，步入青春期的女生，由于生理因素，导致其心理上寻求加强与异性的交往，形象上希望得到异性的关注。同时，许多女生喜欢观看青春影视剧，逐渐在心中确立心仪的“明星偶像”。追星崇拜的心理，导致女学生盲目刻意模仿心中“偶像”的时尚装扮。

从教师的教育和影响方面来看，一是班主任未对学生的装扮提出一定的要求，学生不明确怎样装扮才符合自己的身份；二是部分教师的时髦装扮也对学生产生了一定的负面影响，导致部分学生盲目刻意模仿教师。

从家庭方面来看，许多家长对孩子的穿着打扮缺乏明确要求，导致孩子的装扮随意性大，而且远远超出了一个初中学生应有的着装。家庭因素是导致女生装扮出众的主要原因。

工作中，面对学生的奇特装扮，教师不能一味严加指责，而应从学生自身发展的角度出发，正确地加以教育引导。比如，要让学生懂得奇特装扮容易影响自己在老师、同学中的形象，容易博得别人不屑的态度，容易分散自己的精力而影响到学习。教育时，教师要对学生晓之以理、动之以情，让学生真正认识到奇特装扮产生的负面效应，从而虚心改正。然而，当教师找到装扮奇特女学生私下谈心时，诸多诚恳的话语往往不被学生所接受，学生的理由是“穿衣戴帽，个人所好”，认为老师管得有点多了。此时，既需要教师在每学年初对学生的装扮提出明确要求，也需要从客观方面帮助学生分析不利因素，同时更需要得到家长的充分理解和全力配合，正确地教育和引导孩子得体装扮。

可能有的教师认为这样的事情不值得关注，有点小题大做了，但如果静下心来想想，细心分析，就不难发现：学生的装扮往往反映其内心世界，正是“心有所想，装有所扮”。更何况，俗话说：学校无小事，处处是教育。其实，关乎学生健康成长的方面都不是小事，初中女学生的不适装扮也不例外。这需要教师用心思考其实质，而后加以耐心地教育和引导，让学生的装扮得体。

从“请进来”说起

不知从何时起，我们教师已经习惯了把家长“请”到学校来交流沟通，渐渐地淡忘了以往“走出去”式的家访。透过“请进来”式的家校沟通现状，我们确实看到了家长们对学校工作的理解和支持，看到了班主任工作的实效性，但也会发现这种方式背后存在的值得深思的问题。

一、家长自尊的考量

私下与家长们谈心，许多家长都坦诚地说：“最怕老师找。”家长都担心被教师“请”到学校，原因是“面子”上过不去。而有的教师找家长，缺乏多方面的静心考虑，有时为发一时之怒、图一时痛快，把家长“请”到学校。来者急三火四，倾诉者则语气生硬，批评有加，又没顾及场合，把家长晾在其他教师面前，致使家长面带难色，很是尴尬。这样的“请进来”易伤害家长的自尊心，往往会使孩子遭训斥，甚至是遭受皮肉之苦，也不利于家长敞开心扉，取得预期的教育效果。

二、实况知多少

家长被“请”到学校，大多是孩子出现问题，或是犯了错误，家长是怀着忐忑的心情而来，小心翼翼地与老师交谈。交谈中，家长多了许多顾虑，往往“包装”了一些东西，不能真诚与老师交流沟通，这使教师很难了解到学生的家庭状况和在家的表现情况。去年，因一位学生辍学，我陪同一位班主任去家访。走进学生的家门，满眼的破乱不堪，令我们大吃一惊。大家很是感慨：孩子生活在这样的环境中是多么的不易。就在那时，我们对孩子以前的种种不理解，全找到了答案。这就提醒了我们，平时如果能站在学生的角度考虑问题，我们会少走些弯路，多些理解。那次家访让我们看到一个孩子真实的家况，了解到了他平日的表现（父母的介绍、邻人的述说），从中也找到了一些问题的答案，使我们在今后的工作中能换个角度去看问题，站在学生的立场上真诚、平等地对待学生。

三、效果打折扣

教师把家长“请”到学校，是为了与家长交流沟通，探讨学生成长中的问题，共同寻找产生问题的原因及解决办法，达到引导学生步入正轨的目的。然而，实际工作中，教师们习惯一股脑地把学生问题抛在家长面前，家长则面带难色，被动接听；教师和家长间缺少了亲和性，家长很难提出有效的教育方法；往往是教师提出建议，家长被动采纳。有不少家长曾坦言：“老师，您说话比我们管用。这孩子，我们拿他真没办法。”“请进来”的沟通方式，缺少了家长的主动参与，会影响到教育的预期效果。

四、学生易逆反

初中生正处于心理发展的关键期，许多学生担心家长被“请”到学校，遭受家长的训斥，甚至遭受皮肉之苦。学生心中往往会把这种结果归结到教师身上，对教师心生不满。许多学生会认为，教师把家长“请”到学校，为了告状，揭自己的短，让自己难堪，这种心理易引发学生的逆反，甚至引发学生的一些过激行为。况且有些学生经常违纪，家长光临学校已不新鲜，久而久之，学生的逆反心理会滋生下去。学生一旦有逆反心理，任何教育方式将收效甚微。教师应该相信，在某种程度上讲，我们的教育要比家长有效得多。

与“请进来”相对的是“走出去”的家校沟通方式，这种方式虽耗费教师较多的时间和精力，但“走”比“请”的确有一定的优势。从方式上讲，“请进来”家长是被动的，教师是主，家长是宾，家长一味倾听而缺乏主动性；“走出去”教师是主动的，家长是主，教师是宾，有利于提高家访的郑重性和家长的被尊重感。从内容上讲，“请进来”的内容较为单一，往往是教师向家长主要反映学生在校的学习和纪律情况，而对学生的其他方面和在家的表现则涉及不多；“走出去”的家访内容综合性强，能涉及学生诸多的方面的表现，既有利于家长了解学生在校的情况，也有利于教师掌握学生在家的表现，实现家校信息的平等交流互通，形成教育的合力。从效果上讲，“请进来”易让家长怀有不满的情绪，引发急躁的心理，使学生易产生逆反心理；“走出去”是在比较融洽的气氛下进行的，有利于教师和家长地坦诚交流，达成共识。

“请进来”是随教育的改革而逐渐走向主导地位的家校沟通方式，有一定的积极性和成效；但也存在一些局限，如果能与“走出去”很好地结合起来，我们教育工作的效果会越来越显著，教育之路会越来越宽广。不管怎样，对于是否把学生家长“请”到学校来协助教育一事，教师一定要慎之又慎。有时，因一点草率的决定，会造成对多人的伤害。

从“学生的两个问题”谈起

再次踏上告别两年的课堂，我除了向学生询问读书的目的之外，还让学生把心中的疑问主动提出来。有位个矮的男生站起来，怯怯地问：“老师，你是否打学生？你布置的周日作业多不多？”我思索了一会儿，面带微笑坦诚地说：“我很早以前打过学生，不过从未打过女生；如今，好多年没打过，现在和将来都不会再打。我布置的双休日作业不多，大约需 40 分钟，但我更想不给大家布置作业，前提是大家要在学校上好每一节课。”

事实上，这位学生提到的问题，也是当今中学生普遍关心的问题。这也从另外一个角度反映了当今教育中存在的两个突出的问题，即体罚或变相体罚学生和课业负担过重的问题。产生这两个问题的原因，除了教师的职业道德修养和授课水平差的因素外，更主要的与把教学成绩作为考核教师和学校的重要依据有关。考试成了衡量教师和学校的重要手段，教学成绩成为学校对外宣传的“名片”。

现在，到了需要领导们认真审视我们的教育、需要教师们静心反思自己教育教学行为的时候了。我们教师改变不了大的环境，但可以改变自己；最起码可以用心备课、授课，不断提高自己的课堂教学质量，在课堂有限的时间内，让学生学会、学好、会学；最起码可以用文明的方式教育引导学生，确保学生心灵阳光、健康成长。一所学校可能改变不了当下大的教育环境，但满可以从育人目的、育人内容、育人途径等方面加以创新，真正把学生当成一个人来培养，当成一个完整的人来培养，秉承立德树人的宗旨，培养学生有思想、有品德、有知识、有能力。

点亮学生心中的“火花”

时间要追溯到1999年的暑假开学，我担任了大窑中学初一六班的班主任。面对60多双渴求知识的眼睛，我决心干好班主任工作，让每位学生尽可能地成长。

任何事情都是说起来容易、做起来难。刚上任不久，我的工作便被几个常违纪的学生搞得很被动，其中一位男生尤为突出。他纪律观念差，上课经常喜欢与同桌说话，学习上缺乏主动性，经常不完成作业。任课教师们都认为“无药可救”了，我却从未放弃。我相信，任何学生都有“闪光点”，只要教育得当，都会取得进步。我主动与他接触，找他谈心，谈父母的辛苦，谈读书的重要性，谈个人的未来。一个阶段下来。效果并不理想。我质疑自己的工作方法，认为“单纯说教并不能完全转化每一个学生”，教育方法要因人而异。对此，我认真总结了原因，一是没有找到学生心中“易亮点”，即学生身上的“闪光点”；二是缺乏师生间真诚的沟通。

为了转化这位学生，我先找到了他的“闪光点”——特别爱劳动。一上劳动课，我便细心观察、了解他，多次在班级表扬他热爱劳动的品质。慢慢地，他有点变化，学习上有了主动性，而且多次向我反映班里的情况。对此，我十分高兴，我与他的距离拉近了，但我也清醒地知道，我们之间并未达到真正的沟通。我似乎在等待一个机会。一天晚自习，他感冒发烧。我得知情况后，立即带他医院，送他去诊室，替他付钱拿药，陪他打点滴。在病房里，我主动与他交谈，谈他的优点，谈他的理想……刚开始，他有些腼腆，渐渐就敞开了心扉。他跟我讲班级里的好人好事、不良现象，还有他的家庭……

不久，他的病好了。从那以后，他再也没有违反纪律，学习有了很大的进步，期末考试还荣获一张喜报。我觉得这一切发生得太快，但在他的作文《回报》中找到了答案。他在文中这样写道：“老师，谢谢您的帮助，我对自己以前的表现感到后悔，请您原谅。在以后的日子里，我将改正缺点……我永远不会忘记您。我现在虽然弱小，但在不久的将来，我将真诚地回报您……”读完后，我很感动，自己的付出终于有了结果。我感到很欣慰，为自己“身为人师”的这份职责感到无比自豪。

其实，只要我们教育得当，真诚付出，每一位学生都可以进步、成长，甚至成才。对于后进生，关键在于找到正确有效的教育方法，而单纯说教未必会有效。我们先要找到他们心中的“火花”，而且要利用恰当时机点亮他们心中的“火花”；继而帮助他们树立起自尊心、自信心，让他们觉得自己有优点、能进步、有未来。同时，教师还要注重与学生真诚沟通。真诚沟通是点亮学生内心“火花”的动力。有了真诚沟通，学生才能信任教师，这样，教育才能贴切生动、深入有力。

点燃后进生生命的“火花”

后进生是班级工作中不容忽视的因素，做好后进生的转化工作，对于搞好班级工作尤为重要。在教育教学工作中，班主任往往容易忽视后进生的转化、培养。因为后进生牵扯了班主任很大一部分的精力，在某种程度上增加了班主任的额外工作量，影响了班级工作的开展。我担任多年的班主任工作，逐渐懂得后进生的转化决定着班级工作的成败。我把搞好后进生的转化工作作为班主任工作的首要任务。

后进生的思想波动往往影响着班级工作的开展。新学期刚开始，我都会在第一时间主动走近后进生，细心观察、了解他们的生活、学习、卫生习惯、兴趣爱好、性格特点、家庭状况等，全面认真分析他们的思想状况及产生的原因。在调查中，我发现后进生的产生往往有家庭、学校、个人三方面的因素，例如：家长对后进生的学习没有明确要求，对后进生监管不够；班主任对后进生不良学习习惯、学习方法的纠正措施不当或不及时；后进生对学习没有产生兴趣，对学习的意义缺乏正确认识等。通过分析总结，我为后进生建立了档案，定期跟踪帮助后进生。我主要从四个方面入手，了解他们的困难，采取有效的方法，全面关注他们，生活上照顾他们，学习上鼓励他们，及时发现他们的“闪光点”，帮助他们上进，点燃他们生命的“火花”。

一、增强自尊心，树立自信心

自尊心和自信心是后进生不甘落后、积极上进的心理支柱。许多后进生自尊心不强，丧失了自信心。为了做好后进生转化工作，我从后进生的良好心理品质培养入手，采取多种形式，利用晚点、主题班会引导后进生寻找自身的“闪光点”，让后进生看到自己的优点、长处。这样就给后进生搭建了一个支点，使他站起来，树立起自信心。例如有的后进生尊敬老师，就给他的父母写封表扬信，让他的父母也享受到孩子成长的快乐；有的后进生关心同学，就在班级的黑板报上或学校宣传栏中宣传他的事迹，激励他成长。

二、进行心理辅导，培养学习习惯

如今学生厌学心理较普遍，而后进生的畏学、厌学心理更为严重。针对这一现状，我从后进生的学习心理辅导入手，激发后进生学习的兴趣。我经常与任课教师进行研讨，协助他们对后进生进行多方面、全方位的心理辅导，让后进生明确学习的目的、意义，明确学习检测的作用。课堂上，运用多种学习活动来诱发后进生学习的动机，增强他们学习的积极性。后进生之所以学习困难，主要是由于不良的学习习惯所致。为了培养后进生良好的学习习惯，我主要关注他们的课堂听讲情况。我在班级采取了“三表”评价制，即听课情况教师评价表、学生听课注意力自查表、小组检查评价表，以此来督促后进生的课堂听讲，关注他们的学习，关注他们习惯的养成，关注他们良好心理品质的塑造。为了帮助后进生养成良好的学习习惯，树立起学习的信心，我要求后进生在课前应做到“三备”，一备知识（即搞好课前预习）；二备物质（即准备好课本、笔记本、文具等）；三备心态，相信自己这节课一定能学有所得。

三、分类指导，放低要求，体验成功

后进生大致有两类，在转化时应区别对待，分类指导。一类是接受知识较慢，能专心学习的后进生。对于这类后进生，我在课堂上多给予帮助、指导，课后多给予辅导。第二类是不专心听讲的后进生。对于第二类后进生，我从两个方面加强转化，纪律上严要求，学习上提目标。后进生因学习的基础较差，学习中面临许多困难。我提出了“放低门槛，让后进生学习达到课标最低目标”的要求，平日提问、练习、检测，只考查他们对基础知识、基本技能的掌握情况。放低学习的门槛，让后进生快乐地步入学习的殿堂，不断地领略到成功的乐趣，增强学习的自信心，并以此作为动力，来促进他们主动学习。

四、与家长交流沟通，赢得支持

后进生的产生往往有一定的家庭因素，例如父母对孩子的学习没有提出明确目标，采取很少过问甚至放任自流的教育方式。每学期质量检测后，我都主动与家长沟通，及时反映后进生的优点及不足，全面了解后进生在家里的表现情况，进行较客观、公正、全面的评价，既让后进生看到自己的优点，也发现了自己的不足；既让后进生感受到老师的关爱，也感受到了父母的理解与支持。我认为后进生的转化离开了父母的协助、支持，收效将会甚微。

总之，做好后进生的工作，并非一朝一夕，并非心血来潮，需要班主任日积月累，扎实有效的工作。后进生的转化，应从两个重要方面入手。一是保护后进生的自尊心。只有保护了他们的自尊心，你才容易走近后进生，赢得他们的信任，继而走进他们的内心世界。二是帮助他们树立自信心。只有帮助他们树立起自信心，你才点燃了他们生命的“火花”，生命之“火”同样可以“燎原”。

多想对你说声“对不起”

前些日子，一位同事去买房，回来告诉我，在与售楼处的一位工作人员闲聊中，无意中谈起了我。她自称是我的学生，说我曾担任过她初一时的班主任，对我印象很深刻。因为当年班级发生过偷窃事件，她感觉被我冤枉了，至今心里仍疙疙瘩瘩的。

回想当年刚参加工作时，由于经验不足，面对繁杂的班主任工作，经常显得焦头烂额、力不从心，处处有种“摸着石头过河”的感觉。遇到班级学生丢东西的事件更是让人头疼，往往是火气十足、草率冲动，多半是凭着自己的主观感觉找多名学生谈话，了解事情的来龙去脉，一心想在最短时间内查个水落石出，还丢钱学生一个“公道”。这种急于求成的心理和不妥的处理问题方式，往往造成了学生间的误解，也给有的学生内心造成了永久性的伤害。

其实，在工作中遇到班级的偷窃事件，是常有的事。如何处理，不仅仅是方法的问题，更需要教育智慧，必须慎重。偷窃是一种让人瞧不起的行为，哪一名学生发生了这样的行为，不仅会遭到同学们的鄙视和“冷遇”，也会在某种程度上引发一些极端事件。教师在工作中遇见这样的事件，一定要保持克制，不要冲动，更不要火冒三丈，要客观、理性地解决问题。

首先，不要随意猜疑、误伤学生。初中学生处在青春期，他们的心理极其脆弱和敏感，他们的自尊心很强。教师在教育过程中的方式方法和语言行为稍有不慎，就会对学生造成伤害，而且这种伤害是不可弥补的，容易给学生的心灵蒙上终生的阴影。同时，初中学生处在人际交往的发展关键期，他们对自己的人生和交往等有了较为崭新和客观的认识，在以往小学时伙伴的基础上，依据自己的兴趣爱好、性格特点以及生活习惯等，重新认识、定位自己的交往规则和对象，而后确立朋友关系，而这种关系必须建立在信任的基础上。学生往往不怕老师瞧不起自己，最为担心的是被同学们瞧不起。一旦自己的偷窃行为被同学知道，那么，他在班级中就会被同学们“孤立”。所以，教师在调查偷窃事件的过程中，一定要慎之又慎，向学生了解情况而选择的地点、交流的方式、交谈的语气以及说的每一句话，都要提前备好课，不要让学生产生误解，产生对教师和同学们的不信任感，更不要伤害到学生。

其次，不可大肆公开调查。班级丢钱了，对于丢钱的学生来说是一件很伤心的事；对于其他学生来说，易互相猜测。出现“偷窃”现象，在学生中造成一种恐慌，给班级管理带来极大的挑战和负面影响。若大肆公开调查，更会加剧学生间的猜疑，产生极大的不信任感，使学生间隔阂严重，甚至诱发矛盾。作为一名有经验的班主任，一名智慧的老师，面对此类事件，只能在暗地里、无声中了解情况，寻找线索，切不可在办公室、教室等场所大肆宣扬。单独找学生了解情况也应本着实事求是的原则，态度要亲切，语气要和蔼；否则，既不利于调查事件的真相，更不利于问题的解决以及对犯错学生的正确教育和引导。

而后，若有线索，要慎重保密。在实际工作中，教师经过深入、仔细地调查，往往会发现偷窃事件的蛛丝马迹，初步掌握一些线索。教师要站在维护偷窃者自尊的立场上，慎重保密，不可在班级中公开谈起或评论；应采取一种保密加保密的方式，悄然处理，到达“治病救人”的目的，使犯错误的学生能正确、深刻认识到自己的错误，又能及时改正。

另外，也可采取科学的策略，让学生自己主动承认错误。要采取一种“息事宁人、偃旗息鼓”的策略，保持班级井井有条的管理，消除学生间的恐慌感，形成一种什么事都未发生的景象。或者通过开展以诚信为主题的教育活动，采取一种心理暗示的行为，让学生单独找老师主动承认错误。

踏上教育岗位已有二十五载，工作中遇到的情况千差万别，一路走来，感悟颇多。也许我早已记不得当年的情景，也叫不出那位学生的名字，但对于偷窃事件的不理智处理，仍萦绕在记忆的深处。我每每想起，心中仍有余悸。我很想遇见那位学生，为自己当年给她造成的伤害说声“对不起”。同时，我也反复告诫自己，人的一生不可能不犯错误，作为人生观、价值观、心理性格等方面尚未成熟的初中学生来说，犯错误是正常的事情，学校和班级是允许学生犯错误和改正错误的地方。对教师来说，关键要看犯错学生的主观因素，重点是看他认识错误的态度以及改正错误的决心和行动。教育不仅需要理解、宽容和爱心，更需要智慧，只有站在学生的角度，本着“以生为本”的宗旨，遵循“尊重学生、信任学生”的原则，教师才可以在教育中不给学生造成伤害，不至于产生教育的遗憾，不蹈草率的覆辙。总之，每一名教师都应不断学习，向书本学习，向同事学习，向专家学习，向实践学习，努力做一名智慧型教师。

给后进生一个“支点”，让他站起来

教育发展的理想境界是让所有学生都得到健康成长和全面发展，基础教育改革倡导的也是这种理念。它主张学生积极主动参与学习，提倡合作探究和自主创新，注重学生个性的培养和张扬。而在实际工作中，有的教师由于受“升学”因素的影响，往往只重视优生的培养，而忽视了对后进生的教育和帮助。这种做法是十分有害的，不仅影响了后进生的转化和健康成长，也影响了教师工作经验的积累和专业发展。同时，教师放松了对后进生的要求，会导致后进生我行我素、经常违纪，给教育教学工作带来了诸多的困难和挑战，耗费了教师相当多的时间和精力。当然，这也违背了教育的初衷。忽视后进生的培养，把后进生一味地推向社会，必将影响到社会的文明与发展，影响到综合国力的提升。因此，忽视了后进生培养的教育是不完整的，忽视了后进生培养的教师是不称职的。要造就21世纪的合格人才，我们必须注重后进生的培养。

一、摆正一个观念

教师要明确自己的职责——教书育人，优生应受教育，后进生也需教育。后进生也是教师的教育对象，培养他们是我们教师义不容辞的责任。切忌放松对他们的要求，更不要带“有色眼镜”去看他们，忽视了他们的存在。平时我们工作中对他们丝毫的不屑一顾，都有可能产生极大的负面影响，甚至会影响他们的一生。有的教师往往以“升学”和“如今学生难教”为借口，对后进生放任自流。我们应扪心自问一下，如果自己的孩子是后进生，能视之不管吗？能让孩子放任自流吗？忽视后进生培养的教师是不称职的。作为人师，只有肯定后进生的长处，重视他们的培养，才能对得起“教师”这一称呼。

二、找到一个“支点”

教师要善于发现后进生身上的优点，及时地给予表扬、鼓励，让他们拥有自尊和自信，让他们站起来，促使他们进步。后进生往往容易被忽视，易受冷落，老师的一次真诚的表扬，一句暖心的话语，一个鼓励的眼神，一个肯定的手势，一个赞许的微笑，都可能让他们激动不已，兴奋许久，顿时会增长起他们学习和生活的信心、勇气。教师不经意的一点举动，甚至会影响他们的一生。因而，培养后进生，找到一个合适的“支点”尤为重要。教师要善于发现后进生的优点；例如，有的后进生很懂礼貌，有的热爱劳动，有的擅长绘画，有的抗挫折能力强。教师要仔细地观察，认真地了解、分析，既要发现后进生学习上的优点，又要找寻后进生思想品德方面的优点。教师要正确对待后进生的优点。对待后进生，要放低要求，不能把后进生的优点同优生的优点进行比较。后进生身上的优点对于优生来说，可能不算什么，但由于后进生的基础较差、起点较低，他们的优点往往是付出诸多努力的结果，是来之不易的“闪光点”。教师只有重视了后进生的优点，才能正确地对待后进生。针对发现的后进生的优点，教师要及时给予表扬、鼓励，既要让后进生产生欣慰感、愉悦感、成就感，让他倍受鼓舞，同时也能使其他同学深受鞭策。我们要相信，给他们一点掌声，他们会有可能成为耀眼的“明星”。但是，我们也要牢记：切忌捏造和抬高后进生的优点。当然，教师更应避免对后进生的优点打折扣或视而不见，见而不评，评而不表扬、鼓励。

三、拓展一个舞台

找到了后进生的优点以后，并不能使他完全站立起来。要达到教育培养的目的，必须为他们拓展一个空间，提供一个展示自己、实现自我价值的舞台。平日学习中，后进生展示自己的舞台少之甚少。课堂上，我们很难发现他们积极参与学习的身影，因为他们深知自己的基础较差，对问题的思考缺乏深度、广度，所以不敢发言，害怕招来同学们的嘲笑。在他们头脑中，往往形成一种定势：课堂是优生的舞台，我只是旁听者而已。逐渐地，他们对学习失去了兴趣，成绩令人担忧。纪律上由于长期养成涣散的习惯，后进生守纪的自觉性较差，常常违纪，往往成为老师和同学批评和轻视的对象。后进生偶尔遵守纪律，根本引不起大家的注意，因为大家以为这是应该的，不值得一提。由于后进生在学习纪律方面的表现不佳，老师对他们的不信任感油然而生。因此，他们在其他方面展示自己的机会也被剥夺了，舞台也被挪走了。要教育转化后进生，我们必须给他们营造一个空间，还他们一个展示自己的舞台。首先，在学习上，教师要多给予鼓励，多给他们督促，关注他们一点一滴的进步。课堂上，可以把容易的问题让他们来解答，为他们提供机会，让他们树立学习的信心。对于他们学习上点滴的进步，教师要及时地给予肯定，让他们拥有和优生同等的受表扬的“权利”。其次，纪律上，教师可以给后进生提一些基本的要求，放低纪律“门槛”。教师要关注他们每天的进步，要善于抓住他们短时间内的守纪表现，及时给予表扬、鼓励。另外，在其他方面，教师也要给后进生拓展一个实现自我价值的舞台，例如，爱好绘画的，可以让他去办黑板报；爱好体育的，可以让他参加运动会；爱好劳动的，可以让他们去管理班级主要卫生区；诚实守信的，可以让他多反映班级问题……教师要不失时机地为他们提供展示亮点的舞台，使他们能够真正地自信起来。

总之，表扬的力量永远大于批评。在教育转化后进生方面，表扬、鼓励是一剂“良药”，而这剂“良药”的“药引子”便是“后进生的优点”。科学家阿基米德说过，给我一个支点，我能把地球撬起来！而对于后进生，我们教师应给他们一个“支点”，让他站起来。

换一种方式也是教育

教育是什么，近代教育家梁启超认为：“教育就是教人学做人——学做现代人。”因此，我们教师在传授知识的同时，更担负着育人的重要任务，我们要教会学生思考、学习、生活、做人。在育人的过程中，免不了会遇到学生犯错误。如何正确对待学生的错误，帮助学生改正错误，需要教师的教育智慧，需要教师用心思考，采取正确的教育方式。

我刚到养马岛中学的一次大课间，物理刘老师告诉我，初三二班学生孙祥意把一条死蛇偷偷地带回了教室。我当时心里一惊，急忙让刘老师去把他叫到办公室。不一会儿，孙祥意用塑料袋提着一条小蛇走了进来。“你没有按照老师的要求扔掉蛇，而直接把蛇带回了教室，怎么回事？”我直截了当地问。他低头不语。“你是要研究一下这条蛇是怎么死的？”他很惊异地看着我：“嗯，我说这条蛇是吃了什么撑死的，可同桌却不这么认为。”“你去教室找把小刀来。”他很快找来小刀。“你解剖看看。要小心点，别弄伤了手。”他解剖完蛇的尸体，从蛇的肚子里露出一条青蛙。“这条小蛇是吃了青蛙撑死的。”他兴奋地说。“你想研究这条蛇的死因是好事，但不应把蛇带回教室，这样会吓到班上的同学。”他会意地点点头。“老师交给你个任务，周六回家好好研究一下这是什么蛇、它的生活习性，并写一下你今天早晨从发现蛇到解剖蛇的经过。”他愉快地走出了办公室。

周日下午返校，他主动找到我，交上了两页的书面材料，一方面写了事情的经过，另一方面写了有关那条蛇的研究情况。他还告诉我，回家后主动向父亲请教，弄明白了那条蛇是一条水清（当地很常见）。

工作中，当学生犯错误时，教师不可盲目批评。要运用教育智慧，采取恰当的教育方法，正确引导学生深刻认识错误，树立正确的思想观念。特别是当学生为了求知而犯错时，教师一定要心平气和地与学生交流，弄清事情的来龙去脉，抱着宽容的态度指出错误之处，并鼓励学生的探究精神，保护好学生的求知欲和好奇心。学生生活中的一件小事，就可能是影响或其一生轨迹的大事。如果采取轻率、武断的方式，不问青红皂白对学生进行批评指责，不仅不利于问题的解决和对学生的教育、引导，也会扼杀了学生的求知欲和好奇心，埋没了学生个性发展的“种子”。

“减压”与“加压”

在课堂教学和班级管理中，我们教师往往重视优生的发展，给予优生更多的关注，提出了较多、较高的要求，忽视了后进生的成长和进步。这有悖于孔子“因材施教，有教无类”的教育原则和主张，也背离了新课改“以学生为本，尊重学生的个体发展”的教育理念，导致了优生学业压力过大、后进生“一身轻”的现状。对此，我提出不同观点，教师需采取给优生“减压”与给后进生“加压”的措施，促进每位学生积极主动发展。

一、给优生“减压”

在平日的工作中，我们很多教师往往给优生安排了较多的学习任务，提出了较高的要求，施加了较多的压力，忽视了对优生思想上“压力”的疏导；而对后进生的学习则关注较少，给予的压力很小。而实际上，优生并不像我们想象中的无忧无虑，他们往往也面临诸多的困难与压力。有一部分优生对平日检测感到恐慌，造成过重的思想负担，影响了正常的展示发挥和良好学习成绩的取得。教师应该经常观察、了解、分析优生的学习情况和情绪状况，及时疏导他们心中的困惑与苦恼；要给他们讲清学习检测的目的，不是为了衡量自己在同学中的位置，而是为了发现自己学习中的问题，以便采取有效的弥补措施。教师要正确引导学生自己与自己比，拿自己的今天和昨天比。这样可及时消除他们的考试恐惧心理，减轻他们学习上的压力，帮助优生走出学习的“情绪低谷”。

二、给后进生“加压”

学生升入初中高年级，往往两极分化现象越来越明显。有相当多的学生产生了厌学的心理，整天呆坐在教室里的某个角落无所事事，倍受煎熬。对于这些“游兵散将”，如果不能很好地引导、转化，他们会给班级管理带来极大的挑战，影响到班级良好班风与学风的形成。在平时工作中，教师应从学习上给他们施加一定的压力，来培养他们对学习的兴趣，通过学业的要求来减少他们违纪的机会，消耗他们违纪的精力。要让每位后进生每节课有事做，每天都能看到自己的进步。后进生的学习成绩之所以不理想，往往是不良的学习习惯和看不到自己的进步所导致的。面对这些问题，教师可以为每位后进生制定上课的“三备”卡片：一要备知识，即提前搞好预习；二备物质，即准备好上课的学习用品；三备心态，即每节课前心中默念：我能行！我一定能学会。这些可用来纠正他们不良的学习习惯。同时，在课堂学习中给他们“加压”，提出适当的学习要求，安排合理的学习任务。另外，给他们布置一些简单的、少量的课后作业或家庭作业，并要督促他们及时完成。

另外，在课堂教学中，还要关注后进生的课堂听讲，培养他们良好的学习习惯。一是强化课堂“三个一”，要求他们做到“眼睛离书本一尺、身体离书桌一拳、手指离笔尖一寸”，从坐姿、执笔姿势上培养良好的学习习惯。二是采取“三表”督查。“三表”分别是听课情况教师评价表、小组评价表、听课注意力自查表。通过“三表”来加强对后进生的课堂监督，督促后进生养成课堂专心听讲的习惯。

教师说话要留有余地

——有感于孩子说起老师生病一事

一天放晚学，我开车接孩子回家。孩子突然对我说：“爸爸，我们班数学老师病得很重吧。”我说：“没有的事，你老师的病很快就会好的。”“有老师告诉我们，数学老师病得很重。”其实，我前两天已去医院探望过这位生病的老师，我怕孩子到处乱讲，所以没跟他说起老师生病的事。

作为教师，平时对学生说话，一定要掌握分寸，不可太随意。在说话前要考虑清楚，哪些话该讲，哪些话不该对学生讲，哪些话说了会对学生会造成怎样的影响。教师要切记，容易让学生产生误会的话不能说，对他人造成伤害的话不能说（比如暴露他人隐私的或缺点的话），对学生健康成长产生不利影响的话不能说。

首先，教师说话要讲文明，不可在课堂上随意讲些粗鲁的话；否则，不仅会降低自己在学生心中的威信，而且也会直接影响到学生讲话的文明程度，许多学生私下会模仿教师的说话特点。现实中有的学生经常模仿某位教师“爆粗口”，在同学面前“炫耀”。对此，教师千万不要以为中学生太小，什么不懂；其实，学生的眼睛是雪亮的，内心也有评判是非的标准。

其次，教师讲话要实事求是，不可夸大事实，说离谱的话；否则，教师在学生心中的可信度就会大大降低，就会严重影响到教师工作的开展。教师说话一定要本着公平、公正的原则，不可带着“有色眼镜”说话，对优秀学生则轻声细语、和颜悦色，对经常违纪的学生则横眉冷对、冷言冷语。学生因自身素质、家庭教育等因素而原本存在差异，教师应本着“有教无类”的原则，耐心细致地教育引导每一名学生，真心地宽容每一名犯错的学生。

教师说话的态度一定要温和，不可失声力竭，对学生大喊大叫；其实，教师在课堂上大喊大叫的时候，就是自己威信降到最低点的时候，教师更不可把家庭生活或工作中的不良情绪带到课堂上，这是对教师课堂教学最基本的要求。

南京师范大学附属中学王栋生老师在《课堂上，教师也在学》一文中提及教师的表达规范，着眼点其实并不仅仅是表达，更重要的是字斟句酌中所蕴含的对学生的尊重与呵护。如讲课时尽量不涉及“离婚”，假如因讲课需要一定要说起，装作无意地强调：“离婚率高也是社会文明的象征”，否则，这会大大触痛家庭变故的孩子，甚至使他们对教师产生逆反心理。

由此看来，教育不能仅仅凭借爱心，更需要智慧。

教育需要“正效应”

——教育该“正”还是“负”

何为教育？孔子：“大学之道，在明明德，在亲民，在止于至善。”鲁迅：“教育是要立人。”我认为，教育是要引导学生向上、向善。而现实中，我们的教育更多地展示了教育的“阴暗面”，聚焦、夸大了教育的“负效应”，缺失了“正效应”，忽视了教育的“阳光地带”，致使教育工作走进了“批评多、表扬少；后进典型多、先进典型少”的怪圈。

曾经某中学开展“文明少年”“孝心少年”评比活动，主要目的是树立学生身边的典型，营造校园的文明氛围，促进学生良好习惯和品德的培养。活动一开始，许多班主任很是为难。在他们看来，班级实在推选不出“文明少年”“孝心少年”的典型。有的班级即使推选出相应的人选，学生的事迹也不够典型。甚至有的班主任开玩笑说：“如果找违纪的典型那会很容易，随口就能说出几个。”当然，这不是个别现象，这反映了当今中小学校怎样培养学生和培养什么样的学生的问题。

中小学生毕竟是未涉足社会的孩子，他们的思想还不成熟，认识问题不够全面、深刻，难免会犯这样那样的错误。许多学校在管理中更多地突出强化了学生的违纪，许多班主任在工作中把过多的心思和精力放在问题较多的学生身上，整天盯着“问题学生”转，为杜绝学生违纪而采取了“堵”的方式，忽视了疏导的作用，缺失了学生榜样的树立、宣传、学习。久而久之，不仅未有效地抑制学生的违纪现象，反而促使学生形成了“只要不违纪就是好”的意识。其实，教育何止是这些？教育家魏书生说过：“班主任抓班级管理，不能刺激学生犯错误的神经，否则就会越关注问题越多。”

教育最终的目的是培养学生人性的真、善、美。平时，我们过多地向学生提要求，而忽视了对学生言行的跟踪、监管，忽视了言行“标杆”的树立，忽视了榜样的引领作用。而当教师的心中充满了“不违纪”，眼睛里便满是“问题和缺点”。有的学校为了加强学生的管理，让学生养成良好的行为习惯，把学生违纪情况加以公示，以达到警示学生的作用，这种做法，短时间内会取得一定效果。久而久之，学生会习以为常，违纪的问题也不会放在心上，这种方式不仅会失去应有的教育作用，反而会滋长部分学生的违纪行为，也容易造成个别学生对违纪持一种“不以为然”的态度。

因此，对于学生的教育和管理，教师应该给予更多的“正能量”，强化“正效应”。这就要求学校、班级制定规章制度应本着“突出‘正效应’”的原则。以往，许多学校的规章制度围绕“不”字陈述，例如，“上课不转头，不说话；课间不追逐打闹”等，这在无形当中强化了某些不应该的做法，弱化了正面教育的作用。学校、班级的规章制度应该以引导学生正确作为为好，例如，上课要专心听讲；课间要轻声细语；上下楼梯要靠右依次慢步行走，注意安全等。学校、班级的舆论宣传应突出学生的优点、特长和闪光点，可以阶段性评选优秀学生干部、文明少年、优秀团员、进步之星、书法之星、绘画之星、身边好同学等等，充分利用宣传栏、黑板报、班级刊板宣传各个方面表现突出的学生的先进事迹。

请记住，在学校和班级管理中，“正面教育引导”所取得的成效要远远大于“负面批评”的效果，因为学生都有向上、向真、向美的心理。任何学生都喜欢听好话，都需要表扬和鼓励，而好学生是表扬出来的。老师，请带着欣赏的眼光看学生，多发现学生身上的闪光点，请不要吝啬自己的话语，对所有学生，特别是后进学生的丁点闪光点也不要放过，及时予以表扬，甚至能达到让经常违纪的学生都不好意思再犯错误了的效果。

教育学生要“诊疗并举”

在教育教学工作中，学生犯错误、出问题是很正常的事情。那么，学生犯了错误、出了问题，应该怎么办呢？首先，教师要抱着冷静的态度对待学生的错误和问题。而后，要做到“诊疗并举”，既要客观诊断学生所犯的错误，分析其中的原因，又要采取科学合理的措施来促使学生深刻认识、认真改正，达到“治疗”的效果。

具体地讲，“诊疗并举”一般分为诊断、开处方、观疗效、治愈四个阶段。

“诊断”，即教师要像中医一样，运用“望、闻、问、切”的方法，对学生所犯的错误和出现的问题进行客观地分析。“望”，即教师要细致观察学生平时的一言一行，发现学生身上存在的不足和问题。“闻”，即教师通过了解其他教师和学生对某位学生的反映情况，从而达到对某个学生或某件事情客观全面地了解。“问”，即教师主动与犯错或出现问题的学生交流，深入了解学生的实际情况，包括学生犯错或出现问题的经过及原因。对此，教师一定要秉持“公正”的态度，认真听取学生对事情经过的阐述，要让学生说出“心里话”。“切”即教师根据前面三个方面所掌握的情况，对学生所犯错误或出问题的原因进行深入、细致地分析，找出错误或问题的根源。

“开处方”即教师根据学生所犯错误或出问题的根源提出解决的办法或采取的措施。办法和措施一定要贴近学生实际，符合学生的个性特点，教师要能预见“处方”的成效和“治疗”过程中遇到的问题或困难。“处方”一定要因错误或问题而异，因人而异。在处理几个学生同时犯同样的错误时，一定不可失“公允”。

“观疗效”即教师通过自己观察及了解其他教师和学生的反映情况，全面掌握犯错或出问题的学生的近期表现情况，从而分析出“处方”的实效性。若效果不理想，教师要对“处方”做出及时调整。

“治愈”即教师在教育转化学生的过程中，一定要做到“药到病根出”，根治学生身上的“问题”。这里需要教师有足够的爱心、耐心、责任心、恒心，一定不可半途而废。在实际工作中，教师如果放逐了学生的错误或问题，不仅会给班级管理带来更多的“麻烦”，而且会使犯错或出问题的学生在错误或问题的道路上越滑越深。

当然，对于所犯错误严重或问题较多的学生，级部、班级或教研组可以组织全体或部分教师进行“教育会诊”。对此，巴班斯基在《论教学过程最优化》中指出：“‘教育会诊’是研究学生及其集体的方法。”这样，不仅能够深入挖掘教师集体的智慧，而且能够发挥教师集体的教育作用，这将大大有利于学生改正错误、纠正问题。

老师，借您手机一用

今天早晨，我刚走上三楼，听见身后传来清脆的声音："老师，借手机一用好吗？"我回头一看，是初三二班的李晶晶。怎么？我随即从兜里掏出手机，她见我有些犹豫，便笑着地对我说："我妈妈今天过生日。""是烟台的吗？"她点点头。"你说号码，我先帮你接通。"随后，我把接通的手机交给了她，她走进了临近的房间，我走回了办公室。不久，她推开办公室的门，一边说"谢谢"，一边把手机交给我。我笑着说："怎么，这么快？打通了？"她点点头。"你挺孝顺的。"

李晶晶是本学期我找过的第一个学生。刚开学，我发现她打着耳钉，穿着留着洞的牛仔裤，总是心事重重。一天中午，正值课间活动，办公室里没有别的老师。我把她叫到办公室。随后，我搬来一把椅子让她坐着，平心静气地和她交谈起来。经过交谈，我了解到，父母在她小学二年级就离婚了，她现在跟着父亲和继母生活，父亲和继母对她也不错。但她还是经常牵挂着生母，有时周日常到生母那儿。我跟她谈了中学生的着装、交往以及自尊自强、理想、家庭等问题，她静静地听着，眼里闪着泪光。交谈即将结束，她向我保证，下周换掉衣服、摘掉耳钉。周日返校回来，她做到了。

有一次，她到办公室给家长打电话，让家长明天送饭卡来。在她将离开时，我叫住她，并把自己的饭卡给了她，叮嘱她晚上和早晨用我的饭卡领饭，明天上午找个时机，趁同学们不注意把饭卡还给我就行了。她按照我的要求做的。交给我饭卡时，我对她说："以后，再忘了带饭卡，跟我要。遇到了其他困难，也可以找我。"她会意地点点头。以后，她在校园见到我，总是很主动地向我问好。

如今，父母离异的学生已不是少数。对待这样的学生，教师要有智慧，不可以采取平常的教育方式，既要给予他们更多的关心，还要维护他们的自尊心，帮助他们保守心中的"秘密"，不要让太多的人知道他们成长中"不幸"。

老师，请等等我

周一早晨刚到校，初二级部王主任看见我，半开玩笑地对我说："刘校长，周六早晨没有挨棒棒吗？"他见我满脸疑惑的样子，便对我讲起周六早放学的一幕。

那天早晨放学，我教的一名初三女生遇到社会上的两个青年骚扰。她在我的车后大声喊我，我却全然不知。后来，我找到那位女生，了解了事情的来龙去脉，抱歉地说："不好意思，老师的车离你有点远，太注意前方了，对后面的事情没有注意到，所以没能停下车来等你，很是抱歉。"那个女生平淡地说："老师，没事，那天我离你的车太远。我喊'老师，请等等我'，你根本听不到。""我也非常感谢你，对我这么信任。"随后，我让她与家长联系，让家长每周来接送她。

从那以后，我会经常过问她每周到校、回家的情况，也会在周六早晨离校的时候目送她被家长接走。

至今想起这件事来，我仍有些后怕，幸好那个女生那天没有遭遇不测。一个学生在遇到危险的时候，能首先想到老师，对老师来说，这是多么的荣幸。一个孩子把自己的生命安危托付给老师的时候，这对老师是何等的信任。平时工作中，教师要教育学生，首先要取得学生的信任。只有信任教师，学生才能发自内心地接受教育，正如古人所说"亲其师，信其道"。作为教师，有责任和义务保护学生不受外来的侵扰、伤害。当学生面对困难时，教师应主动热情帮助；当学生遇到危险时，教师应该毫不犹豫地挺身而出，尽全力保护自己的学生。这是人间最朴素的爱，更是为师者的职业道德和良知。

老师，请替我保密

我刚上完语文课，初三一班女生王洁紧跟着我来到教室外，悄悄地递给我一张纸条。纸条背面写着："老师，到办公室后再看，请替我保密。"我会意地点点头，走进办公室，展开纸条，上面赫然写着："老师，我最近可能心态不对，造成上课老走神，小测不理想。请老师不要对我丧失信心。我会尽快调整过来，取得令您满意的成绩。"看完纸条，我顿时感觉她肯定遇到什么困难了，只是不好意思说。我的直觉告诉自己：她需要帮助。当时，我也联想到她最近的检测成绩很不理想，正想抽点时间找她谈谈心。这次，她却主动来找我。

王洁是一位性格内向的学生，平时不爱说话，有点自卑，在班级中的朋友很少，但与我的关系不错。在这之前，她曾告诉我家里的一些情况：父亲是建筑工人，妈妈在一家饭店打零工；父母关系不太好，经常吵架，甚至有时闹到要离婚。她很痛苦，说到动情处，竟泪流满面。我劝她要安心学习，大人的事尽量不要管，自己的将来要靠自己努力。

第二天课间，我在走廊看见她，约她吃完午饭后在餐厅等我。中午，她如约来找我。交谈中，她向我诉说了自己情绪低落的原因。原来，周五放晚学，妈妈来学校接她回家，一路上教训了她一番，而且警告她不许再和陌生人聊天。原来，妈妈查看了她的聊天记录，为此很担心。我安慰她："你妈妈这是为你好，担心你常和陌生人聊天容易出问题。"她说："这我知道。可她不该看我的聊天记录，而且删掉我的帖子。删掉也罢了，但不要在我的面前谈起。""我和你妈妈谈谈可以吗？而且我不会向她说起我们这次谈心的事。"她点点头。而后，她又谈起父母，说父母工作很辛苦，挣钱不容易：爸爸是靠体力挣钱；妈妈每天早上六七点上班，晚上八九点下班，有时回家更晚。她每周双休日都是一个人待在家里，缺少与父母交流沟通，困惑得不到排解，内心寂寞、苦闷。

一天下午三点左右，我猜想王洁的妈妈应该有空，便独自到操场上给她打电话。起初，她妈妈挺吃惊的。我告诉她王洁最近忧心忡忡的，不知是什么原因。她妈妈讲起孩子上网聊天的事，说自己查看她的聊天记录后很是担心。我肯定了家长的想法，但对教育的方式提出了自己的建议。她妈妈表示要改正教育方式，并且想在周末与孩子交流一下，化解误会；也承诺今后尽量多抽出时间陪陪孩子。最后，我让她不要对王洁说起此次谈话的事。

后来，我找过王洁，她高兴地告诉我，她与妈妈之间的误会化解了。

给教师的建议：当一位学生主动找老师反映自己的问题时，已经表明她对自己的做法感到了后悔，并认识到了自己的错误。这不仅需要很大的勇气，也需要发自内心地对老师充满信任。作为教师，若遇到此类情况，应该感到高兴，高兴的是学生从内心对自己的认可和信任，高兴的是学生把自己作为一个可以信赖和依靠的"知心朋友"。这时，教师必须主动地找学生谈心，客观全面地了解学生遇到的困难，找到困扰学生的"心结"，及时与家长交流沟通，尽快帮助学生解开"心结"，让他们顺利跨越心中那条河；切不可漠视学生寻求的帮助；否则，就会愧对"教师"二字。像王洁这样的学生，一般都是性格内向的孩子，沉默寡言，不爱说话，平时对教师和同学的态度极其敏感。所以，教师在教育引导这样的学生时，应该单独交流，要坦诚率真，而且要选好交流的场所；一定要为学生"保密"，多说一些"善意的谎言"。另外，平时更要主动走近他们，多鼓励、多关心，让他们敢于向教师敞开心扉，寻求帮助。

给家长的建议：步入青春期的学生，往往想拥有自己独立的空间，拥有自己的一些"小秘密"。如果家长忽视孩子的内心需求，抱着怕出问题的心态，采取"堵"的方法，处处为孩子设防，过于干涉孩子的一些生活，让孩子不能拥有较为独立自由的空间和"秘密"，这样的教育往往会适得其反，不仅会激化家长和孩子之间的矛盾，而且会激发孩子的逆反心理。特别是升入初中高年级的孩子，由于思维广度、深度的拓展和思维方式趋于客观全面，以及参与社会实践的机会大大增加，他们往往会直接面对家庭、学校、社会中一些问题。针对这些问题，他们会产生自己独立的看法，也会产生诸多的疑虑和不解，内心往往充斥这样、那样的困惑和矛盾。这时，他们最渴望与父母交流沟通，把自己的一些想法倾诉出来，通过父母的看法和态度，重新确立对问题的"正确认识"，不断塑立自己的人生观和价值观。处在这个年龄阶段的孩子，对情感、心理和道德认知的需要比任何时候都迫切，这就需要家长花费更多的时间与孩子相处，进行更多平等的沟通交流，给予更多的指导和关心，帮助和引领孩子跨越心中那条河。

老师，我帮您洗吧

早晨，刚进办公室，同组的曲老师欣喜地对我说："刘老师，你们班学生很有礼貌，挺懂事。"

原来，今天早晨清扫卫生时，曲老师拿着一块抹布到水龙头去洗。我们班孙艳刚好路过那里，便主动上前："老师，我帮您洗吧。"看似简单的一句问候，让这位老师心里暖了好一阵子，脸上灿烂了好一会儿。曲老师跟我谈起这件事时，办公室还有很多教师在场。我虽嘴上淡淡地说"学生尊敬老师是应该的，你不用挂在心上"，可心里还是很高兴的。我不仅觉得很光彩，更觉得平时的教育功夫没有白费。

孙艳是从哈尔滨转来的学生，有礼貌，思想很上进，可她的一条腿有点毛病。由于离家较远，孙艳每个周六、周日只能待在学校。平时学习、生活中，我尽量多给予她一点照顾。有时周日下午返校时，我偷偷地捎点苹果给她，她对此很感激。上了高中，她还经常到学校看我。高中毕业后，她回到哈尔滨，还经常打电话问候我。

多年以后，她打电话告诉我，她和母亲在上海安家，她在上海一家单位当会计，工作很顺利。我衷心地祝福她和母亲生活幸福。

作为一名班主任，对于班级特殊的学生要给予特殊的照顾。这里的特殊学生包括单亲家庭孩子、留守儿童、外来务工人员的子女、身体残疾的孩子、家庭生活贫困的孩子、性格孤僻的孩子等。班主任不仅要给予他们生活和学习上的照顾，更要关心他们良好心理素质和思想品德的塑成。

一个学生就是一个世界，教师善待、成就了一个学生，不仅呵护了一个孩子，幸福了一个家庭，更孕育了一个世界。

做班主任工作，一定不能辜负育人这一天底下最神圣的职责；要无愧于自己的良心，无愧于信任、赋予重任的领导，无愧于那些渴望知识的眼睛和放心把孩子交给我们的家长。

老师，我们班钥匙又被锁在教室里了

早晨，我刚走上二楼，就听见走廊西头传来阵阵喧哗声。我疾步走过去，只见三年级教室门口围着一群学生。他们看见我，便不作声了。其中一个女孩子（好像是该班的班长）向前告诉我："老师，我们班钥匙又被锁在教室里了。"这是该班级第4次发生类似的事情。前几次，有的是砸碎了锁；有的是找来后勤老师撞开上窗，进入教室才打开了门。针对此事，我也曾找过班主任，要求她关注。她也谈过原因：班上管钥匙的学生老是丢三落四的，常把钥匙锁在教室里；之所以不肯更换管钥匙的学生，是因为他每天到校很早。从这次事件发生后，这个班级再也不锁门了。我经常反思这件事：为什么小学低年级的学生不会犯这样的错误，反而三年级会出现这样的事情？

首先，这件事反映的是班级管理的问题。班主任在安排班级工作时未充分考虑到学生的个性特点和能力。保管钥匙、锁门是一项细心活，粗心的学生恐不能胜任。反观我们的教育，往往许多教师口头上强调"因材施教、因学定教"，而实际中又有多少是为学生提供适合的教育？教师常常要求学生做能力不及的工作，达到不能完成的学习目标。

其次，这也是教育不到位的问题。教师未向学生提出锁门的明确要求，对学生未进行细致的指导，未讲明完成这项工作的实际步骤、要求和应注意的问题。事实上，许多教师布置工作只管讲了，不管做得怎么样；只管向学生讲做什么，不向学生讲清为什么这么做。学生不明确这样做的原因和意义，主观意识不强，缺乏行动的积极性和主动性。我曾经发现小学低年级的学生冬天的早晨徘徊在教室门口，忍受寒风的侵袭却不到传达室拿钥匙，其原因竟是不会开教室的门。

再次，学校教育中存在屡次犯同样错误的现象，也因教师未针对学生出错的原因进行全面、深刻地分析，未使学生认识到问题的原因所在，以及如何避免这些问题。在课堂教学中，往往也存在诸多类似的问题。我曾经去听过初中数学和化学的几节课，教师课堂上指导学生学习新知识、做练习，过多关注知识掌握了的情况和练习做对的情况；忽视了部分学生根本未学会和出错的情况，未引导学生针对出错的习题深入分析做错的原因并及时强化训练和纠正，而是蜻蜓点水、一笔带过。这就导致许多学生在日后的练习和作业中屡次犯同样的错误。这种情况在课堂上并不少见，应引起教师们足够的重视。大家必须明确，课堂上出现的学习问题才是真问题。学生初学时没有学会或课堂练习中出错却未给予足够的重视，那么，日后的大量的反复练习仍根除不了学生出错的问题。这是因为学生根本未学会，就好像“农村收割机割麦子时倒伏在地上的麦穗”一样，不容易再重新割好。

老师陪餐不可小觑

每天中午到学校餐厅就餐，总会发现有的班主任与学生一起吃饭，那场景着实令人温暖。俗话说:“学校无小事，处处是教育”。教师陪餐看是小事，这件小事却不可小觑。

有一年，初二两个班级的发展令人头疼，教这两个班级的许多老师私下谈起班级情况都直摇头。对于这两个班级学生的一些情况，我早有耳闻；当然，都是负面的情况。其实，这两个班级还有一个特点，许多学生不吃早饭就上学，几乎所有的男生都不订饭，午饭时待在教室吃零食或吃自己带的饭。对于这个问题，学校领导找班主任谈过几次，班主任也想了许多办法，但始终未解决。

这两个班级的学生升入初三后，学校安排了两个男教师担任班主任。开学两个周后，不少领导和教师发现这两个班级的学生有了明显的改变：他们中午竟然全部在学校餐厅就餐，没有一人自带午饭。教这两个班级的教师对学生课堂上的表现也较为满意。许多人对此感到高兴，也有教师对此不解或持怀疑态度。但一个月后，这两个班级学生的各方面表现均令人刮目相看。其实，学生的进步首先离不开班主任的努力，这两个男班主任平时很靠班，时刻关注班级学生的一言一行，及时对学生进行监督、纠正、指导。更重要的是两位班主任从学生的生活入手，从午餐开始，严格要求学生。这两位班主任每天午饭时间都在班级就餐区域陪着学生一块吃饭。这看是简单的一件小事，却折射出教育的大问题。首先，教师陪餐能对学生就餐情况起到很好监督作用，通过这种监督达到教育学生不浪费、爱惜粮食的目的。其次，班主任陪餐拉近了与学生间的距离，让学生感受到教师的平易近人，感受到教师对自己生活的关怀，内心产生对教师的尊敬和爱戴。学生对教师产生的真挚情感为以后的教育教学工作奠定了良好的基础。另外，教师可通过陪餐与学生进行简短的交流沟通，及时了解学生的生活和学习情况，积累了教育引导学生的第一手资料，能够使班级工作“有的放矢”，也利于班主任了解不足并及时改进工作方法。

我们不得不承认，这两个班级的显著进步与班主任陪餐有一定的关系。由此看来，教师陪餐不是小事，更不能小觑，因为其中蕴含着教育学生的大问题。教育学生往往可以从关心学生的生活开始，因为一个学生有了好的生活习惯，一定会培养出好的学习习惯；而一个学生的学习习惯差，那么他的生活习惯也不会好到哪里。现实工作中，许多教师都有这种同感吧，学生的生活习惯与学习习惯是密切相关的。老师，如果条件允许，平时还是多陪餐吧，这会让你收获“惊喜”。

批评学生，也要看到学生的优点

俗话说：金无足赤，人无完人。处在青春期的中学生由于思想认识不成熟、心理素质不稳定、自制力差等原因，在学习和生活中犯错的可能性要远远高于成年人。初中生犯了错误，教师要客观理性地对待，既不要大肆宣扬，又不能劈头盖脸地来一顿训斥，更不要东拉西扯，由学生的问题牵扯到他的父母，由眼前的事说到过去的事。教师一定要就事论事；否则，不但不利于学生认错、改错，更会引起学生的逆反心理，导致师生间产生隔阂甚至是矛盾。

学生犯了错误，教师对其进行批评教育是理所当然的，但批评时要考虑到学生的自尊心，照顾到学生的“脸面”。教师要与学生单独交流，心平气和。毕竟学生犯了错误，这事情的结果是不能更改的，关键是如何引导学生深刻认识并改正错误。现实中，教师在批评教育犯错的学生时，往往是满脸厉色、怒气冲冲，就像一个即将爆炸的“火药桶”。这种极端不冷静的心态，往往会导致教师一股脑地数落学生，学生只是默默承受者，师生间缺乏真诚的交流。如果学生偶尔出言解释，教师也会认为学生是在狡辩，会用更猛烈的话语“封住”学生的嘴。教师不冷静的批评容易使言行“失当”，也容易造成学生的逆反心理，当然不会取得好的教育效果。

当学生犯了错误时，教师不妨换个教育方式，先从寻找身上的优点谈起，让犯错的学生看到自己的优点，正如俗话所说“打一巴掌前，先给个甜枣吃”。当教师把犯错的学生找到身边，学生是战战兢兢的，内心是紧张的。当教师谈到他的优点，这出乎他的意料，让他感到吃惊，心情得以放松下来，现场气氛得以缓和，学生更容易敞开自己的心扉，让教师更客观地了解事情的来龙去脉，与学生一起理性地分析犯错的原因。在这种相对缓和的氛围中，无论教师的批评多么严厉，学生都会虚心地接受，而且能够主动、深刻认识自己的错误，也不会产生逆反心理。在学生看来，教师能客观公正地对待自己，自己在老师眼中并不是一无是处，无形中拉近了师生间的距离，学生愿意向教师坦露心声，也会主动承认自己的错误，并会下定今后改正错误的决心。

教师们请记住：学校是允许学生犯错、改错的地方，学生犯了错误，教师要冷静地对待，要充满智慧地引导学生认识错误、改正错误，要向教育家陶行知那样“用四块糖果教学生”。

请记住：对学生喊叫是无用的

一次，我经过一个班级的门口，教室里传出了教师歇斯底里的喊叫声。我抬眼一瞅，教师站在讲台上对下面的学生讲着什么，手还在黑板上比画着。看起来，教师讲课很用心，不过讲课声音听起来较为刺耳。这样的情况，在学校教育教学工作中早已不是个别现象。暂且不论教师为何喊叫，就这种教育方式而言，对学生的成长是毫无益处的。

时下，校园的欺凌事件偶有发生。究其原因，主要是个别学生缺乏自律的问题。然而，作为管理主体的学校和教育主体的教师也有不可推卸的责任。教师这种训斥、喊叫的教育方式，实际也可称为“软暴力”。软暴力有一个更显著的特点，那就是它潜在的危害常常被忽视，甚至有时候会被界定为一种“习惯”，比如人们冷漠的社会责任感和对社会不良行为的纵容，以及常常挂在很多人嘴边的脏话。这些都会对学生产生一种潜移默化的影响。教师使用“软暴力”的教育方式向学生传达出的信息是，可以通过喊叫、甚至谩骂的方式向某些人发泄不满。由此可见，校园欺凌事件中欺凌者身上也能折射出学校教育的影子。

其实，喊叫的教师应静下心来想想，犯错误的毕竟是少数学生。这种面向全体学生“一棍子打死”的教育方式，对未犯错、“陪受惩罚”的学生来说，是不公平的，也对他们的身心造成了一定程度的伤害。况且，学生在高度紧张和被压抑的气氛下接受教育和学习，其效果可想而知。

回想自己读初中的时候的一位生物老师，为人和蔼善良，对学生很是关心，但经常会因班级管理和某个或某些学生成绩不好，而在课堂上面向全体学生“火力全开”。在“连珠炮”的高压态势下，学生只好默默承受，不曾有半点辩驳。虽然大家深知老师发火是为我们好的，但心里还是充满了恐惧。其实，我们当时对老师批评的话语已听不进多少，只是在战战兢兢中开始了一节课的学习，且心里总疙疙瘩瘩，情绪极为低落。整个课堂死气沉沉，听课的效率较低，大大影响了教学的进度，课堂教学效果也大打折扣。

回想自己踏上工作岗位的前几年，为了树起自己的“权威”，极力维护“师道尊严”，经常会因为学生违纪和成绩不理想而在班级发火。事实上，这不仅伤害了自己的身体，时间长了，也感觉师生之间有点隔阂，学生会故意躲闪老师，更不会与老师倾心交谈。那时，为了更好地做好班主任和任课教师工作，有时向学生开展“你喜欢怎样的老师”的问卷调查，大多数学生都会在问卷写上“喜欢不发火的老师”。当时，学校的领导也反复强调，教师在学生面前要有威信、要有力度。教师们无形中形成的共识是“教师不发火，教育教学就没有力度”，这个教师就是不称职的。走在课下，也会经常听到学生私下议论：“我们班的某某老师今天又在课堂上发飙了。”那时走在校园，也会经常听到某些教师声嘶力竭的喊叫，不仅让人感到刺耳，更让人有些胆战。其实，这是教师的绝对“权威”在作祟。其实，教师发火时，自己在学生心目中的威信在逐渐降低。

如今，从自己上学算起，时光已走过30多年，时代早已不同，老师已不是当年的老师，学生更不是当年的学生了。现在学生的思想意识和心理素质与以往学生大不相同，教育发展的趋势更是日新月异，教师必须换脑筋，转变教育思想观念，采取适应教育规律、学生个性特点以及学生成长规律的科学教育方式。否则，采取“穿旧鞋走新路”或“用新瓶装旧酒”的方法教育学生是不会收到好的教育效果，只会“赔本赚吆喝”。为此，请老师走下“讲台”，走下“神坛”，放下自己的架子，走近学生，心平气和地与学生共同面对、研讨问题。换一种教育方式，往往会收到意想不到的效果。

老师，请记住：对学生喊叫是无用的，有理不在声高。当班级管理和学生成绩亮起“红灯”时，千万不要冲动，要沉住气，压压火气，静静心，及时把注意力转到别的工作中，缓一缓自己的情绪，调整一下心态，把不良情绪压到最低点。要始终牢记：冲动是魔鬼。自己发火时，就是教师的威信在学生心中降低时。

让光亮照到每个学生

——那晚，蜡烛不都亮

我读过丁玲的《太阳照在桑干河上》，人们欢欣鼓舞的喜悦浮现在眼前。沉思如今的教育，我们的学生太需要这样的喜悦鼓舞。让阳光照到每个学生的心坎上，是教育的理想境界，是教师对生命的理解、尊重，也是教师义不容辞的职责。然而现实生活中，我们往往忽略了教育的细节，遗忘了那些角落里的学生。他们习惯了在静默中消沉，生命也荡失色彩。

那晚，学校停电，学生们在教室里秉烛夜读。我吃过晚饭，想查看一下初三的自习情况。我轻轻推开初三九班的门，教室里弥漫着刺鼻的烟味，室内比较昏暗。我踱步走到后排，发现一名男生周围漆黑一片。他趴在桌上，眼瞅着课本（其实，他根本看不见）。我探过身去，小声地问："你怎么不点蜡烛？"他低声告诉我："老师，我不用。"我猜想他的理由是学习不好，点蜡也白费。我这才发现，他的桌上根本没有蜡烛。我便走到点着两支蜡烛的同学桌前，用商量的口吻说："你能拿出一支蜡烛吗？"那位同学点点头。我端着借来的蜡烛放到他的桌上，他站起来，小声对我说："老师，谢谢。"我示意他坐下。随后，我走进了八班教室，又发现了一名未点蜡烛的女生。我认识她，她性格内向，平日寡言少语，甚至有些自卑。她桌子上有蜡烛，但为什么不点呢？我轻轻走过去，帮她把蜡烛点亮。那晚，我发现初三级部有十个同学未点蜡烛，这些学生要么是经常违纪，要么是学习成绩不好，要么是性格内向、少言寡语。他们为什么不点蜡烛呢？

那晚，我想了很多。这些学生理应拥有一片光亮，理应得到老师的关心、同学们的关爱。反思我们平日的教育，恐怕也有这样类似的现象。我们过多关注了那些表现突出的、发展较好的学生，往往忽视了边缘化的学生，遗忘了角落里的学生。平日，我们对他们的过问甚少，关爱缺乏，也无形中影响了其他同学的态度。久而久之，他们习惯于被人忽略，也习惯于被人遗忘。素质教育倡导"面向全体，全面发展"的理念，"面向全体"是素质教育的第一要旨，不放弃每一个学生，让光亮照到每个学生，让光明走进每个学生的心灵，是对素质教育的最好诠释，是我们教师从事教育工作的"底线"，是我们对生命的尊重。在教育教学中，我们追求并力争实现这种理想的境界，让教育载着幸福上路，让每个孩子享受到成功的喜悦，领略到成长的幸福。如果把我们教师比作太阳，那么，我们应让光亮照到每个学生。

如何做好班主任工作

班主任是天底下"最小"的主任，因为他只有教育的权利，没有领导权，而且教育的对象是未成年人。班主任是天底下"最大"的主任，因为他影响着一个人一生的健康成长和未来发展。班主任工作烦琐复杂，任务重、责任大，每天需要投入大量的精力和体力。做好班任工作，首先要正确认识班主任工作，而后要尽心尽力地运用一定的能力、技巧和艺术。

一、班主任是学校工作的有力执行者，是学生教育的重要参与者

班主任是学校教育决策、计划的重要执行者，是完成各项教育教学任务的根本保证；班主任工作决定着学校的发展，影响着学生的健康成长和未来前途。

（一）班主任工作是学校工作的缩影

学校首要做好的是对学生的教育工作，班主任是教育工作的最重要践行者，每天与学生面对面接触交流，最了解学生的心理、生活和学习情况，能有效地把德育、智育等方面的要求落实到学生的常规中，引导着学生言行，影响着学生的思想和心理的发展。班主任是学校的最直接代言人。在与家长的沟通交流中，班主任能直接地把学校的声音传递给家长，传向社会；班主任的言谈举止不仅反映着个人的素质，更反映着校风、校貌。班主任工作是学校工作的最直观体现。

（二）班主任工作决定着学校的发展

班主任工作是学校工作的核心，是学校发展的基础。人们常说：一位好校长就是一所好学校；那么，一位好班主任就是一个好班级。一位好班主任也会影响、成就学校的发展。班级是学校最基本的组织单位，班主任是班级的领导者、组织者、管理者，班主任的素质决定着班级建设和发展水平，决定着学生心理、行为习惯等方面的培养，影响着班风、学风和校风的形成。班主任是沟通学校与家庭、社会的纽带与桥梁。班主任工作不仅影响着个人的威信，也影响着学校的声誉，教育的社会形象，班主任工作决定着学校工作的成效和发展。

（三）班主任工作关系着学生的现在，影响着学生的未来

一位好班主任能影响和改变学生的人生，一位好班主任能成就一大批优秀的学生。班主任是学生最好的导师，也是学生的“一面镜子”。中小学生处于人生的塑造期和关键期，他们的思想、心理、行为习惯等方面有很大的模仿性和可塑性，往往在模仿成年人的基础上形成自己的认知，展现自己的行为。班主任每天与学生朝夕相处，一言一行，都对学生产生着潜移默化的影响：往往一句鼓励的话，催动学生改过自新、积极向上；一个不妥的举动，让学生自暴自弃、遗憾终生。班主任剔除着学生身上的不良言行，呵护着学生的身心健康，引领着学生人生的方向。班主任工作关系着学生的现在，成就着学生的未来。许多事实表明，个人的成功，不仅与自己的后天努力息息相关，也离不开学生时代班主任的教育

影响。

二、尽心尽力做好班主任工作

教育是一项需要用爱心浇灌的事业，是一份需要用真心奉献的工作。班主任工作则需要付出更多的爱心和真心，需要耗费更多的脑力和体力，需要做出更大的努力和牺牲。

（一）要了解、相信、尊重、关爱学生

班主任工作的首要原则是“以学生为本”，确保学生健康成长是班主任应尽的职责。每一个学生都是独立的生命个体，都有自己的思想、心理和情感。要教育引导他们，首先要了解他们。了解学生是班主任工作的基础和开始。班主任要放下“威严”，走近学生，了解学生的学习、思想、心理、兴趣爱好，了解学生的优点、缺点、家庭情况，以提高工作的针对性和实效性。我们在听课中发现，不少学生竟说不出班主任的姓名，可想而知，班主任对学生了解多少，班主任工作做得怎样。班主任要相信每个学生，坚信他们经过努力都能有所进步，都能成才；相信学生，就会博得学生的信任；相信学生，就要善于发现、培养学生的优点，给学生充足的“阳光”和鼓励。此外，班主任要尊重、关爱学生。尊重学生是教育学生的前提。班主任要尊重学生的人格、差异、个性、隐私和情感，保护学生的自尊心，增强学生的自信心；要公平公正地对待学生，客观评价学生，不讽刺挖苦学生，不戴“有色”眼镜看学生；允许学生犯错误，能理解宽容学生。班主任要真诚地关心每一位学生的学习、思想、心理、身体状况，做到严格要求、关爱有加。

（二）要掌握、运用科学的方法和技巧

班主任工作是一项复杂的工作，是一门育人的艺术。当好班主任，需要遵循学生的身心发展和教育的规律，需要不断学习，积累经验，形成科学的教育方法和技巧。

加强学习，提升能力。班主任的威信主要来源于高尚的人格魅力和较高的业务水平。作为一名班主任，首先要自觉加强师德修养，严格自律，在一言一行上，为学生做出表率；同时要不断学习教育学、心理学和专业文化知识，积极主动向老班主任、优秀班主任学习，提高业务能力，提升自己的人格魅力，获得学生的信任、尊敬。

遵循规律，因材施教。学生的个性不同，教育的方式方法也各异。班主任要根据学生的年龄特点、个性特点，精心设计教育的过程；要善于把握时机，进行正

确引导，使教育达到最佳境界，获得最佳效果；要发挥正向效应，以学生的情感为基础，以学生的心理为切入点，把握教育工作的实质，晓之以理，动之以情，导之以行。切忌简单粗暴对待学生，体罚和变相体罚学生。

（三）不要满足做了，要力求做好

每一个学生都是家庭的未来，社会的希望。班主任工作影响着学生的健康成长和一生的幸福，承载着家庭的希寄和社会重托。班主任要深刻认识班主任工作的重要性，增强责任感、使命感，消除麻痹大意、得过且过的思想；要充分认识到工作做了只是尽了职，工作做好才是尽了责；不满足于工作干了，要力求干好；不满足于抓好学生的学习，还要注重关心学生的身体健康，关注学生的思想和心理的发展；不满足于优生的培养，还要关注后进生，家庭困难学生、父母离异学生和心理障碍学生。在生活上，班主任要把学生当成自己的亲人，无微不至地关心；学习上，要把学生当成自己的朋友，耐心地指导帮助。班主任要满怀恒心，想方设法把工作干好；要满怀责任心，时刻牵挂着学生的安全健康；要满怀事业心，努力培养学生良好的思想品德、心理素质、学习习惯和能力；要满怀诚心，走出去，搞好家访，深入全面了解学生的生活、性格、爱好、家庭、成长经历；要千方百计、用心用力做好班主任工作。

班主任工作决定着学校的发展，关系着学生的今天和明天，承载着家庭的幸福和社会的希望。做好班主任工作，并非一朝一夕之功，更不是一蹴而就的事情，要始终坚持“以生为本”，立足于平等、尊重、关爱，遵循学生成长规律和教育规律，从每个学生的特点和客观实际出发，运用科学的方式方法，做到合理施教、科学育人，促进每一名学生健康成长。

入学第一课

——从童真、童趣说起

今早坐车上班，身后一位年轻的妈妈正在指导一位3岁左右的小女孩读课文，母子的表现深深地吸引了我。小女孩读的是关于豆宝宝的一篇课文。她一遍一遍反复地读，妈妈不厌其烦地指导着。其中有个“裂”字，小女孩读了几次还是读错了，妈妈一边讲解一边领读，小女孩认真地学着。读完课文，妈妈又给小女孩讲了上课的一些要求。看来，妈妈是对孩子进行入园前教育。

他们的投入劲深深地触动了我。是的，曾几时，我们的学生也是这样的天真、可爱；可如今，他们已没有了天真无邪的笑容，失去了轻松的气息，满脸的疲惫和困惑，厌学和逆反令教师和家长措手不及。这究竟是怎么了？我不止一次苦苦地思索，是学生自己？是家庭？是老师？还是社会？答案是多方面的，不能完全把问题归咎于教师、学校。如今的教育背负太多的压力，好像学生的教育就是学校、老师的责任。殊不知，一个人的成长、成才需要诸多的因素，包括个人、学校、家庭、社会等多方面的影响；同时，也需要诸多的人引领，譬如家长、教师和接触到的社会上的其他人。完全把学生的发展推给学校是不妥的，完全把学生的问题归咎于学校教育是错误的，但我们不排除学校教育在学生的成长过程中起了至关重要的作用，我们不能否认教师对学生的发展的重要影响，不能否认部分教师在教育的原野上因缺乏耕耘、方法不当而遏制了学生的成长，导致了学生的不良发展。其实，教师既是施教者也是教育的承受者，他们处于教育事业的最基层，承受了许多困难和压力。教育理性的缺失实际是功利主义所致。由于浮躁情绪太盛，如今人们太重视教育的“短期效应”，部分教育行政部门要求“立竿见影”，教师则企求“瞬息即变”，教育被推上了社会的前沿，学校则被推到了“风口浪尖”。

是什么让学生的童心“失音”

我每天早晨到校的惯例是，站在校门口迎接师生。时间一长，我发现了一个奇怪的现象：小学生比初中学生有朝气和活力，而且学段越小的学生越有礼貌，面部表情越灿烂，学段越高的学生表情越呆板，初中学生脸上几乎看不到一丝笑容。小小年纪，本应是朝气蓬勃、活力无限，可许多学生却表现得过于“成熟”“老气横秋”，究竟是什么原因让学生的童心“失音”。

首先，学校教育有不可推卸的责任。工作中，有时见到类似情况，我总爱跟有的老师开玩笑：“看，我们把孩子摧残成什么样了！”学习本身应是一件快乐的事情，可如今，我们的中小学生负担很重、学得很累。学校教育未让学生感受到学校生活的幸福、学习的快乐。究其根本原因是教育“唯分数”的功利主义，学校一切工作都紧紧围绕“学习成绩”转，上级教育部门不检测的内容可以不学，不检查的活动可以不开展，不能量化评价的德育工作可以不落实。学生在校的更多时间是用来学习学科内容，开设的音体美等非知识性学科也是紧紧围绕“检测”的指挥棒进行，开展的文体活动也往往离不开比赛、评比，再加上授课内容单调、教学方式单一，这样的学校教育使学生渐渐失去了对学习的兴趣，以及对学校生活的热情和留恋。

其实，教学工作不是学校教育的全部，学科知识不是学生学习的全部。在学校中，有比学习文化知识更重要的教育内容，那就是教会学生如何做人、如何做事。学习成绩代替不了学生健康成长的全部，学生健康成长、持久发展更需要崇高的思想、健康的心理、良好的品德。仅有好的学习成绩，没有高尚的道德情操和健康的心理品质，对社会和国家发展又会有多大意义。

学校一味靠挤时间、拼学生的健康赢得暂时的教学成绩，德育教育的缺失，丰富多彩校园活动的丧失，使学生学习、生活、身心健康的诸多问题得以显现。其实，德育教育对学校教学工作具有积极的促进作用。当学生的思想问题和心理问题未得到有效的解决，教师在课堂上苦口婆心的讲解，对学生又会有多大的作用和影响？特别值得一提的是，学生内心充满了对教师的不信任，就会怀疑、甚至抵触教师课堂上的讲解。

请牢牢记住："磨刀不误砍柴工。"学校的德育和智育不是对立的，而是相融的、相通的。只有扎扎实实进行德育和智育，才能够实现二者的"双赢"。

她为何不愿来上学

前些日子，初一班主任到办公室找我，让我为她"支招"。原因是班上的一位女生不来上学了，这让她很是苦恼。她向我抱怨家访的情况，以及对该同学做了很多的思想工作却毫无成效。她向我反映了该同学的家庭情况，父母离异，本由母亲抚养，可母亲在外地又组建了新的家庭，最终由70多岁的外公、外婆抚养，外公患病在床，需要人照顾。而该同学又不听从外公、外婆的教育，多次欺骗外公、外婆。她曾经把坐校车的钱花了，又打着上学的幌子而在校外溜达，处于一个"失控"管理状态，很是让人担心。

通过这个学生的情况来看，主要是家庭教育出了问题，长年缺少父母的关爱而导致学生学习没有动力、生活没有目标，不知人生为何。因缺少父母关爱和真诚沟通，她没有自尊，心理长期处于压抑中，思想处于迷茫中，内心的苦闷无从倾诉，心理的矛盾得不到有效排解，自然而然对学习失去兴趣，对学校失去归属感和认同感，而且随着年龄的增长，问题会越来越严重。

如今这样的离异家庭很多，许多父母不愿承担抚养孩子的义务，而把孩子交给爷爷、奶奶或外公、外婆。巨大的"代沟"让这些孩子逐渐成了"问题学生"，教师在面对这样孩子的教育上也往往是收效甚微或束手无策。

我曾经见过这个孩子，衣着打扮根本不像普通女孩，留着很短的头发，穿着黑蓝相间的衣服。

最近，听说她转到别的学校上学了。但愿在那里能找到真正的自己；但愿这样的孩子少些，再少些。

我们应教给学生什么

周日下午开学，我想到学生宿舍看一看。走到半路，见一名高年级男生走在家长后面。家长肩扛行李，走得很是吃力。男生手提脸盆，优哉优哉。我几步赶上，轻声询问："哪个年级？"男生回过头来诧异地望着我："初三的。""这么大了，还让你妈扛行李？"男生不好意思地答道："不是我妈，是我姥。"他快走几步向前，想帮助姥姥拿行李，老人连连说："不用，不用，铺盖不重。"我随手拿过男生手中的脸盆，他则帮助老人抬着铺盖往宿舍走去。

到了宿舍，男生在床上铺床单、叠被，在一旁的家长则风趣地说："被叠得多好，在家从来没有叠得这么好。"

其实，这种现象在现实生活中已屡见不鲜。如今许多中学生连最基本的生活技能都未掌握好；例如，宿舍里乱扔杂物，晚睡前吃东西、喝饮料，吃饭时不去餐厅吃饭。这主要是家长娇惯的结果。如今的大多数家长都宠着孩子，怕孩子吃苦，不让孩子干家务、独立参与社会实践活动。作为教师，在安全责任高于一切的育人目标要求下，许多事情不敢、也不愿放手让学生去做。这无形中剥夺了学生自主、自立的权利，教师和家长成为学生的全职"保姆"，学生则发展成为没有思想、缺乏生活经历和真切感受的"婴儿"。

教育是育人的事业，作为教师，在教书的同时，要引导学生弄清我为什么学习，我该怎样成长，我的未来怎样。要教育学生学会做人、做事。做人的根本是尊敬长辈、孝敬父母，这既是中华民族的传统美德，也是对学生进行教育的基础。不孝敬父母的孩子，不可能尊敬老师，不可能团结同学，也不可能热爱班集体、热爱学校。教师应让学生主动参与班级管理，让每一个学生都有自己的位置，都要有所担当，为班级的建设、学校的发展、家庭的幸福尽一分力，发一分光。

生活中，往往教师的话比家长好用多了。学生在家不是做不好，而是缺乏家长"放手"和严格要求。由此可见，家校协调一致是教育取得成效的关键，教师的教育不应直盯着学生在学校的生活和学习，应深入到学生的家庭生活中，让学生在家当好自己的角色，担好自己的责任。

我们应该教给孩子什么

教学篇

我的语文教育理念

教师应该每天思考，除了书本，还能给孩子的成长提供一些什么。

判断一个教师是否成功，不仅要看他的课堂“让学生学到了多少有用的知识”，更重要的是看他的课堂“有没有给学生留下不可磨灭的精神成长痕迹”。

一、我的语文教育理念

引导学生认真学习、深刻感受中华民族传统文化的魅力，汲取精髓，并继承和弘扬中华民族的传统文化；培养学生科学思维、良好的表达和交际能力；养成良好的读写习惯，塑造健康的心理，涵养美德。

二、我的语文教育方法

语文教学要与学生的实际生活紧密相连，即读什么、写什么、说什么要紧紧围绕学生的实际生活，要与生活一致，要诱发学生的真情实感。

语文教学要与学生的健康成长紧密相连，即教学要融合德育的内容，有助于学生正确世界观、人生观和价值观的塑立以及良好个性、健全人格的培养。

语文教学要与学生的思维方式和基本能力紧密相连，通过加强文意理解、整体阅读和语感的教学，培养学生科学的思维、良好的表达和交际能力。

三、我的语文课堂观

课堂是师生生命互动的过程，是师生心灵相通的过程，是建立彼此尊重、信任的过程，更是师生享受知识、享受成长、享受幸福的过程。

“差异教育”从课堂启航

实施差异教育是一项长期艰巨的任务，必须立足课堂。那么，怎样的课堂是和谐的，怎样的课堂才能高效呢？怎样的课堂才能更好地实现差异教学呢？教师必须审视自己的课堂教学，结合以往的教学经验，研究课堂教学的新举措。

一、精简教学环节

走进课堂，就会发现课堂教学中诸多的无用环节。这些环节是由于教师的备课不充分和缺乏对学生学习水平的把握造成的。这些无用环节影响着课堂教学的效果，决定着课堂教学的成败。大多数无用环节就是课堂教学中的一些细节，要非常重视这些细节，因为细节决定成败。课堂教学中的无用环节主要体现在三方面：

（1）无用的环节。教师上课前对学生的学习状况把握得不准，对于有些新授内容，学生通过课前自学已掌握了。例如勾股定理，大部分学生课前自学已掌握，而教师在课堂上还耐心细致地引导学生学习；对于学生来讲，这一教学环节便是无用环节。学生对已经自学会的内容不感兴趣，这样的教学内容，既减少了学生课堂上有效的学习时间，又让学生感到乏味，大大降低了学生课堂学习的积极性。针对这一方面，可采取课前预习的方式来确定教学内容，提高课堂教学的有效性。教师通过课前发给学生预习提纲或谈话等方式来了解学生对教学内容的领会情况。例如，预习提纲上设计针对不同学生的学习内容、要求、方法指导和练习题，学生利用自习课进行课前预习，把预习的情况上交给小组长，小组长汇总后，上报给教师，教师根据预习反馈情况来改写教案，大大提高教学内容的针对性、有效性。

（2）无用的练习。根据学生的预习情况，对教案上的课堂练习进行删改。针对预习提纲中学生已掌握的部分练习，教师在课堂上应摒弃同样训练要求的练习。

（3）无用的语言。走进教师的课堂，就会发现教师无用的课堂语言太多。具体表现在一是授课语言不简洁；二是授课语言多余（如口语太多）。教师课堂用语要简洁、生动，可以多运用态势语。平时教学，教师要加强对学生的训练。教师的一个手势、一个眼神、一个微笑，学生都应该心领神会。简洁课堂用语和态势语能大大浓缩课堂教学环节，增加学生有效的学习时间，大大提高课堂教学效率。

此外，还要注重学生课堂学习习惯的培养，培养学生要认认真真地听讲、端端正正地书写、正确流利地朗读、清清楚楚地回答问题，教师在课堂上要随时加以指导。

二、“六环节”优化教学过程

为了构建“和谐高效、思维对话”型课堂和实施差异教学，要研读多位专家关于课堂教学的科学论述，学习多处名校的先进经验，不断优化课堂教学过程，可采用“六环节”课堂教学模式。

（1）异步定向。即教师备课要根据学生的学习基础、学习能力等因素，提出面向不同学习水平的学生的学习目标。学习目标主要分为A、B两类，A类为较低的目标要求，要求所有学生都应达到，B类为较高的目标要求，要求中等学习水平以上的学生应达到。

（2）预习自学。教师遵循着“培养学生自学能力”的原则，精心的设计好预习提纲，课堂上引导学生根据预习提纲自学。学生在自学过程中要解决两个问题，一是你预习中有哪些疑难；二是你发现了什么。

（3）小组讨论。经过自学，许多问题得到了解决，学生们把探究成果和未解决的问题以小组为单位进行交流、合作探究。

（4）展示点拨。小组讨论后，以组为单位进行成果展示；同时提出没有解决的问题，由全班共同思考。学生能解答的，由学生解答；学生不会的，由教师点拨，指导学生解答。

（5）练习检测。根据学生所学的内容设计相应的梯度性练习题，训练学生对知识的运用，形成技能、技巧。另外也设计一些检测题，考查学生对知识的掌握情况。

（6）消化总结。根据检测后的反馈情况，让学生自己消化知识，查漏补缺，个别矫正，并回忆总结这节课，如在这节课上的所学。可采取让学生在座位上七嘴八舌说的形式，也可请一位学生总结，其他学生补充。

“六环节”课堂教学模式，主张学生对知识主动探究，深刻理解以及灵活运用；主张针对不同学生的特点因材施教，张扬学生的个性，主张发展学生的创新能力，培养他们健全的人格。

三、精心设计个性化作业练习

如今教师布置的作业缺乏针对性、实用性，许多作业练习没有意义，简单重复、机械训练、死记硬背，造成了作业练习的有效性太低。针对这种现状，教师必须改变对作业练习的设计，要遵循针对性、层次性、个别性和运用性的原则。

针对性，就是指向一定的教学目标，要依据教学目标、学生的学习基础和课堂学习情况布置相应的作业练习，着重在主干知识、重点问题和学习难点上进行训练、检测。

层次性，就是既要有简单识记，理解练习，又要精心设计一些灵活运用、深入探究、动手操作的问题。教师特别要强调作业练习的探究性,激励学生去动手、动脑,去思考、探究,不能只进行是简单的、重复的机械训练。作业练习要注意目标训练的层次性,要为不同学习状况的学生提供有效的训练。

个别性,就是教师可以给学生布置个别作业,给一些学生的作业容易些(只限于大纲范围),给另一些学生的作业难一些(超出大纲范围)。作业练习的个别性能更好地张扬学生的个性,更好地实施差异教学,使教学更加符合学生的需求,从而达到让学生学有所得、学有所长的教学目标。

运用性,就是学生掌握知识的目的是为了运用。评价学生是否掌握知识,应看学生会不会运用知识,即会不会运用已有的知识去分析、解决问题,去发现事实、现象同原理间的内在联系,去发现真理。任何学科的作业练习设计都应以训练学生运用知识为中心。要让学生经常完成一些实践性作业——测量、计算、自编解答习题、观察自然界和生活中的现象、写总结报告等。尽量避免出要求学生原样复述教科书的知识和教师讲述原话的题目。特别要针对教学的重点内容,进行作业练习的设计,要训练学生对知识进行研究和概括。

四、小组合作促进和谐高效

在课堂教学中,采取何种教学形式直接关系到课堂教学的效果。课堂教学除了采取全班教学、个别教学的形式外,也要注重小组合作的教学形式。小组合作形式要本着学生会的教师不讲、学生能讨论会的教师不讲、学生能讲会的教师不讲、学生不会的教师指导学生讲的原则。课堂上实行小组合作探究,把学习的主动权交给学生,让课堂成为发展学生能力、培养学生个性的平台。小组划分,要因学科、因内容、因人而异。主要采取A、B两类组操作,每组为四人左右,学习相对好的学生当组长。A类组,每组有一名优生(当组长)、两名中等生和一名后进生,适用于新授课。这样,在小组合作中,优生可以辅导后进生,可带动中等生的发展。在辅导后进生的过程中,优生也得到了相应的提升。B类组,学习水平相当的学生为一组,适用于复习课。在这类小组中,要特别关注后进生的发展。

于正玉老师在课堂上运用小组合作学习的教学形式非常成功,课堂上学生参与学习的积极性空前高涨,学生的合作、探究能力得到了提升,学生对数学产生了浓厚的兴趣,教师的课上得轻松自如,学生学得快快乐乐,他们的学习成绩有了显著提高,特别是后进生学习数学的兴趣被引发出来,他们的成绩有了可喜的进步,而且拥有了成功的自豪感。

在小组合作学习中更要注重后进生的发展,因为教学的成功源于后进生的成功，后进生也是一笔宝贵的财富。在小组合作学习中，可以通过异步要求、异步作业练习以及发辅导卡的方式让后进生学有所得。辅导卡是教师培养后进生的一条新途径，是教师根据后进生课堂学习情况和作业练习的要求在课堂上或自习课上发放的学习指导卡片。在辅导卡上，教师标明了解题的具体思路、解题的重难点及总结的规律性知识，辅导卡上还留有了学生填写疑问的栏目。辅导卡给了后进生一个学习成长的支撑点，让教师及时了解并有效解决学生学习中的困难，真正地体现了差异教育的内涵。初三霍平老师在这个方面做得很富有成效，辅导卡诱发了后进生学习的兴趣和自信，生发了学习物理的主动性，使后进生拥有了更多的锻炼机会，让后进生体会到了学习的乐趣。

五、课外小组活动促进主动发展

为了更好地实施差异教育，进一步发展学生学科学习的兴趣和技能特长，培养每位学生拥有一技之长，应该成立多个课外活动小组，由学生根据爱好自主选择，例如舞蹈小组、绘画小组、书法小组、篮球小组、生物工程小组、作家小组、演讲与口才小组、力学与光学实验小组等。设立专门的活动教室，有专门教师指导训练，有明确的训练计划和目标，有相应的管理措施，有固定的活动时间。学生在小组活动中，特别是后进生，既发展了自己的特长，又看到了自己的闪光点，树立起对生活、学习的信心。同样，在小组活动中，教师给予学生的是人文的关怀与鼓励，学生得到了高尚情操的培养和健全人格的塑造，留下的是成长中闪光的足迹。

实施差异教育任重而路远，我们要立足于“六环节”课堂教学模式，以学生差异为基点，以课堂教学为着力点，进一步深化课堂差异教学研究，有效地进行差异教育。

对语文单元主题教学的思考

单元主题教学对教师来说是一个新生事物，实施中将面临诸多的挑战。首先要弄清楚什么是单元主题。现在语文教材的单元内容编排上更注重人文性的内容，譬如以“爱”“春天”等为主题来编排单元内容，从而淡化了语文的工具性。而在实际教学中，我们的教师习惯于从语文的工具性出发，先向学生讲授每篇课文的文体知识、阅读方法、写作技巧，培养学生的语感、思维品质等语文素养，这与教材的单元编排有些“不合拍”。简单说，教材编排注重人文性，而实际教学又得把工具性放在首位。这就要求教师在单元主题教学中必须有较高的驾驭教材的能力，要把语文教材的篇章内容熟于心中，而且能从语文教学的整体高度和单元主题的角度来授课；同时，也要求教师具有深挖教材、触类旁通的能力，也就是平常所说“用教材教”。

单元主题教学的复习课，绝不是引导学生对所学知识进行简单的回顾、机械重复，不仅要引导学生对所学的基础知识进行复习、巩固，所学的方法进行盘点、整合，构建知识体系，更应该让学生在所学的基础上有所提升，产生“1 + 1 > 2”的教学效果（两个 1 分别代表新授课、复习课）。“提升”应该既有基础知识的拓展延伸，也有对读写方法和能力的新领悟和强化训练。关键的一点是要让学生学会阅读不同体裁的文章，即解决好读什么和怎么读的问题，例如，读一篇散文，应该读什么，应该按照怎样的方法去读，以及达到怎样的阅读目标。

敢问阅读路在何方

烟台市搞了多年大量读写双轨运行的实验，取得了丰硕的成果。然而时至今日，许多宝贵的经验被有的教师舍弃，语文教学出现了令人担忧的局面。透过有些语文教师的课堂，我们可以发现，阅读教学进入了无组织状态，学生进行“放羊式”阅读，致使阅读教学走入了“死胡同”。

一是阅读文本的单一性。教师只要求学生阅读相关年级的自读课本，而对于相关年级的名著阅读，教师既不提出阅读的要求，也不进行相关的指导。

二是阅读形式的单一性。阅读课上，教师只提出简单的摘录要求，没有对阅读课进行精心设计。学生只是一味地读，盲目地抄写优美的语句段，对优美语句段缺乏深入的品读、赏析，对文中人物、事件缺乏深刻的剖析。

三是教师教学形式的单一性。在阅读课上，教师没有明确地设计本节课的阅读目标，使学生的阅读进入无目的状态，阅读的效果无从检测；教师没有组织学生互动，没有组织学生展开阅读心得交流。

四是学生的阅读效果是低效的。学生只盲目地摘抄语句段，对语句段作肤浅的解读，没有领会文字的内涵，没有真正体会写作手法的巧妙之处，导致了学生的收获是浅显的，缺乏深刻性和创造性。

那么怎样才能搞好阅读教学呢？

首先，教师应搞好备课，要确定好学生阅读的目标，即确定好本节课应完成的阅读任务。阅读目标至少应有两个层次，一个层次是阅读的速度、质量。阅读速度是学生每分钟能朗读、默读多少字；质量是指学生每分钟能识记多少字。第二个层次是学生应围绕哪个方面去阅读，去摘抄什么，怎么摘抄，怎么分析。例如，课上可设计让学生专门摘抄景物描写优美语段，并分析出它们的作用。另外阅读目标的确定应紧扣课文内容的训练要求，比如这个单元重点学习的是人物心理描写，那么在近期的阅读课上要紧扣这一目的，赏析人物心理描写语句。

其次，课堂教学组织形式要多样，教师在上课前可采用谈话的形式，回顾单元学习的重点，然后导入阅读课的训练内容；也可先让学生总结上节阅读课的收获，然后导入阅读课的训练内容。课堂上让学生边读、边抄、边赏析，赏析时可以指导学生从词的运用、修辞手法、写作技巧等方面进行。在阅读课的后半部分，利用一点时间让学生交流展示自己阅读的收获。这个环节的设计，实际上为了检测一下学生的阅读效果，训练学生口语表达能力。阅读课教学进行一个阶段后，教师应引导学生对近期的阅读成果进行阶段性的整理、总结，并加以有效地吸收。

此外，要搞好阅读课教学，必须与写作课有机地统一起来，即读什么，练习写什么，利用写作课对阅读内容进行整理、加工和提升，达到以读促写，以写升读的效果。

高效课堂建设存在的问题及应对策略

学校在推进高效课堂建设中，想了办法，出台了措施，下了气力，取得了一定的成效，但也应首先清醒地认识到高效课堂建设中存在的问题和不足，提出合理有效的改进措施。

一、存在的问题与不足

（一）面上改，个别未改

在听课中，发现个别教师仍处于观望状态，部分领导、教师对高效课堂建设缺乏深刻认识，教育教学理念没有发生根本性转变，课堂教学仍处于“教师讲、学生听”的被动状态。有的教师采取了“游击”方式，做好“两手”准备，遇到检查时，在课堂上生搬硬套小组合作学习，看似热闹，却缺少实效；平日教学，仍回到“满堂灌”的老路上，把学生当成接受知识的容器，教师牵着学生走，课堂上失去了对学生生命存在及其发展的整体关怀。

（二）模式改，方式未改

从课堂观察和授课教师的交流中发现，学科教学模式还不够成熟，大多数学科还都在摸索、创建的过程中。有些学科虽构建了课堂教学模式，运用了导学案，但是教师对模式和导学案的理解不到位，导学案的设计缺乏科学性、探究性、实效性，只以简单填空的形式呈现；生搬硬套，机械地运用教学模式，课堂教学没有发生实质性的改变。从课堂教学的实施情况看，学生主体地位体现不足，“满堂灌”的教学方式还没有完全杜绝。有些教师只追求教学形式，却不关注教学实效；比如，不考虑教学的实情，盲目运用课件，用课件代替了学生的思考，代替了教师的板书，使课件的辅助作用大大降低。有的教师长时间的讲授，导致学生对学习失去兴趣，参与学习的积极性不高，思维得不到锻炼。也有的教师在课堂上盲目提问，很多无效或低效的问题充斥课堂，诸多的教学环节没有明确的目标指向，给学生阅读、静读思考的时间太少，导致教学目标的达成度较低。

（三）教学目标把握不准，学习方法欠指导

部分教师缺乏对学生个性特点、学情的了解，确定的课堂教学目标偏离了学生的学习能力，课堂上未能调动起学生学习的积极性，导致课堂气氛死，效率低。有些教师对学科目标把握不准。例如，传统文化应以诵读、背诵、积累为主，教师在课堂教学中过分注重内容的分析与感悟，肢解了文章的内涵，导致学生收获甚微，学习上毫无兴趣。也有些教师，没有确立“用教材教”的教学理念，教学仅仅依赖于教材中的教学资源，不能灵活运用教材，不能从学科的高度，知识体系的框架上引导学生对知识进行构建和重组，只拘泥于知识点的传授，忽视知识间规律的总结和把握，忽视学科语言的运用，忽视学科学习方法的指导和能力的培养，导致越来越多的学生不爱学，更不会学。

（四）课堂学习评价方式单一、不及时

有些教师缺乏语文素养和科学的教学策略，对学生的课堂学习缺少个性和多样性评价，只是运用“不错”“很好”“你真棒”等口语进行枯燥评价，抑制了学生学习的积极性，降低了课堂教学的实效。有的教师课堂教学缺乏必要的检测和评价，过于关注教学内容的推进，对于学生掌握了多少，常常通过提问方式简单了解极少数学生。也有的教师在课堂教学中缺少应有的检测评价，学生所学知识得不到及时巩固，教师不能及时获悉学生对知识的掌握情况，导致下一节课的教学缺乏目的性，“想让学生学什么”“学生学了什么”“学生掌握到什么程度”三个环节不能得到最大程度的统一。

（五）课堂改，课后未改

有的教师能够坚持“以生为本”，重视课堂教学模式和导学案的运用，努力优化课堂教学结构，注重发挥学生学习的主动性，提高课堂教学质量；但在课后，仍给学生布置了过量的、低效性的作业；也有个别教师布置了惩罚性作业；还有的教师仍抱着“题海战术”的思想，做着“不管考不考，只要学生练了就行”的心理安慰，这些都在一定的程度上加重了学生的课业负担。

（六）学生的书写质量与阅读能力提高不明显

通过听课发现部分学生，特别是初中高年级学生，普遍存在着书写质量不高，阅读水平较低的问题。主要原因是缺乏科学合理的写字与阅读教学的常规机制，有的教师缺乏指导学生写字与阅读的能力，出现了学生为练字而练字，为阅读而阅读的盲目读写现象。也有的是缺乏硬性措施落实，学生的写字与阅读能力培养的目标性不强，持续性差，起初训练轰轰烈烈，而后渐行渐少，出现了“雷声大、雨点小”的现象。由于缺少有效的方法指导，缺少持之以恒的习惯养成，缺少循序渐进的能力培养，不少学生的书写水平和阅读能力处于停滞状态，没有发生质的变化。

二、高效课堂建设的应对策略

（一）高度重视，提升理念，增强高效课堂建设的领导力

高效课堂建设的推进程度和成效，关键取决于校长的思想和理念。因此，校长必须高度重视，进一步明确思路，把高效课堂建设作为学校工作的第一抓手，把课堂教学作为教师成长的第一要素，增强推进意识，采取有力措施，解决好前一阶段存在的问题，坚定不移地推进高效课堂建设。要牢固树立教学中心地位，不折不扣地执行有关规范办学的要求，强化课程管理和教学管理，要开齐开足课程，任何个人都不应随意增删课程，增减课时，真正地把时间还给学生，把健康还给学生，把能力还给学生。校长要主动加强教学理论学习，提升自身的教学管理能力，增强课堂教学的领导力和执行力；要深入教学第一线，走进课堂，推门听课，精心评课，增强高效课堂建设的指导力。

（二）提升教师的专业素质，增强高效课堂建设的核心力

教师的专业素质决定着课堂教学的高度、广度和深度。要提高教师的专业素质，必须加强课程培训与教学研究。一是要积极拓宽学习渠道，采取“请进来、走出去”等方式：聘请名师、专家现场教学、介绍经验，指导和引领教师不断提高课堂教学水平；要加强与教研室的联系，组织教师“走出去”研学，有计划组织教师到先进学校取经学习，加强教育教学理论和新课程培训，进一步提升教师的教育教学理念和专业素质。二是要充分利用网络教育教学资源，组织参与好教研室开展的“网络视频课”课堂教学研讨活动，提高教师听、评课能力。学校要设立“教师网络备课中心”，实现教育专家、名师与教师面对面授课，让教师近距离聆听，开阔教师的视野，充实教师的课堂教学资源，优化教学过程。三是要优化组合师资力量，充分发挥骨干教师的引领作用，通过一带一、老带青等形式，整体提升教师的专业素质。要立足课堂教学，积极开展集体备课、教学反思、教学诊断等研讨活动，努力培养教师的高效意识和科研能力。同时要引导教师加强自身修养，在课堂教学中面向全体学生，尊重学生的生命，尊重学生的人格，尊重学生间的差异，尊重学生的个性，尊重学生的隐私和情感，公平公正地对待学生，全面客观地评价学生，不把分数作为唯一评价标准，在教与学的互动中，实现教学相长。

（三）加强学生的学习方法与习惯培养，增生高效课堂建设的原动力

学习兴趣、学习方法、学习习惯决定着学习的效果，因此，教师必须加强学生学习方法与学习习惯的培养，这是提高学生的学习成效、增强学力以及加强高效课堂建设的首要任务。学校要组织教师深入研究并把握不同学段学生的学习心理，通过渗透于各学段、各学科教学过程中的学法指导等有效途径，加强学生的学习动机、学习兴趣、自控能力的培养，加强良好的读写习惯和学习方法的指导，引导学生形成适合自己的学习方法。同时，给学生营造和谐平等的课堂环境，让学生充分利用话语权，主动合作探究，充分交流展示，形成较强的发现问题、提出问题、解决问题的能力，达到自主、有效学习的目的。

（四）完善教学管理机制，增强高效课堂建设的内驱力

课堂教学效果很大程度上取决于系统化的课堂组织管理。因此，学校要建立健全课堂教学管理机制。一是要抓好备课管理，不断改进和完善集体备课，优化各学科课时备课的方式策略，提高备课的针对性和有效性。要站在学科、单元的高度，搞好单元备课和超周备课，增强备课的整体性和预见性；要积极改革备课路径和方式，实现经验共享，资源共享，实现备课的全面性和实效性。二是建立切实可行的课堂管理制度。健全说课、听课、评课、磨课制度，继续开展立标、学标、达标活动，创建完善新授课、复习课、讲评课、实验课等常态化教学模式，不断提高课堂教学效率。三是建立健全课堂教学评价机制，要把教师的课堂教学作为教师考核的重要标准，作为教师职称评定、评先树优的重要依据，以此调动教师构建高效课堂的积极性和创造性，彻底纠正部分教师表面改、实际未改的问题。四是要立足于实施素质教育、促进学生全面发展的总体要求，坚决杜绝“过度教学”“过度训练”现象；努力推进作业改革，具体落实好“限量”“分类”“全批全改”“科学评价”等目标要求；优化完善导学案设计，具体落实好启发性、梯度性、实效性等目标要求。要在教学实践中不断探索，在探索中不断完善，深入挖掘典型，表彰先进，推广经验；同时，也要与教研员积极沟通，在理论和实践上，全面研究论证，为作业改革和导学案设计提供有力的理论指导和实践引领；要稳步推进，切忌急于求成；要在作业的实效性上、导学案设计和运用的有效性上搞好突破，真正实现减负增效的目的。

（五）加强督导，提高高效课堂建设的执行力

要组织前勤领导开展好推门听课活动，加强课堂教学的督查、指导。同时通过培植典型，发挥先进学科、骨干教师的示范和辐射作用，加强对薄弱学科、薄弱教师的帮扶指导，全面提高高效课堂建设的执行力，全面实现课堂高效、学生减负、教育健康。

教学工作是学校的中心工作，教学质量是学校发展的“生命线”，高效课堂是提高教学质量的根本。推进高效课堂建设，要树立高效意识、质量意识；要静下心想，安下心学，用下心做，认认真真抓教学，扎扎实实抓课堂，努力构建“自主、合作、探究”的高效课堂教学模式，变“教师好讲、低效的课堂”为“学生乐学、高效的课堂”；要以学生发展为本，以学生的需要为本，以学生的个性差异为本，促进学生好学、会学、学会，促进教师乐教、会教、教会，提高学生的思考、阅读、写作等多种能力，实现减负增质，推进学校教育均衡发展，促进学生健康快乐成长。

高效课堂建设任重道远，机遇与挑战并存，需要用百折不挠的信心，坚定不移的决心，持之以恒的耐心，在问题和矛盾中一步步地跨越，在反思和创新中一级级攀升，在正视问题、反思不足的基础上把握方向、理顺思路、优化策略、稳步迈进；同时要进一步提高认识，统一思想，创造性地开展工作；坚持以学生为本，深化素质教育内涵，努力创建常态化的高效课堂，努力办好人民满意的教育。

关于初中语文教学的几点思考

为了加强学生阅读、写作能力的培养，优化阅读及写作教学，全面提高初中语文教学的质量，现结合自己的教学实际，特别是积累、阅读与写作教学，提出如下思考。

一、充分认识加强语文教学的重要性

语文教学是其他学科教学的基础，学生语文学习水平的高低决定着其他学科学习的广度与深度，关系着学生综合素质的提升和能力的发展。和谐高效课堂建设以来，语文教学进行了大胆的探索与改革，取得了一些宝贵的经验。但在平日教学中，却存在着“四重四轻”现象。一是重知识，轻能力。课堂教学中，教师关注的是学生对知识的掌握，忽视了学生书写能力、阅读能力、写作能力的培养，导致学生书写质量差、不会阅读、不善表达、作文空洞。二是重讲授，轻自学。教师在课堂中注重展示自身对课文的研读和理解，忽视了学生对课文的感悟、体验。三是重背诵，轻运用。教师注重学生对字词的记忆、优美语句和古诗文的背诵，忽视了学生在阅读、写作中恰当、巧妙地运用，导致了学与用相脱节。四是重教法，轻学法。教师教学中注重了如何传授知识，如何组织学生活动，忽视了对学生进行学习方法的指导。这些现象的存在，导致学生学习语文的兴趣不高，语文能力提升缓慢。

二、深入理解语文教学的指导思想和目标

（一）深刻解读指导思想

教师要积极转变语文教学的理念，使语文教学成为培养学生综合素质和能力的重要载体。同时，充分发挥语文的人文性、工具性作用，全面提高学生的语文素养，使全体学生具有终身发展需要的能力。

（二）充分明确教学目标

教师要立足于教材，加强课堂教学的研究与探索，进一步构建和谐高效的课堂教学模式；培养学生学习语文的兴趣，掌握语文学习的方法，养成良好的学习习惯，形成基本的学习能力；力争使每一名学生具有较丰富的知识积累，能够写一手漂亮的字，会读一般的现代文，能写中心明确、层次清晰、语言较优美的文章。

三、遵循语文教学的原则

（一）主体性原则

学生是课堂的主体，教师是学习活动的组织者和引导者。在课堂教学中，要真正凸显学生的主体地位，给学生提供充足的自主探究的时间和空间；注重学习方法的指导，学习习惯的培养，致力于学生学习能力的提高，使课堂真正成为学

生自主学习、合作探究的场所，成为学生个性发展、生命绽放的场所。

（二）有效性原则

教学要建立在学生已有知识和体验的基础上，要根据教学的实际需要，依据学生的特点，明确教学的目标，整合教学的内容，优化教学设计，有效调控教学的过程，不断增强教学的针对性和有效性。

（三）全面性原则

教学要面向全体学生，教学内容实施中速推进，教学过程要采取小组合作等方式，及时关注全体学生的学习状态，调动全体学生参与学习的积极性，逐步改变一问一答或一问齐答的教学方式。同时，不断充实教学的内容，运用灵活的教学方法和多样化的教学手段，对学生的听说读写的能力进行全面培养。

（四）循序渐进原则

教师要根据《语文课程标准（2011 版）》的要求，对积累、阅读、写作教学进行深刻解读和整体把握，由易到难、由浅入深地推进教学内容；对知识积累、阅读与写作的训练，要有计划，分阶段，有侧重；对学生良好习惯的培养，时时讲，课课训，周周检；对学习方法的指导，先示范，后训练；对学习能力的培养，由讲到练，由读到写，扎实有效，逐步改变语文教学费力多、收效微的现状。

四、“多元”举措助推语文教学

（一）健全机制，培训提升，营造氛围

（1）健全机制，齐抓共管。学校要安排业务领导重点负责语文教学工作，选拔骨干教师成立语文教学工作指导小组，加强语文教学工作的研究、指导。要建立完善的语文教学管理制度，把书写、积累、阅读、写作的教学重点纳入对教师平时课堂教学和年终教学考核中。学校要加大学生书写的考核力度，要把书写作为对学生作业、测试的重要评价内容之一，并以一定的分值纳入试卷评分中；同时，也要将学生的书写列入其他学科教师的教学考核中，纠正“学生书写只是语文教师的责任”的错误认识，形成齐抓共管的局面。

（2）搭建平台，培训提升。学校要建立好教师读书计划，提供时间、空间的保证，充分利用好教师阅览室和图书室，组织教师搞好读书活动。要通过座谈、读书论坛等形式，督促、指导教师的阅读；积极开展“教师读书演讲比赛”“美文讲坛”等活动，采取奖励图书等激励机制，强化教师的读书意识，调动读书的积极性，提升教师的阅读水平和文化品位。要举行专家报告会或名师读书经验交流会，激发教师的读书兴趣，加强对教师的读书指导。要搞好语文教师关于写字、阅读、写作教学的专题培训，加强教学的理论引领，掌握教学的技巧，生发教学的经验，提升教师的专业水平。此外，要通过田字格、小黑板等形式，加强全体教师的书写基本功训练，要以此为平台，开展"书写技能比武"活动，提升教师的书写规范和水平。

（3）开展活动，营造氛围。学校要制定好不同年级学生的书写及读书计划，分阶段组织实施，定期组织学生开展"书法比赛""诵读比赛""演讲比赛""征文比赛"等，每学期至少举行1次书写比赛、1次读书交流活动，激发学生的书写、阅读、写作的兴趣，促进书写、阅读及写作水平的提升。要创办好宣传栏、校报、校园广播等，并以此为平台，展示学生的书法作品及美文，激励学生多读、多写，营造出浓厚的书香校园氛围。

（二）转变理念，潜心研究，悉心指导

（1）教师要转变教学理念。语文教师要充分解读新课改的理念和"和谐高效、思维对话"型课堂建设的指导精神，课堂教学中，真正确立学生的主体地位，把学习的时间、空间还给学生，改变"以讲为主"的教学方式，采取学生自学、合作探究等多种教学方法，充分调动学生参与学习的积极性，加强课堂教学中的师生互动及生生互动，提升课堂教学的实效。

（2）教师要潜心研究。语文教师要养成良好的读书习惯，要精读、深读、广读。要以课堂为依托，静下心来学习，沉下心来搞研究，特别是加强阅读课、写作课教学的研究，探究阅读课、写作课的基本教学环节；既要研究教法，更要研究学法，研究如何有效地指导学生养成良好的学习习惯，掌握科学的学习方法，具备基本的学习能力。要经常走进其他教师的课堂，学习先进的理念和丰富的经验，逐渐构建起适合学生的、独具风格的和谐高效课堂教学风格。

（3）教师要悉心指导。在课堂教学中，教师要有机融合书写、积累、阅读及写作教学的要求，要精心、耐心指导学生写好字，提升书写的速度；指导学生从读懂每一篇文章开始，掌握朗读、默读的方法；指导学生从观察生活、表达真情实感开始，加强写作素材的积累，提升写作的技巧，杜绝应试性作文指导。同时，教师要指导学生建立好写字本、积累本，写好每周3次观察日记；要采取多种手段，加强激励、检查与指导，确保教学的有关要求落实到位。教师要特别抓好阅读"三落实"。一是落实制度。班级要建立并落实好阅读制度，明确阅读的要求，规范阅读的行为，提高阅读的实效。二是落实书目。要充分建立并利用好班级图书角，扎实开展好读书活动，保证学生每学期阅读一至两部名著。三是落实时间。教师每周要备好、上好一节阅读课，每天留给学生一定的课余时间，组织学生阅读。此外，要开展“三分钟讲坛”“百诗讲坛”等多种教学活动，加强学生读、说的训练；要充分利用阅读课、作文课、班级期刊展示学生的美文，激发学生的写作欲望，加强写作的指导，逐步提高学生的写作能力和写作水平。

（三）加强督导，抓好落实，务求实效

学校要通过推门听课、教学常规检查等形式，运用座谈、调查问卷等手段，调研、评价语文教师在培养学生书写、阅读和写作方面的成效。同时，可利用教学指导、质量检测及非书面抽测等形式，对学生的书写、积累、阅读、写作等方面进行检测，既要检测学生对课内知识的掌握运用情况，又要检测学生的课外阅读情况，重点是必读书目的阅读情况及阅读课的教学情况。必读书目的检测主要采取口头提问、书面测试等形式；阅读课教学主要采取随机听课的形式进行，并将检测的结果列入语文教师教学考核中。

关于实施语文单元主题教学模式的看法

（1）单元主题教学的总体设计思路清晰、明确，步骤较完善，具有一定的可操作性。

（2）单元主题教学的设计思路充分体现了“学生为主体”的课堂教学模式，客观展现了“学生初学、教师导学、学生精学、学生深学”的学习流程，符合学生的“整体—部分—整体”的认知过程和“学以致用”的学习原则。

（3）单元主题教学的设计思路突出了“知识、方法、技能”的内在联系和发展过程。

（4）单元主题教学的具体实施步骤过于细致、烦琐，不便于教师的理解和吸收，环节的激励措施对于初中高年级学生并不适用。

（5）单元主题教学中每单元的教学任务需6～7课时完成，在实际课堂教学中是否适用，有待于教学实践中验证。

（6）单元主题教学对学生的阅读能力（如默读的方法、质量等）提出了一定的挑战，如今有的学生不会自读课文，有的学生阅读能力太差，缺少有效的交流展示实施策略，这些都将影响单元主题教学设计的实施。

（7）单元主题教学对教师阅读教学的专业知识、教学理念和能力等方面提出了挑战，有的教师因某方面欠缺恐怕不能胜任。

（8）单元主题教学的思路可在实践中逐步推广实施，即一学期重点突出某一环节或某几个步骤实施，边实践边总结边矫正，而不应盲目全面推开；否则，容易导致多而不精、多而乱，甚至流于形式。

关于小组合作学习的思考

——参观海阳中英文学校随想

参观了海阳中英文学校后，我们进一步坚定了语文学科开展小组合作学习的信心和决心。小组合作学习能充分培养了学生的自学能力和合作探究的能力，把课堂真正还给学生，真正做到了因学定教，减少了课堂教学的无用环节，提高了课堂教学的针对性和有效性。教师真正做到了精讲，学生做到了多练。我认为，小组的划分及具体的操作实施是当前急需解决的问题。

一、小组划分

四人为一组。学生搭配如下：优生一名，中等生二名，差生一名；优生当组长。这样，优生辅导差生，优中等生带动差生发展，优生在辅导中能做到教学相长。

二、小组的具体操作实施

因学科、因课、因人而异，我们语文学科应尽快探究出三种课型的小组合作学习模式：一是预习课；二是新授课；三是复习课。

（一）预习课

关键要发挥好预习提纲的作用。教师上课前应精心设计好预习提纲。预习提纲应涵盖所有知识点，各梯度练习和联系生活实际的拓展练习，注重学生对基础知识的掌握和基本技能的训练。可采用的程序如下：学生自学（导学提纲）→小组合作探究→把疑问提交教师（新授课时可作为问题再现）→检测。

（二）新授课

新授课应以预习课为起点，把学生预习中疑难问题以小组为单位呈现出来，教师引导学生解决。在课上，教师必须精心设计几个能引导学生加深对知识的学习和理解的问题，新授课的具体环节可试用海阳中英文学校的问题再现、自学解疑、交流展示、归纳拓展、反馈检测这五个教学环节模式。

（三）复习课

复习课上教师应引导学生自己梳理知识、积淀知识，把所学知识构建为知识体系，这节课应注重学生对所学知识的巩固，以及发现和把握新知识与旧知识的联系，总结规律。要发散学生的思维，引导学生由课内向课外去拓展，练习的要求可设计 AB 类。A 类为基础性练习，要求所有学生必做；B 类为拓展性练习，有一定难度，学有余力的学生可以选做。

每位语文教师可针对年级和学生的特点，任选一种课型进行课堂演示，边演示边探讨，探索适合本年级语文教学的小组合作模式。

小组合作学习的教学模式，对教师提出了更高的要求，那就是教师必须全心、精心地备好每一节课，教案要切实可行。要在教案上搞一次革新。教案中要设计好师生的活动。每一教学环节上都主要培养了学生的哪些能力，必须在上面标明。要搞好上课前教案的审查。我校教师的精力在很大程度上花费在应对上级的各项检查中。要搞课堂教学革新，可适当给教师减负。减负不是减少应有的工作量，而是让教师轻装备课、上课，提高每节课技术含量，要让教师把绝大部分精力花费在备课、教学研究上，要发挥多媒体及小黑板的作用。

除了课堂教学给我的启示较大外，中英文学校留给我的印象最深的还有两点：一是每天上、下午及晚上的三节自习安排，这样的学习安排策略很符合“艾宾浩斯遗忘曲线”的知识遗忘规律，先快后慢，新的知识必须及时复习。这点做到了，也就做到了堂堂清、天天清。二是学校文化建设发挥了对学生的处处教育和濡染的功能。学校的许多角落都设置了很多激励学生的标语，有引导学生立志的，有激励学习的，有品德修养的，有净化心灵的，让学生每时每刻地处于这种氛围中，把校园当成了随时随地对学生进行引导、教育的课堂，潜移默化地对学生产生深远的影响。对此，我想，我们学校是不是借鉴一下，进一步加强教室及宿舍的文化建设？

课堂，才是教育的“本源”

稍有经验的教师都知道，在平时工作中，无论是班级管理，还是学生的行为表现，或是学生的学习，出点问题很正常，关键是出了问题该怎么办。其实，解决班级工作中的问题的最好办法就是教师走进课堂，细心观察学生的表现，用心思考课堂上的教育教学现象，深入分析学生在课堂上呈现的问题，就会找到工作中难题的症结所在，或深受启发而萌生解决办法。在我初三下学期临近中考的时候，班上不少同学的学习成绩明显下滑，可就是找不到原因，班主任张老师很是苦恼。为此，无论是白天上课，还是晚自习辅导，她几乎都靠在班上，一边深入了解情况，一边观察学生的表现。“功夫不有心人”，在一天晚自习上，她发现了一名男生在看小说，并以此为突破口展开了调查，终于发现了班级不少男生都在看小说。她当时心头一亮，顿时有了“柳暗花明又一村”的感觉，多日围绕在心头的困惑总算找到了答案。多年以后，张老师对我说起此事，情绪仍异常激动。她告诉我，如果找不到学生成绩普遍下滑的原因，相当多的学生就升不了学了，前途也会一片渺茫。后来，在张老师的耐心教育下，许多学生学习成绩又得以提升，班级学习的风气更加浓厚了。也就是那年中考，我们班级的成绩遥遥领先，几乎所有的学生都升入了高中。

课堂是教学的现场，是知识得以传授和思维产生碰撞、升华的地方，更是学生生命成长发展的“场”。在课堂上，细心的教师会通过观察学生的一举一动，发现教育的诸多问题，这些问题既是教育的表象，更是我们为之困惑的教育问题的本源；这里既有家庭的因素，也有学校教育的因素，更有学生个人的因素。

事实上，学生教育的诸多问题都能从课堂上被发现；例如，学生课堂上打瞌睡，家庭作业未完成好，要能与学生平时沉溺于网络游戏和玩手机而家长疏于管理有直接关系。小学中高年级学生课堂上听讲注意力不集中，坐姿不端正，书写潦草等，直接反映了小学低年级教育的“短板”。课堂上，学生运用新知识练习屡次出错，直接反映了课堂教学“学生未真正学懂、学会”的问题。教师在课堂上往往忽视了学生的“真正学习”，往往被课堂教学中“做对了而齐刷刷举手”的假象所蒙蔽。

若要解决学校教育、学生教育的诸多问题，校长和教师必须走进课堂，深入课堂，近距离、真实地观察与发现，找寻到解决学校管理、课堂教学和学生教育中的问题的办法和措施。抛开了对课堂教学的观察，学校教育将会脱离实际，失去“根基”。走进课堂，不仅要关注教师的“教”，更要关注学生的“学”。学生是学习的主体，教育教学的效果是通过学生的学习成绩、思想和心理等方面的状况直接反映出来的。同时，学生在课堂上所呈现的思想、心理、兴趣等方面的因素也直接影响了教育教学的效果。实际教学中，许多学生“爱屋及乌”，因喜欢某位老师而喜欢学习他所教的学科。

所以，当我们的工作出现困惑时，当我们的班级管理没有起色时，当我们为了某个学生的成绩下滑而一筹莫展时，当我们发展学校特色文化而找不到切入点时，最好的办法就是走进课堂，因为那里才是教育教学问题的“本源”。

课堂教学须关注4个方面

在平时的课堂教学中，有的教师容易忽视学生在课堂的表现，导致课堂教学效果不理想。课堂教学必须确立学生的主体地位，关注好学生学习中的“四个方面”。

（1）关注学生的学习兴趣。学生对学习没有兴趣，课堂上的真正学习不会发生；课堂上，学生听讲、做练习，只是被动地接受知识，这样所学的很快就会被遗忘。

（2）关注学生的学习基础。包括学生的认知水平、学习经验、已有的知识等，学生的学习基础是课堂教学的“起点”。只有了解学生的学习基础，教师在课堂上才能做到“因学定教”，教学才会有实效。

（3）关注学生的阅读和书写能力。学生的阅读和书写能力达不到半自动化的程度，学生的课堂学习就会遇到诸多困难，教师就会感到力不从心，教学进度进行缓慢，课堂上完成不了教学的预期目标。

（4）关注学生的课堂听讲。许多学生根本不会听讲。教师应该特别关注学生的听讲情况，指导学生学会听讲；也可经常通过提问“复述刚才讲话的内容”等方式来检查、督促学生专心听讲。

课堂上，只有很好地关注了学生的“学”，教师的“教”才能有实效。

课堂教学中的问题及思考

2012年4月，区教体局成立了高效课堂推进办公室，我有幸成为其中的一员，并跟随有关领导深入部分学校的课堂听、评课。我整理了课堂教学中的问题及对此的思考。

一、教学脱离实际，浮在表面

教学内容缺乏和学生生活的联系，学生在学习中看不到所学知识对于自己生活或成长的作用，这也是为什么学生学习自觉性差、缺乏学习原动力的原因。课堂教学中最大的问题莫过于教学内容脱离了学生生活的实际，学生所学知识就如同“水面上无根的浮萍”一样，很快就会“溜走”。

教师缺乏对教材知识的深度加工和创造，一味为教知识而教学，为完成任务而教学。教师一味扮演知识“搬运工”的角色，课堂教学就避免不了“满堂灌”。教师解读文本能力欠缺，在备课中没有对教材进行个性化的解读，在课堂新授中没有做到“因学而教”“教是为了不教”。这既是教师教学理念的滞后，也是课堂教学能力欠缺所致。课堂上，缺少了教师对知识的深度加工，课堂教学就不会深入，课堂教学缺少了应有的“厚度”，学生的真正学习也不会发生。

二、小组合作未兼顾全体

小组合作缺乏有效地交流、整合，学生在合作探究时，未深入问题的实质或本质，只是停留在知识的对与错及“什么是什么”等浅层次方面。小组合作以优生参与为主，每个小组由优生掌控，优生组织交流，优生质疑、释疑，优生总结发言，中等生和后进生成了旁听者，未能进行思考并真正参与交流，而且对优生交流的内容也未真正理解。

请记住，小组合作学习（即小组教学）只是课堂教学的一种形式，课堂教学的另外两种形式是全班教学和个别教学。3 种教学形式各有优劣，不可片面夸大任何一种教学形式的作用。从原则上说，这3种教学形式应当经常结合在一起运用。苏联教育家巴班斯基在《论教学过程最优化》一书中，对这 3 种教学形式做了深入阐述，“在学习新教材方面，如果教材通俗易懂，学生可以独立钻研，那么，利用个别教学的形式是最合理的。小组教学形式多半是在需要分别采用深度不同或性质不同的教材的情况下才使用的。在学习新教材的课上，小组教学形式多半用于做练习和解习题。至于全班教学形式，这是在讲授理论材料时经常用到的，特别是这种材料较为复杂，不可能采用小组教学或者个别教学形式的时候，或者它的分量较多的时候。”

而在我们的实际教学中，许多领导和教师对小组合作学习存在两种错误的认识及做法。一是过度夸大了小组合作学习的作用，许多教师认为小组合作学习是万能的，只要用了，不管用的多或少，不管用的合不合理，都能大大提高课堂的效率。于是乎，小组合作满课堂“飞”，小组合作充斥整个课堂，学生连静下心来独立学习和思考的时间都没有，课堂处于浮躁之中。表面上的“热热闹闹”永远替代不了真正的课堂教学。二是小组合作学习在课堂上运用的次数越多越好。事实上，依据一节课 40 分钟或 45 分钟的时间来计算，并综合课堂教学的几个环节来考虑，一节课运用 2 ～ 3 次小组合作学习最佳。

三、学生巩固所学新知的时间少

课堂上，对于刚刚学习的新知识，教师们没有给予学生足够的巩固和消化的时间。许多教师在课堂上更多注重的是教学环节的推进、教学内容的完成，往往忽视了学生真正的学习情况，忽略了学生对知识的有效掌握，导致教学目标达成度不高，这也是教师们教学成绩不高的主要原因。因为他们没有很好地把实现有效甚至是高效的课堂教学建立在让学生巩固所学新知的基础上。

请记住，巩固所学新知永远是下一个教学过程的“开始”。

四、未突出学生的主体地位

课堂教学中，不少教师仍是“牵”着学生走，而不是根据学情调控课堂教学过程，没有做到“因学定教”。教师的课前预设制约了学生学习主动性和创造性的发展。例如教学过程中，学生的思维稍有偏离了教学的预设，教师便急于将学生的思维“拉回”预设的轨道。同时，本应由学生对问题进行分析、理解，仍存在不少教师包办的现象，教师自己对文本的解读肢解了学生对文本的理解。

总之，过度预设的课堂永远不会精彩。

五、教学环节零散

课堂犹如舞台，一节课如同一场戏，教师应从课堂教学的整体性、系统性出发，系统、完整地设计好每一节课的教学环节，并系统、完整地推进教学过程，做到教学环节的自然衔接。

听课中发现不少教师的课堂上割裂了教学的环节，本身有机统一的教学环节散乱了，本该紧密联系、体系化的知识零碎了。教师必须建立学科知识体系观，每一节课都要引导学生从学科的高度、每册教材或单元的角度，构建并完善学科知识结构。

请记住，学生的学习认知是有规律的，任何学习必须建立在知识点与知识点的联系上，有联系的知识才会使学生发生真正的学习，这样通过学习获得的知识才不会被学生很快“遗忘”。

六、课堂成了“满堂问”

有的教师课堂设计问题太多、太杂，一节课向学生提出了十几个问题，一言堂变成了“一问一答”的教学形式，况且设计的问题缺少思维深度和广度，缺少层次性、衔接性和联系性。整堂课给人的感觉杂乱无章、枯燥乏味，令学生精神疲惫。

课堂上，教师设计问题要少而精，要紧扣教学的重点内容，每一个问题都能突出教学的知识点，前后问题要紧密衔接，所设计的问题能涵盖本节课的所有知识点。

请记住，采用这种近似于“对话”的“满堂问”的教学方式充分说明了教师备课不充分，没有从整体上把握教材的内容，更没有深度地解读教材。

七、学生动手实验少，缺乏指导

实验课上，应大胆让学生动手实验、观察现象、总结规律，应提前给学生提出实验目标、实验步骤和实验要求。

课堂上，不少教师仍采用演示实验的方式教学，学生只是实验的旁观者，并非参与者；缺乏亲身探究新知的过程，被剥夺了学习的兴趣和产生疑问的机会，学生所学知识仍是单调的、未有联系的、缺乏亲身体验的，学生对新知难以真正理解和掌握。

有的教师虽让学生动手实验，因备课不充分，未在实验前向学生讲清实验的步骤、要求和注意的问题以及如何书写实验报告；导致学生实验中问题频出，实验现象得不到细致观察，实验过程得不到真实记录，实验结果得不到有效呈现和分析。

请记住，任何通过学生亲手实验和亲身体验而获得的知识都是深刻的。教师往往为了节省教学时间、达到尽快“灌输”知识的目的，在课堂上删除了学生亲自参与探究新知的过程，事实上，事与愿违。这也是有的教师多次抱怨：学生在课堂上学不会的真正原因。

八、课堂中的指导

在学生做题时，教师不要待在讲台上，而要走下去看一看，发现学生做题过程中存在的问题，并及时调控教学的进度。学生若问题较多，教师要及时引导学生分析原因，比如让学生自己讲一下解题的过程。

小组交流、学生展示后，要给学生一点理解、纠错的时间，而不是急于进行下面的内容，造成学生学习上的盲点，导致差生越来越多，差生越来越差。总之，课堂上要照顾到学习水平、学习进程快慢不同的学生，给以学生足够的思考、纠错、巩固的时间，不能为完成教学任务而一味推进教学的进程。

另外，数学课堂上，教师要讲清概念，注意学生做题的规范性。老师没有把所教知识的来龙去脉讲透彻，导致学生没有真正理解所学知识，不久后，学生早已不记得当初教师的讲授。

语文课堂上，教师要注重培养学生的语感。语感是学生学好语文的关键基础。

九、教学目标的表述及教学评价

课堂上，教师无须将学习目标以“三段”的方式呈现出来。不要把学生的缺点和不足在课堂上展示出来(例如对不完成作业的学生进行当众通报或批评)，这易挫伤学生的自尊心，对学生的课堂听讲和发展是极其有害的。

教师课堂上缺少丰富、恰当的学科教学语言和评价语言，课堂教学中的表述语言不够准确且重复、枯燥。对于学生的理解、展示，教师要给予及时、中肯的评价，要用鼓励性的语气激发学生学习、思考；教师在课堂上要富有激情，特别是对学习上的表现较好的学生，要用生动的语言及时给予充分肯定。

请记住，课堂不仅仅是学习知识的场所，更是生命互动的地方，课堂中必须时刻充满着人文关怀，充满着尊重和信任。因为课堂是生命成长的地方，教师要时刻关注生命的成长。

十、教要“以生为本”

教师不仅要研究“教”，更要研究学生的“学”。教师要站在学生的角度去备课、授课；要想想设计的问题、讲授的内容，学生是否感兴趣，学生学习起来有哪些困难。

引导学生学习，首先要激发学生学习的兴趣，这是学生自觉、主动学习的基础，也是唤醒学生学习愿望的关键，也使加强学法的指导和习惯的培养成为可能，进而提高学生学习的能力。

现实中，学生升入初中后，他们的好奇心渐渐消失了，学习的主要内容就是书本知识，课堂教学也使他们与家庭生活、社会环境脱节了。事实上，只有学生真正理解和会运用知识，才算是学会了的知识。偏离了“以生为本”，这也是学生不再质疑和一学期后不记得当初所学知识的根本原因。

课堂上，要关注“学困生”

我经常上课、听课，总发现课堂上一些学生的学习状况令人担忧。这些学生不会听讲、阅读和表达，朗读课文不连贯、读音不准确，发言声音很低、吞吞吐吐，有时前言不搭后语。这些学生就是教师眼中的“学困生”。导致学困生的原因很多，但最为关键的是，这些学生从上学的第一天开始，就没有学会最基本的学习技能，如听、说、读、写，特别是不会朗读和说话。这些学生读和写只是处于一种机械状态，局限于文字的音和形，不会边读边想、边写边想，阅读时不会去思考一个词语、一句话、一段话的意思，最终越来越厌学，学习成绩也越来越差。

学困生在课堂上的表现令人担忧。他们不会听讲，往往不能重复教师课堂上讲的简单的语句，哪怕是一句话都重复不好。有的学生一上课便对课堂充满着恐惧，怕教师提问，对学习新知识充满着忧虑（因前面所学的知识掌握得不牢固）。

转化学困生，教师应从课堂入手，教他们学会听讲。首先要引导他们做到听讲时集中注意力，要着力解决好他们的思想游离的现象。教师可采取降低讲课语调或提问学生，请学生重复所讲内容的方式来集中学生的注意力；然后要教给学生听讲抓住要点，即抓住关键语句，及时筛选有用的信息。学生听不懂教师授课的内容已不是个别现象，这种状况随着知识的难度加大而变得越来越令人担忧，而这些问题却未引起教师们的足够重视。

在课堂教学中或平时检测中，教师要特别关注学困生，及时在朗读、说话、写字方面给予辅导，要向他们提出不同的学习要求，对于他们在学习上的一点进步要及时表扬、鼓励，增强其学习的信心。同时，也要及时发现他们在学习上的优点，比如工工整整的书写，课堂上的积极发言，富有真情的日记等等，以此生发他们积极向上的内动力。

课堂上，做学生喜欢的老师

新课改中，学校千方百计探求课堂教学的高效。事实上，高效的课堂主要来源于师生关系的和谐。因为课堂教学有两个人为因素，一是教师，二是学生。教师的教与学生的学是决定课堂教学效率的最根本因素。教师与学生的人生观、价值观、情感与态度决定教与学的态度，决定着教与学的过程，更决定着教与学的效果。在构建和谐高效的课堂上，师生关系的和谐融洽是最重要的因素，和谐高效课堂的构建需要师生双方的努力，缺一不可，而教师自身的因素尤为关键。因此，要构建和谐高效的课堂，教师首先要转变教育理念，做学生喜欢的教师，要把创建和谐的师生关系作为教学工作的出发点。

一要创建富有激情而紧张的课堂教学氛围。在课堂上，有时会发现，学生对教师的课堂提问，表现得无动于衷，即使是表现突出的学生，也没有半点激动。学生在教学过程中所表现出来的冷漠态度，究其根源在于教师本人在工作中缺乏热情。苏联教育家苏霍姆林斯基认为："教师工作的一个重大缺点，就是教师对学生的知识抱着冷淡的态度。学生的不好的回答没有触动教师，没有迫使他去认真地思考学生知识薄弱的原因。教师抱着同样的冷漠心情给学生计分。"教师表现出的冷漠，引发了学生对学习的消极态度，抵制了学生的学习愿望。苏霍姆林斯基还认为："教师对教材的态度决定着学生对学习的态度。"因此，我们要求教师要以饱满的热情投入到课堂教学中，用自己的激情去引发学生的学习热情。学生有了乐观向上的态度，就会触发思维的活性，提高学习的效率。苏联教育家巴班斯基也认为："课堂教学激情的紧张度，为学生的学习创造最好的精神心理气氛。"走进一些优秀教师的课堂，就会发现学生在课堂上紧张而有序地学习，教学环节紧紧相扣，学生表现出异常、兴奋与惊喜。学生学习的积极性和思维的创造性极其高涨，教师在课堂上的激情令听课者无不叹服。

二要增强亲和力。由于年龄、身份等因素，教师与学生往往容易产生隔阂，学生对教师充满敬畏。敬畏心理导致了学生内心产生紧张，甚至是畏惧。这样的心理压抑了学生思维的活跃性，分散了学生听讲的注意力，影响了学生对知识的掌握，降低了学习效率。教师的亲和力表现在和蔼的态度、和善的面庞、亲切的话语，也表现在对学生的理解、尊重和激励上。因此，教师在课堂上对学生的学习评价要本着激励为主的原则，多给学生一些自信、鼓励；相信学生，学生就会潜力无穷，学生就会送给教师一份进步与惊喜。总之，教师要迈开脚步，走近学生；弯下腰，倾听学生；静下心，理解学生，化解与学生的隔阂，增强亲和力。

三要不断学习，储备渊博的知识。学生都比较尊重、敬佩知识渊博的教师，当知识渊博的教师与他们交流时，他们眼中往往会放出异彩。苏霍姆林斯基说过："学生智力生活的一般境界和性质，在很大程度上取决于教师的精神修养和兴趣，取决于他的知识渊博和眼界广阔的程度。"由此可见，教师的知识水平对学生的影响是多么的深远。教师的知识越渊博，学生的受益越大。初中学生具有强烈的求知欲，他们渴望获得多方面的知识。教师的知识越丰富，越容易使学生产生尊重、敬佩之情，教师的话语对学生越有吸引力、说服力，甚至是震撼力。在这种情况下的师生关系，越容易趋于和谐，而和谐的师生关系就会诱发高效的课堂。因此，教师应勤于读书学习，积淀下渊博的知识，真正成为学生学习的领路人。

课堂中的分层教学

事实上，如果我们给予学生足够的时间，所有学生都可以学好学科知识（即达到课标的基本要求）。在一个班级中，学生的学习的基础和学习能力等方面的不同，导致了学生课堂学习的差异。依据学生对知识接受的快慢、巩固的扎实程度，可以把学生大体分为接受快且扎实型、接受快但不够扎实型、接受慢但扎实型、接受慢且不够扎实型四类。为了让每一位学生在课堂上“学有所得”，使学困生能学会基础知识和基本技能，中等生学好基础知识和基本技能，优生能运用好基础知识和基本技能。我们教师应针对这四类学生，在课堂授课上采取不同的教学策略，提出不同的教学要求，从而达到不同的教学目标。

然而，在同一课堂上，由于教学的内容的固定性，教学时间的统一性，教师教学关注度和精力的有限性，学生学习能力的差异性，教师在课堂上兼顾所有学生，真正做到“因材施教”是非常不容易的，在实际的教学操作中存在一定的难度。但是，我们教师仍然可以根据学生学习的四种不同类型，做到小范围的“分层教学”。我们可以把接受快且扎实型作为A类，把接受快但不够扎实型和接受慢但扎实型作为B类，把接受慢且不够扎实型作为C类。对于A类学生，教师在课堂教学中要偶尔关注，提出较高的教学目标，给予他们较综合、复杂的练习，让他们能够学有所优；对于B类学生，提出基本的教学目标，给予他们较多的基本练习，让他们能够学有所好；对于C类学生，提出较低的学习目标，给予他们适当的简单练习，让他们能够学有所得。

老师，课堂上发火无用

我参加工作已近25年，课堂上早已没有年轻时容易激动的表现了。但有时，路过几个班级教室，总能听见教师怒斥学生的声音。暂且不论学生对错，采取这种方式教育学生收效会怎样，心中不免会打上一个大大的问号。

首先，教师发火，容易伤到自己的身体，为了工作而伤到身体不值得。

其次，在教师高压态势下，学生只有缄默领受。在教师一连串的“连环炮”下，学生产生极其紧张的心理，对教师的呵斥又能听进多少？有时，这样反而会引起学生的反感。时间久了，学生就会产生逆反心理，对教师心生厌恶。我曾经听学生私下议论：“今天，某某课上，老师又发飙了。”说这话的学生，是带着嘲讽的口吻。

学生做错了，教师批评教育是必须的，但有理不在“声高”，对学生的教育不是声音越高越好，脸孔越板越好。有时“和风细雨”也会起到很好的教育效果。

老师，课堂上要控制好情绪

教师不要把不良情绪带进课堂，不要让自己的脸色成为课堂的“晴雨表”，这是教师课堂教学应坚守的“底线”。

从教已近25年，回想起自己走过的教学历程，往往为当初自己在课堂上的不当表现而懊悔。那时，自己比较年轻，喜怒哀乐往往会在课堂上、学生面前展露无遗，学生也会看我的脸色而行事。比如，班级的晚自习因静下来晚被扣分了，我就会在课堂上朝部分学生发火。这使学生产生恐惧和厌烦，抑制了学习中积极因素的释放；以至于学生把这种不良情绪带到了学习中，大大降低了学生学习的兴趣和积极性，极大影响了学习效率。这种不良情绪也容易感染学生，使学生产生恐惧和暴力倾向，对学生的身心健康成长是十分不利的。

多年的工作经验使我坚信，教师在课堂上每发一次火，他在学生中的威信就会降低一些。其实，教师发火是自己无能的表现，因为教育教学工作靠的是智慧，而不是失去理智后的冲动，况且那样根本解决不了工作中的问题。

教师应该学会在课堂上控制自己的情绪，不要把自己生活中、工作中的不良情绪带到课堂上，更不要把与某位教师之间的不和谐因素渗透到自己的课堂教学中，从而影响到学生对教师的态度和评价。教师无论多么不悦，多么闹心，都应该暂时放下。要带着愉悦或平静的心情，怀着对知识和学生的尊重，以及对课堂的敬畏，控制好自己的情绪，守住内心的“秘密”，坚守那份宁静。

老师，请关注角落

有一次，我去一个班听地理课。课堂上，老师的精心点拨和同学们的积极发言使整堂课有张有弛，静中有动，思索中穿插议论，课堂上活而有序。总的来看，这堂课是比较成功的。然而，透过积极发言的学生背后，我的视线落在角落里的几个学生身上。他们面无表情，目光呆滞，好像眼前发生的一切与他们无关。从他们的目光中，我看不到半点求知的欲望与收获的欣喜，他们早已习惯了这一切，他们只是陪读者，是匆匆的过客——课堂上不曾留下什么。我的心底涌出一丝冲动：老师，请关注角落，这些学生应备受关注。

透过这堂课，我发现了自己教学中也存在类似的现象。为了找到所谓的“成就感”，为了节省所谓的“时间”，多少次让举手学生发言，后进生们积极参与学习、展现自己的机会则少之又少，不曾为后进生们搭建提升的平台，把他们遗忘在学习的角落里，很少关心，我为此感到惭愧。

事实上，教学的成功源于后进生的成功。在教学中，最令我们老师头疼的是后进生，他们对学习缺乏兴趣，课堂上一言不发，懒于动脑思考问题，经常不完成作业，有时在课堂上还会给我们制造“麻烦”。学期开始时，我们的老师还有些耐心，久而久之，由于对他们教育引导收效甚微，许多老师更放手任其“自由”发展。这就导致后进生越来越差，慢慢地成为角落里的孩子。其实，后进生也是“金子”，只要我们老师耐心教育，引导得当，他们也会发光。后进生的身上存在许多优点，关键是教师要帮助他们找到优点，并放大他们的优点，让他们找到自信，扬起努力学习、热爱生活的风帆。我曾任初二一个班的语文课，有一名男生上课经常东张西望。谈起他，班主任和任课教师直摇头。有一天，一位学生向我反映，他上语文课画画。课后，我把他叫到办公室。我给他搬了个椅子，让他坐在我的面前。我和蔼地对他说：“你有哪些优点？”他满脸不屑地说：“我没有优点。”“我听说你的画画得不错。”他诧异地望着我：“谁都会画画。”我又进一步地说：“你很谦虚，这就是优点。”见他的态度有些缓和，我又说：“你一周的零花钱是多少？”他说：“每天一元，共五元。”“周末能剩钱吗？”“能的。”我说：“你的零花钱不多，且能省着花，这就是你的第二个优点——勤俭节约。”“你买小灶吃吗？”“不，老师，我订的饭。”我笑着说：“许多同学怕吃苦，去买小灶吃。你吃大灶，说明你能吃苦。这是你的第三个优点。”他很吃惊地看着我。我又鼓励他说：“每个人都有优点，一会儿工夫，我就给你找了三个优点，你应该放大自己的优点，改正上课画画的毛病。”他诚恳地说：“老师，我能改。”我高兴地说：“这是你第四个优点——知错能改。”他信心十足地离开了办公室。几天后，有的老师反映，他上课违纪的现象少了，像换了个人似的，我听了，欣慰极了。

作为一名教师，不仅要关注优生的发展，更就关注角落里的学生，给予他们更多的温暖。一句问候的话，一杯热水，轻轻地一扶，善意地点点头，撇撇嘴一笑……这些足以让角落里的学生们灿烂许久，足以让他们打开心结，欣喜地迎接明天。

浅谈教材利用的有效性

教师要教学生知识，必须同时教给学生掌握知识的方法。教材只是一个例子而已，但是这个例子又是学生学习语文必须依靠的“拐杖”。不能很好地利用教材，教师的语文教学便无从谈起，学生的语文学习便是无源之水，无本之木。怎样才能有效地利用教材呢？我认为，教师应从两个方面入手。

一、摆正观念，正确认识教材的自身价值

教材是教师与学生进行教与学活动的知识媒介，教材是知识的一个载体。研读教材内容是开发教学内容的一个手段。教师切不可迷信教材，认为教材上的内容是不能逾越的。现实中，有不少教师在教学中把教材内容信奉为上帝；在他们心中，教材是准确无误的。当别的教师对教材内容产生歧义时，他们则抱有一种无心而且冷漠的态度发表看法：“这个问题嘛，就以教材为准。”学生对教材内容提出疑问时，他们则缺乏用心思考，非常坚定地说：“按照教材上讲的去掌握。”这种盲目顺从、迷信教材的做法，势必会阻碍教学研讨活动的开展，抑制学生发现问题、提出问题、解决问题的愿望与能力的培养，以致形成了“教材的内容错了也不更改”的思想意识。这是对语文教学极不负责任的表现。在教学中，教师应尊重教材，教材是精品，是诸多教研人员智慧的结晶。教师必须认真使用教材，不可轻视甚至摒弃教材的内容。在实际教学中，有许多教师对教材不够重视，挖掘得不深，整体把握得不全，片面认为教材上的有些内容可以不用引导学生学习，因此，在教学中加以舍弃，有相当多的教材内容得不到有效利用。也有教师盲目地增加了一些课外拓展的内容，压缩了品读、学习新教材的时间，使教材内容的有效利用大打折扣。

二、要从多角度去研读教材

要搞好教学，教师首先要研读教材，研读教材是教师教学的第一等功夫。教师要在授课前搞好备课，也就是要深入研读教材的内容。全国特级教师于漪曾多次谈到一堂好课须进行三次备课：一是不读教参而只读教科书进行备课；二是研读教参后，再结合教材进行第二次备课；三是授完课后，写下听课总结，再对教案进行修改，如果照这样做，三年后就会成为教学的专家。那么怎样从多角度研读教材呢？

（一）以常规的视角来分析教材

要以读者的身份去读教材，这样做的目的是做到了以学生的身份去理解教材。以学生的身份去研读教材，我们教师能较准确地把握学生在学习教材时所

遇到的难点，能使教师较全面地把握课堂教学重点。总之，以常规的视角去分析教材，能使我们教师的课堂教学更具真实性、针对性、有效性。

（二）从备课的角度去理解教材

要以教师的身份去研读教材。教材是教师传授知识的依据、媒介。教师只有把握好了这一媒介，课堂教学才能和谐、高效。教师认识到教材在教学中的重要性，才能用心、精心备好课。教师的备课应考虑到教材内容的重点、难点、教学目标、课时、教学过程以及重点、难点的突破思路，设计好课堂的练习以及课后作业，预设好采用何种教学形式进行教学，预设好学生学习的形式。现实教学中，有许多教师本末倒置，忽视了备课，而把功夫过多地用在了课后辅导上，大大降低了课堂教学质量。他们片面地认为课后重于课内，练习重于知识的学习。实际上，运用教材教，就是为了培养学生的学习技能、优化学习的方法、提高学生的能力。从备课角度上理解教材是课堂教学的关键，它最能反映出一个教师的教学组织能力，能反映出教师的教育教学理念。从备课的角度上去理解教材，教师要研透课文的主旨内容，把握好主题思想，确定切合实际的学习训练方法与写作技巧。总之，从备课的角度上理解教材，能使教师站得高，看得远，能灵活地驾驭教材内容。

（三）从创新的意图去研读教材

在实际教学中，有许多教师懒于动脑，不善于思考，对教材抱有一种盲目的态度，缺乏对教材内容的质疑、批评，也缺乏对教材内容的关联、整合，导致教学内容与学生实际认知水平、学习水平不符，脱离了学生的生活实际，造成课堂教学的低效。以创新的意图去研读教材，即以批评者的身份去研读教材，这是研读教材的最高层次，具有前所未有的创造性、客观性、真实性、有效性。通过创新的意图，教师能够发现教材内容中的不完善之处，发现教材内容中出现的错误，避免了课堂教学的盲从性和失真性。教材的有效性利用，不仅在于课内，也在于课后对知识的拓展运用。教师布置的作业应具有创造性和差异性。语文作业应针对教材训练的重点多布置些运用性为主的作业或激发学生探究的作业。比如学完一篇课文后，教师可布置学生利用一些重点词造句或仿写一段话，加强学生对生字词的理解和运用，也可布置学生去查阅跟课文有相似写作手法的文章并加以研读。作业的设计应避免机械重复的训练或死记硬背的训练。合理有效地利用教材，需要教师抱着虚心的态度，刻苦地学习有关教育教学理论；站在语文整体教学的高度上去研究每册每一单元、每一篇课文，归纳出语文知识体系，达到课内引导学生学知识、培养技能，课外引导学生运用知识、提高能力，真正做到课内与课外的有机统一。

让心灵在课堂上放飞

——鼓励学生质疑、释疑

教学要重视培养学生创造性思维，提倡学生独立思考，鼓励学生大胆质疑。在教学实践中，我进一步认识到，学生思维方式和自学能力的培养更需要紧紧依靠课堂，让学生成为课堂的主人，让他们的心灵在课堂上放飞。

要鼓励学生课堂教学中大胆质疑。以往的课堂教学中，往往是教师向学生提问，学生只是思考并回答。由此可见，学生在课堂上不是主动学习的，而是一个被动进行思考的知识受体，这样的教学方式往往调动不起学生思维的积极性。课堂上只有少数优生能进行思考，其他学生成为知识的旁听者，最终课堂成为少数优生的表演场所，大大削弱了大多数学生参与课堂教学的主体地位，限制了大多数学生创造性思维的发展，降低了他们学习的积极性。其实，“提出问题比解决问题更重要”，学生在学习中能提出问题弥足珍贵，而我们许多教师在课堂上却忽略了这一点。根据信息反馈理论，学生质疑，正是他们积极思维、深度思考的表现；学生有质疑才会有深刻的理解、灵活的运用，即深度学习的发生。

课堂上，还要鼓励学生积极回答问题。教师要充分调动学生思考的积极性，给每一位学生回答问题的机会，让他们充分地展现自己。较难的问题可让优生回答，简单的问题可让学困生回答，使每一位学生获得成就感，增强学习的自信心。当然，教师对学生回答的评价要抓住两点：一是要以鼓励为主；二是要切记形式化，要切合实际评价，不要过大夸张，避免产生副作用。

总之，课堂教学是教学工作的重心，也是培养学生能力的主渠道，教师在教学中要充分发挥主导作用，尊重学生的主体地位，要尊重学生释疑，更要鼓励学生积极质疑，即让学生的心灵在课堂上放飞。

让学生学会听讲

一谈到课堂教学，许多教师会想到课堂教学的模式、课堂教学的效率，而忽略了课堂中的细节。事实上，课堂中的细节决定了课堂教学的效率，课堂中的细节往往与学生的学习方式和学习习惯密切相关。

任何一位小学低年级教师，在课堂上必须首先教会学生10项技能：会听讲、会回答问题、会思考、会质疑、会执书、会朗读、会默读、会端坐、会执笔、会书写，简单概括就是听、说、读、写、思5个方面。

上课听讲至关重要，学生升入初中高年级，不会听讲的现象越发凸显出来。许多学生的注意力很难有较长时间的集中（应保持在15分钟左右），有的学生的注意力连10分钟都保证不了；部分学生只会带着耳朵听课，抓不住关键的内容，不理解教师的讲授内容，更不会动笔记录和思考。在许多情况下，有些学生往往是教师反复提醒后才动笔记录，而且很难养成一种自觉的学习行为；也有部分学生不能完整复述教师先前讲过的内容，哪怕是简短的几句话。这不是个别现象，在年轻教师或调控能力较低的教师的课堂上尤为突出，这也是年轻教师们课堂教学低效的首要原因之一。

课堂上，教师要运用多种手段，采取多项措施强化训练学生认真听讲。教师要善于练就一双"慧眼"，既能观察学生的"颜色"，又能洞察学生的内心；既能关注到全班学生的听讲，也能关注到个体学生的注意力；既可以采取提问的方式，也可以让学生复述前面所讲内容。同时，教师要对学生的课堂听讲进行专门指导，要让学生明确听什么、如何听、记住什么。

让语文课堂激情飞扬

很多教师有这样的体会：学生越升高年级，在课堂上越发懒于动口，没有几位学生积极回答问题，听者如瞌睡状；教师则上得沉闷、心烦。一节课下来，教师简直是口干舌燥、筋疲力尽。有许多教师抱怨课堂死气沉沉，究其原因在于学生懒于动脑思考，缺乏创造性思维。殊不知造成这种局面的人正是我们教师自己，这种状况正是我们教师不够用心、缺乏激情所致。苏联教育学家苏霍姆林斯基讲过，教师对于教材的态度，决定学生学习的态度。一个教师对课堂缺乏热情，学生不可能对学习内容产生任何兴趣。巴班斯基也曾讲过："教师往往容易忽视自己在课堂上的激情，而这种激情往往直接影响着课堂教学的效果。"因此，要让语文课堂激情飞扬，首先我们教师要带着激情去钻研教材、备课，带着激情走进课堂，引导学生快乐地步入学习的殿堂。

教师光有激情还远远不够，还应尊重每一个学生，关注他们的发展。平日工作中，有的教师戴着"有色眼镜"看学生，歧视后进生。这种对学生的不信任、不尊重，只能换来学生厌恶他所教的学科。如今的不少学生对学习的兴趣、学习成绩往往直接取决于他是否喜欢该学科教师。因为对某位老师有好感，他才喜欢这位老师所教的学科。教师要想让学生喜欢我们所教的学科，应平等对待每一个学生，亲切地走近学生。这种情感的投资，可拉近与学生的距离，学生才会从心底尊重老师、佩服老师甚至崇拜老师。

教师尊重学生，首先要尊重学生的人格，特别是后进生。他们学习成绩差，在班级中的话语权不高，容易产生自卑感。教师对他们的谈话，要特别注意语气，要和蔼；要以鼓励为主，避免批评；多看到他们的闪光点，决不可用讽刺、挖苦的话语去伤害他们。否则，可能因为一句话，就会断送他们的一生。其次，要尊重学生对知识的见解。后进生往往不敢问问题，因为怕别人笑话。当后进生向我们请教问题时，教师一定要认真对待，耐心地为他讲解，让他从心底感受到老师是他的良师益友。教师切不可抱着不屑一顾甚至是讽刺的态度，否则，将扼杀他们质疑、积极向上的天性。课堂上还要平等地给予后进生展示自己的机会，切不可把课堂当作优生的表演场所。实际教学中，有的教师为了节省时间，把课堂的发言机会完全交给了优生，后进生表达自己观点的权利被剥夺了。长此以往，后进生就会失去学习的信心。

由此可见，要想让语文课堂激情飞扬，教师要富有激情地投入工作，要尊重每一个学生，平等地对待他们，用发展的眼光来看待学生，关注学生的生活及身心的健康发展。

如何培养学生的默读能力

在教师的指导下掌握知识和完全独立地掌握知识的能力，是学生智力发展中最重要的一个方面。在学生诸多重要能力中，阅读能力又居于首位，而阅读能力中的默读尤为重要。

在实际工作中，往往会发现许多学生在阅读技巧方面没有达到足以自觉领会教材的程度。某些学生不会解算术题，正是由于他不会流畅地有意识地读题的缘故。许多学生的阅读尚未变成一种半自动化的过程。他们在读课文时，把全部精力都集中在了阅读过程的本身：唯恐读错一个词，不会把词和词组作为一个整体来感知，没有余力去理解所读的内容的含义。学生只注重读通顺，忽略了对整体内容的感知、理解。

我校初四教师在讲评课上让学生读题，事实上是在教学生会阅读、理解。不过，这种能力的培养太滞后了，学生早在小学低年级就应掌握的能力却在初中强化，效果往往不令人满意，而且花费了太多的时间。

时下，培养学生的阅读能力，究竟怎样培养，应培养哪些阅读技巧，许多教师心中也无有效的策略和方法。

苏霍姆林斯基在《给教师的建议》一书中谈过："要使学生学会流畅地阅读，并理解阅读的内容，须让学生在低年级期间在课堂和家里朗读 200 小时以上，默读 2 000 小时以上（包括课堂和课外阅读的时间）。流畅快速的阅读，并非指一部分有才能的学生达到的那种快速阅读，而是每个学生都必须掌握的正常阅读。这种阅读是以中等能力的学生为标准的，阅读的速度是每分钟 150 ～ 300 个单词"。那么，汉字为每分钟多少呢？应该达到课程标准的要求。在培养学生阅读能力时，教师必须实际检测一下学生最初的阅读效率，而后经过一阶段培养后再实际检测一下，最终以数字的形式总结出学生阅读能力的提升情况。

依据苏霍姆林斯基的实践理论，现在学生一学年的朗读训练按 200 天（学生在校时间）来计算，那么，学生每天的朗读时间应为 1 小时（包括课堂和家里），学生的朗读能力应该在小学一年级就培养起来，但朗读不仅仅是读得正确、流利、有感情，这只是朗读的基本要求，只注重了朗读的过程，重要的是学生要学会一边朗读一边思考。朗读和默读是阅读的两种形式，培养学生的阅读能力必须从指导学生朗读开始，要培养学生有表情地朗读，在朗读中体会所读东西在含义和情感上的微妙之处。

默读能力是阅读能力的重要组成部分，随着学生年级的增长，默读在学生的学习中的地位越来越显著。如今，初中学生的默读能力极为欠缺。我曾经教过初三一个班级的语文，班级 30 多名学生中，阅读能力最强的学生每分钟有效阅读的字数仅为 350 字左右。同样，依据苏霍姆林斯基的实践理论，默读的训练，按照每年 360 天来计算，小学 5 年共 1 800 天，2 000÷1 800 ＝ 1.1 小时，学生每天默读的时间应为 1 个小时以上。我在自己多年的教学实践中，创设了"学生默读能力培养表（初级、中级）"，以此作为培养学生阅读能力的手段和途径，在教学实践中取得了一定的成效。

另外，需要指出：朗读与默读不仅仅是语文课的训练任务，其他学科都应安排。

《学生默读能力培养表（初级）》是在初级阶段培养学生默读能力所用。教师在课堂上安排学生默读训练的统一内容，而后让学生根据默读所用时间（以几分几秒来计算）来计算每分钟默读字数。此表主要训练学生默读的眼力和大脑的记忆力，如同多年前在小学开展的珠心算中让学生拨弄算盘珠一样，培养的是学生默读能力中最基础的方面。

学生默读能力培养表（初级） 班级：

姓名	第一次		第二次		第三次	
	默读内容	默读速度（字数 / 分）	默读内容	默读速度（字数 / 分）	默读内容	默读速度（字数 / 分）
数据统计						
呈现问题						
改进提高						

设计《学生默读能力培养表(中级)》的目的是培养学生有效默读的能力。

学生默读能力培养表(中级) 班级:

次数 / 数据 / 姓名	第一次				第二次				第三次			
	内容	速度	理解率	效率	内容	速度	理解率	效率	内容	速度	理解率	效率
数据统计												
呈现问题												
改进提高												

此表以班级为单位。“姓名”栏应填写班级每位学生的姓名。表中每一次的“内容”栏为教师上课时要求学生阅读的材料内容,例如莫泊桑的《我的叔叔于勒》全文共有 1 561 个字。“速度”为每位学生平均每分钟默读的字数(速度=全文字数 ÷ 阅读全文所用时间)。“理解率”为学生默读完全文后答题的得分率。试题由教师自己出,要紧扣文章内容,考查学生对文章浅层次内容的了解、感知情况。例如,10 道题,学生答对了 5 题,那么他此次阅读的理解率为 0.5。“效率”为每位学生阅读本文的能力体现,计算方法如下:效率=速度 × 理解率。

表格的左下角中“数据统计”一行,主要统计整个班级每一次默读训练的

“速度”“理解率”“效率”方面的情况:可以分段统计,呈现较高或较低的默读能力。“呈现问题”是要求教师在学生默读的过程中注意观察学生默读中存在的问题,例如学生有无摆头的动作,有无回读的现象等。“数据统计”要求教师对学生的默读能力进行分析,全面总结学生默读中存在的整体问题或个体问题。“改进提高”即教师根据前面两项的统计、分析,提出科学合理的提高学生默读能力的有效措施。

此表虽不完善,但在教学实践中,具有较强的可操作性和实效性,对于提高学生的默读能力大有裨益。

附 《我的叔叔于勒》默读测试题

(1)____________ 的旅行成了我们的心事。

(2)母亲不吃牡蛎的真正原因是____________。

(3)父亲让母亲亲眼去看一下卖牡蛎的人。(判断对错________)

(4)母亲让我付了3法郎的牡蛎钱。(判断对错________)

(5)我们家的福音书是____________。

(6)父亲找____________了解卖牡蛎人的情况。

(7)我们去旅行时乘坐的是____________号,回来改乘____________船。

(8)二姐有对象的原因是____________。

(9)写出母亲对于勒的称呼(至少2个)。

(10)我心里默念道:这是我的叔叔,____________,____________。

如何培养学生的书写能力

如今,初中学生的书写水平极不理想,主要表现为书写潦草、错别字多。如何解决这一问题,培养学生的书写能力,提高书写的水平?根据自己多年的教学经验,我在2013～2014学年度所教初三一班的学生中利用60个字的田字格进行了一年的强化训练,取得了较为显著的成效,现将部分经验总结出来。

一、要讲清并强化写字的基本要求

(一)写字的正确坐姿

头正、身直、臂开、足安和“三个一”(眼离书本一尺远,胸离书桌一拳远,手离笔尖一寸远)。

头正：头部端正，不左右歪斜，眼睛离纸约一尺。

身直：坐端正，腰挺直，身子稍向前倾，胸部离桌沿一拳左右。

臂开：两肩齐平，两臂张开，肩部放松，一手执笔，一手按纸。

足安：两脚自然下垂，分开平放地上，不要一前一后或叠加在一起。

（二）写字的执笔方法

食指和拇指的端部轻捏笔杆，离笔尖约一寸处，中指的第一指节处顶住笔杆，无名指和小指自然弯曲垫在下面，笔杆上部靠在食指根部的关节处，笔杆与纸面保持 45° ～ 50° 角。执笔时除拇指外的四个手指一个挨一个自然地叠加在一起，不疏松拉开，掌心尽可能空虚，即做到“指实、掌虚”。

着重强调：① 手指不能用力挤压笔杆。② 手指不能收得太紧。要注意拇指和食指之间（即虎口）应留空两厘米左右；同时，无名指和小指不能贴近掌心，相距应有两厘米以上。③ 笔杆上端应靠在食指根部的关节处（不少学生把笔杆靠在虎口上，容易造成手指紧握笔杆）。

二、充分利用《书写能力跟踪培养表》进行阶段性的强化训练

实验一个月后，学生的书写认真程度有明显改观；两个月后，学生整体书写水平有显著提升；一学期后，学生整体书写水平有较大幅度的提升。

书写能力跟踪培养表

项目 姓名	内容及时间	执笔姿势	坐姿	书写速度	正确率	工整率	书写效率
合计							

具体说明：

“内容及时间”一栏是要求学生书写的内容及书写时间，教师给学生安排的书写内容一般控制在60字左右，时间控制在5分钟左右。在训练时，书写时间为学生书写完所有内容的实际用时。“书写速度”为每分钟书写的字数，具体计算为，书写速度＝书写总字数 ÷ 书写时间。“正确率”是学生书写中有无错别字，满分为“1”，错一个字扣0.2分。“工整率”为学生书写的工整程度，满分为“1”：教师根据学生书写工整情况分别判分，可以定为1、0.9、0.8……“书写效率”为学生书写能力的体现，计算方法为，书写效率＝书写速度 ×〔（正确率＋工整率）÷2〕。

学生书写时，教师还要时刻关注学生的坐姿和执笔姿势，要反复强调或随时纠正。

如何设计导学案

导学案的设计首先要把握好“导”和“学”，“导”是“学”前提，“学”是“导”的目的。“导学”是教师通过一定的方式指导学生学习，从而培养学生的自学能力。现实中，教师设计的导学案，过于注重基础知识的掌握和基本技能的训练，简单地以练习的形式呈现出来，把导学案片面理解为作业练习的提纲，忽视了导学案的实质作用。

导学案不是巩固、训练知识的提纲，而是通过学生自学和练习，引导学生归纳、把握知识间的规律，掌握一定的学习方法，逐渐形成一定的自学能力。所以，导学案的设计，必须以培养学生的自学能力为出发点。巩固、运用知识只是培养自学能力的一种方式和途径，而并非是导学案的实质。

导学案的设计，首先以知识的巩固、运用为基础，以学生的思维训练为主线，以学习方法、学习能力的培养为目的。

设计导学案，应体现所学知识的层次性、与原有知识的联系性，以及思维的逻辑性，引导学生明晰知识间的规律，找到与原有知识的“连接点”，不断完善知识体系，培养学生的学科思维方式。

导学案应涵盖与所学新知识有关的旧知识复习内容，新知识学习的切入点，新知识的学习、巩固过程，以及新知识间内在的规律总结和学习方法的指导。

导学案是指导学生学会自学的学案，应充分体现知识的层次性、联系性，应有对所学知识阶段性总结的练习。

一份科学合理的新授课导学案必须具备以下几个环节：对与新知识有关的

旧知识复习；所学新知识的切入点、重点、难点、关键点等；所学知识在学科知识体系、单元或章节体系中的位置或作用；所学新知识的内在规律性和学科学习方法指导；巩固、运用所学知识的梯度性练习；学生个人对当堂所学知识的理解、把握、感悟等。

生成课程，创新语文课堂

——黑板擦里的语文

山东省的创新教育指出了“建构大课堂教学模式”，要求教师必须超越传统课堂的概念，树立大课堂教学观，从学校“教室”这个小课堂，走向家庭、社会、自然这个大课堂。对于这种理念，我很赞同。然而在实际工作中，由于课堂上学生懒于思考、缺乏学习的积极性和我对于教材挖掘得不深、联系实际生活不紧密，我一次又一次地陷入了迷惘之中，我的课堂教学又回归到教师包办的老路上。然而上个学期的一节语文课，让我重新认识了“大课堂教学模式”的理念，看到了学生学习语文的潜力和创造力，懂得了“生活即是语文，语文也是生活”的真正内涵。

那天，我去初一五班上作文课。刚迈上讲台，便发现讲桌上放着两个手掌那么大的方形的东西。我十分好奇，握在手里，感觉软绵绵的。学生们看出了我的诧异，便告诉我那是学习小组自制的黑板擦。我顿时眼前一亮，这是一次多么难得的激活学生思维、开发创造的源泉、学习语文的好机会！于是，我放下了先前准备的要求学生写作的内容，试探道：“谁能介绍一下自制黑板擦的制作工序？”王晶晶说：“老师，我先剪了一件保暖衣的袖子，然后缝制出来的。”林玉雪说：“自制黑板擦的工序依次为选料、剪裁、缝制。”我接着启发道：“需要选什么料呢？”孙小艺说：“应区分开外料和里料。外料应选取摩擦性能好、耐用的布料；里料应选取捏在手里十分柔软的材料。”“那么剪裁和缝制应该注意什么问题呢？”赵玉霖说：“剪裁的布料缝制好后应与手掌的大小相宜，缝制要认真，不能露出黑板擦的里料。”我拿起一个自制的黑板擦，继续启发道：“这个自制黑板擦有什么优点呢？”学生们踊跃地举起手来，课堂上霎时间活跃了起来，有的说省时，有的说省力，有的说节约材料，有的说耐用，也有的说大大地减少了粉笔灰的弥漫……当时同学们的思维被激活了，他们的创造源泉被引发了出来。我趁机说：“这节课，我们写一篇关于自制黑板擦的说明文，作文中要较详细地介绍它的制作程序和优点。”同学们拿起笔，迅速地写了起来。教室里静悄悄地，只听见笔尖在纸上划过的沙沙声，同学们的眼睛中流露了异样的光彩。我从他们的眼神中读出了他们沉醉于写作中的那份快乐与自信。很快，同学们完成了这篇作文，并当堂做了展示。文章的语言很简洁、层次很清晰，黑板擦的制作过程介绍得很详细。听着一篇篇作文的朗读，我心中暗暗自喜，“说明”这种表达方式对于刚刚升入初一的学生来讲，理解起来不免有些难度。然而，无意中通过这种形式，学生已经深刻理解并学会了运用，而且意外收获了一篇从未写过的说明文。看着同学们余兴未尽的眼神，我决心要再一次点燃他们的思维火花：“这个黑板擦谁能改进得更好？回家后要制作一个改进的黑板擦，然后写一条宣传你自制黑板擦的广告语。”这堂课在轻松自由的气氛中很快地结束了。

时隔几天，同学们带来了许多改进的自制黑板擦，我第一次发现他们身上蕴含着如此大的想象力和创造力。有的同学为了不弄脏手，在黑板擦外附加了一层套在手上；有的同学为了清洗方便，在黑板擦上缝了条拉链……同学们宣传黑板擦的广告词更是层出不穷，真有点电视上的广告味道，令人耳目一新。

我真没想到，一个小小的黑板擦，里面蕴含了这么多语文知识。一个小小的黑板擦，激活了学生的创造思维，引发了他们学习语文的积极性；一个小小的黑板擦，锻炼了学生动手实践的能力，开启了他们步入发明殿堂的大门；一个小小的黑板擦，让学生真正地走入了生活，在生活这个大课堂中学到了语文；一个小小的黑板擦，让学生在不知不觉中学到了语文，而且也在无意中接触到了物理中关于摩擦的知识。我坚信，这堂课已成了我和学生们终生难忘的一堂课。小小的黑板擦，使我更加深刻地理解了“大课堂教学模式”的理念。一个小小的黑板擦，使我在教学目标上，基于知识，超越知识，达到知识指导与能力培养相统一；在教学内容上，基于课本，超越课本，达到教学资源的综合开发；在学科范畴上，基于语文，超越语文，实现了语文、物理、自然等学科的相融合；在教学时空上，基于课堂，又超越了课堂，实现了课内外教学的相统一。总之，要搞好创新教育，教师应从课堂入手，细心地观察生活，发掘生活中的素材，为“建构大课堂教学模式”寻找到创新的切入点。我们要留心生活，生活中偶尔的一件小事、一件物品、一句话、一个手势……都可能生成我们的语文大课堂，都可能促发学生的智慧，激发出他们创新的灵感，唤醒他们生命的活力，实现生命的个性化发展。

（此文发表在2009年第7期山东省《创新教育》）

初中语文教学存在的问题

一是语文教师的专业素质和教学能力不高。纵观语文教师的课堂教学，部分教师的课堂组织能力、知识传授技巧及板书等，均有待提高。

二是教研活动开展得不够扎实，研讨的问题缺少深度和专业性。同时，对青年教师的培养，缺乏目标性、计划性和持久性。

三是对学生学习的要求不高，特别是对学生平日作业和练习的书写规范性强调得不够。

四是语文课堂教学模式需进一步革新，课堂教学应以引导学生掌握知识和提高能力为核心，而不是让两者脱节。

五是课外阅读开展得不够扎实，许多阅读课处于“放羊式”，导致阅读教学流于形式。

以上问题纠正，首先需要领导的决策。学校应出台开展阅读课教学的实施方案，正确有效地引领语文教师上好阅读课。二是需要给予语文教师更多的自主时间。语文教师整天忙于作业批改、辅导中以及各种检查中，没有自主支配的时间来研究如何开展学生阅读。

另外，向领导提两点建议，一是阅读课能否让一位有经验的语文老师单独教。二是初一至初四的语文教学能否搞一下循环，让所有语文老师都得到锻炼，这种锻炼有利于教师个体素质的提高，有利于教师从宏观、整体上把握学科的知识体系，有利于语文整体教学水平的提高。教师教学生四年，在什么阶段引导学生掌握什么知识，培养学生什么样的能力，教师能做好计划，做到心中有数。而且，在工作中，教师都本着“教学生一年想学生四年”的负责任的态度工作，不至于出现“明年语文教学与我何干”的想法。

总之，从根本上解决语文教学中的问题是一个循序渐进的过程，学生语文综合能力的提高是一个“慢功”，大家都急不得。

新学期语文教学规划

2016 年 9 月新学期即将开始之际，我对语文教学工作做出了规划，要在“因材施教”的基础上，继续培养学生学习语文的兴趣和听、说、读、写的能力，进一步提高学生的语文综合素养。

一、实行分类指导

以课堂教学为主阵地，保基础、促升学。课堂上，在搞好“双基”教学的基础上，对学优生和学困生进行分类指导。在学优生掌握好课堂所学知识的基础上，给他们安排适量的额外学习任务，引导他们多读、多写、多思、多问。对于学困生，只要求达到课程标准中最基本的学习目标即可；特别是在学生自学、做练习的课堂环节上，给他们安排少量、简单的学习任务，让他们对学习产生兴趣，学有所得。

实行“分层作业”。对于学困生，可适当布置一些巩固性、趣味性的作业，但量一定要少，重点是让学困生学有所得，最起码要学会基本的字词，培养学习语文的兴趣，引导他们走上阅读之路。事实证明，越是学习困难的学生，越需要阅读。对此，苏霍姆林斯基在《给教师的建议》中进行了多次阐述。对于学有余力的学生，可布置拓展性、有点难度的作业。要控制好学生每天的作业量，保证学生完成语文作业所需时间为25分钟左右（10分钟日记，15分钟其他作业）。对于作业的布置，还可通过奖励实施“免作业日”措施。例如，凡是学生在课堂上表现较好，或一周作业评价良好，或平时检测有进步的学生均可减免作业。这样，通过强化学生学习过程的评价，让学生看到学习进步的愿景，诱发进一步学习的动机，既减轻了学生的课业负担，又有效地调动了学生学习的积极性。

另外，还要在学生的正规书写和有效阅读上下功夫。

二、开展好兴趣小组活动

以语文兴趣小组（小朗读者、小记者、小演讲家、小作家、小主持人）为载体，以课外活动为主阵地，发展学生专长，让学生看到自己的潜能，为未来职业发展和人生规划提供可能、奠定基础。（我曾经教过的学生周鹏飞，大学毕业后成功应聘青岛某天然气公司。有一次，他与我通话交流，谈到应聘成功的很大因素是自己能主持该公司的文艺活动，而这得益于小学时登台主持过学校许多文艺演出）

三、构建语文知识体系

新学期，既要引导学生扎实地掌握基础知识，又要有序培养学生听说读写的能力，要像盖房子一样，引导学生勾勒初中语文知识树，构建语文知识体系。但“盖房”之前，规划很重要。学生只有构建了学科知识体系，学生的观察、思考、记忆、表达、实践等综合能力才得以提升。做好此项工作，须深研课程标准和教材，须了解学生的学习水平和学习能力，须借鉴以往的教学经验，特别是教育家魏书生“勾画知识树”的经验。但同时要注意，知识体系不能太繁、太杂，越有规律越好，越简单越好。

四、开展“四个活动”

为进一步激发学生学习语文的兴趣，提高课堂教学的实效，本学期开展“古诗今赏”“古文今议”“今日说书”“我推荐”活动，让学生觉得语文学习不再枯燥乏味，继而自然而然地爱上语文学习。

“古诗今赏”“古文今议”主要是围绕教材中的古诗、古文进行。在每周三、周五的语文课上开展“古文赏、议”，在每周二、周四的语文课上开展“古诗赏、议”。同时，在作文课、阅读课上推荐学生的美文。

“今日说书”（每周一）是依托教材中现代文，让学生谈谈对课文个性化的解读，包括认同性理解和读后的质疑，既培养学生“说”的能力，又培养学生的思考能力。同时，针对大家提出问题，引导学生通过查资料把问题解决。查资料就是把书“读厚”了；把问题解决了，课文读透了，就是把书“读薄”了。

“我推荐”即要求学生每天推荐1篇美文，进行课外拓展阅读。学生要介绍推荐的理由（作者、写作背景、内容的简介及思想意义等），引导大家一起品读欣赏。

五、“两个目标”激发学习的动力

（1）要求每位学生每学期至少要有1篇作文或日记入选班级“美文榜”或入编班级的刊物《芳草萋萋》。

（2）引导学生根据自己的学习基础和学习能力，确立好平时学习的目标，正确引导学生与“昨天的自己”比较。

六、力求做到“三点”

在“减负”的原则下，本学期语文教学工作做到“三点”，即“两少一多”：检测要少一点、作业要少一点、活动要多一点。

要重视和及时回应学生学习语文的心声。平时要多想想自己的教学工作，多听听学生的心声，要让学生与自己一起享受语文课堂。要让学生懂得，学习既是一件辛苦的事情，也是一件快乐、幸福的事情。

七、作文教学的新设想

本学期要进行“生活作文”或“实境作文”的尝试。与其让学生坐在教室里冥思苦想，不如带领学生走出课堂、走出校园，走进生活、走进自然、走进社会，去感受自然与社会，去品味生活和人生，充分积累作文的素材，表达真情实感。真正的作文教学应该是引导学生走进生活，引导学生抒写生活中的喜怒哀乐，表达出对自然、人生和社会生活的观察与思考。这方面的考虑，主要深受苏霍姆林斯基在《给教师的建议》中“引导学生走出去上好‘思维课’”的启发。

学生不查字典绝非小事

平时，我就发现这样一种奇怪的现象，有班级语文课堂中绝大多数学生没有字典，有字典的学生在预习课文时也不用。学生在自学过程中遇到的生字词就会将其搁置起来，一心等待教师讲授生字词的音、义。事实上，许多学生对“初读课文，扫除字词障碍”的基本学习任务都未完成好。可能有的教师认为这根本不是什么事，提起此事有点小题大做了。其实不然，学生在课堂上不查字典绝非小事。这反映的是学生查字典能力欠缺，实际上也是学生自学能力差的表现。这也反映了教师对学生自学能力培养缺乏正确认识，不仅课堂上未提出相关的自学要求，连学生最基本的自学能力——查字典也给包办了。

产生这种现象主要由于教师功利欲较强、急于求成。有的教师为了尽快完成课堂的教学任务，达到教学目标，取得教学成绩，不惜使出浑身解数，充分利用一切手段，包办了学生诸多的学习过程。本应由学生动手查字典解决生字词的环节被删掉了，本应由学生读课文、深入探究的环节被缩短了，本应小组讨论的环节也被替换了，本应由学生充分质疑、释疑的环节也被教师包办了，本应学生“回读课文，巩固所学”的环节也成了形式。其实，教师在删除或缩短某些教学环节的同时也就剥夺了学生自学的权利，这也反映了“满堂灌”的教学方式在实际教学中的根深蒂固。

上述现象在平时课堂教学中并不少见，许多学科教师都存在此类的问题。为了推进教学内容、完成教学任务，教师不惜简化教学的过程，包办学生的学习过程。像前面提到的学生不查字典的问题，是教师怕耽搁时间，完全把生字词的理解包办下来，把生字词的音、义写在黑板上或口头传授给学生。这种“填鸭式”的方式，在短时间内将知识灌输给学生，表面看是“卓有成效”，实际上是遏制了学生自学能力、发现问题和解决问题的能力，而学生通过这种方式获得的知识不会在头脑中留下深刻的印象。慢慢地，学生也会对知识的学习失去兴趣。其实，在其他学科的课堂教学上，教师"越俎代庖"现象已司空见惯。比如，应由学生到黑板上演示的解题过程则由教师代写，本应由学生质疑则由教师提问，本应由学生演示的实验则由教师代做，本应由学生自己解释的问题则由教师代说。这些教学行为，表面上是缩短了教学时间，推进了教学过程，而事实上是扼杀了学生本应锻炼成长的机会，剥夺了学生自学能力，导致了学生越来越不会思考、越不爱学习的后果。而且，学生所学的知识是通过死记硬背获得的，不会对学生的知识丰厚和能力的增长产生实质性的效果，学生只是一个装知识的"容器"而已。长此以往，学生的自主创新能力的欠缺是自然而然的事情。

其实，往往在课堂上的细微处，最能发现教学中存在的问题。学生在课堂上不查字典绝非小事，实质上还是反映的教师的教学观念、教学方式的转变以及对学生学习方式的深刻理解和在实际教学中"放手"的问题。说白了，就是没有真正地把学习的自主权还给学生。

学生不愿写作业的思考

周一返校，学生的作业完成情况令人担忧，有空着的题，有字迹潦草的，有只字未写的，有返校回来盲目照抄的。了解部分教师和学生，大家都反映周日作业并不多，有的学科作业只需 15 分钟左右。那么，学生为何不愿意写作业呢？

一是学生写作业的目的不明确。学生对写作业缺乏正确的认识，不知道写作业是为了巩固所学知识，是为了将来成长的需要。因为目的不明确，所以写作业没有任何的内动力。

二是部分学生感到作业难度较大，自己难以独立完成，也不想动脑完成，所以干脆就放弃。有的学生以前就有不写作业的历史，而教师采取的教育方法并未让他们发生根本改变。

那么，如何督促学生认真完成作业呢？

一是要加强教育，要让学生充分认识完成作业的目的，明确作业不是负担，是巩固已学知识的重要途径，是个人未来成长的必需。二是可以开展作业展览。通过评比，让学生发现自己作业中存在的问题，提高写作业的积极性、主动性，以及作业的认真度和正确度。三是可以让不完成作业的学生阐明理由。学生在阐述理由的同时，也是自我教育的过程。当然，学生如果有不完成作业的正当理由，教师可以给予原谅。如果教师布置的作业过多或难度较大而使学生未完成，教师必须认真地对待作业的布置，要科学合理的设计作业，面向不同的学生（至少是好、中、差三个层次）布置异步作业。对此，苏联教育家巴班斯基曾在《论教学过程最优化》中提出了组织学生独立作业的基本策略和方法："第一，布置给学生的作业要有所不同。学习有困难的学生的作业量可以少些，优生可以多些。第二，作业的复杂程度要有所不同。优生可以接受更复杂的作业，学习有困难的学生接受较简单的作业。第三，在做全班共同的作业时，教师对学生的帮助要有所不同。"同时，教师也要客观地预估学生实际作业的时间（当然，教师可以自己提前做作业，实际掌控做作业所需的时间）。

当然，也可以通过组织学生展开讨论，让大家出主意、想办法，帮助不完成作业的学生改正这一毛病。

教师要通过耐心地教育，使学生懂得"学习不仅仅是为了完成作业，完成作业只是学习的一小部分，而且是学习不可或缺的过程；上课听讲、课间活动等都是学习的过程"；更要让学生懂得，上学不仅是为了学习文化知识，更重要的是学会做人、做事。

教师切记，千万不要让学生误认为，学习就是为了完成作业，完成作业就是学习的全部。

学生出错才是课堂的"真问题"

前几日，我去听了几节课，有小学数学课，也有初中化学课。听课中，发现课堂教学中存在较为普遍的现象，授课教师只关注学生对问题解答是否正确，对学生在解题中出现的错误往往是蜻蜓点水、一句带过，未有效引导学生对出错的原因进行深入分析、着重强调。

事实上，我们的课堂教学，为什么会出现反复讲过的知识学生仍不会、反复做过的习题学生仍出错的现象，究其原因是教师在课堂上未向学生讲清、讲透知识的内涵，未引导学生自己去探究新知识和获得对新知识的切身体验，未把课堂上学生出错的问题当成真正的问题来分析，以及未进行有针对性的练习。课堂表面上的热热闹闹、学生的齐声附和，掩盖了课堂教学中的真正问题。其实，在许多新授课上，学生根本没有学好新教材的知识。当然这也是课堂教学中的核心问题，这一问题并没有引起学校领导和任课教师的注意。

苏联教育家苏霍姆林斯基说过："学生学业落后、成绩不及格的根源之一，就是学习新教材没有学好。"纵观优质课和公开课，很多知识点是教师提前暗示了学生，课堂上搞了多次“预演”，无形中掩盖了课堂教学本应生成和存在的问题，掩盖了学生学习过程本应出现的问题。换句话说，没有问题生成的课堂并不是真正的课堂，教学过程如行云流水般的课也并非是一节“好课”。

优化组合差异，创建学习团队

新课改主张和谐高效的课堂教学，力求生命个体的个性化发展。创新教育寻求学生在自主活动中实现发展，寻求课堂教学成为“生命发展场”。课堂教学创新教育研究是在反思传统课堂教学弊端，以探究人的生命发展价值为起点，最终提升并确立了活动建构教学论。通过活动建构来优化课堂教学，大大提高了课堂教学效果。而小组合作学习是课堂教学活动的有效形式，它能较大程度地优化组合学生差异，凝聚学生团队的积极性和创造力，提升课堂教学的有效性，促进课堂教学的高效开展。创建学习团队是实现小组合作学习的前提，而学习团队的创建必须运用一定的策略。

（一）队员组合分工策略

为了实现团队（即小组）间学习竞争，队员的组合分工尤为重要。依据团队组建的有关策略，每班组建 6 ～ 8 个团队，每个团队以 4 ～ 6 人为宜。根据学习成绩的优劣、组织能力的强弱等分别搭配队员。例如，依据学习成绩的优、中、劣，按 1:2:1 来搭配队员。队员的分工要明确，让每个队员各尽其职，各负其责。队员分工主要有主持人、发言人、书记员、保管员、计时员、观察员等。应让学生根据自己的性格特点、组织能力、表达能力、书写能力等通过协商来自主选择分工。例如，组织能力强、有威信的学生可担当主持人，负责主持小组讨论等各项学习任务，负有裁判员的职责；口齿伶俐、思维敏捷的同学可担当发言人，负责团队的学习成果的口头交流展示；书写流利的同学可担当书记员，负责记录团队合作学习的成果；认真谨慎、善于资料搜集和整理的同学可担当保管员，负责各种材料的保管，如收发团队作业。每个队员至少有一项职责，也可一人兼两职，例如，4人组，发言人可兼书记员。

（二）团名、团规确立策略

队员搞好分工以后，每个团队必须确立自己的团队名称和团队规章。团队名称要体现出团结合作、积极向上的内涵，如奋发团队、牵手团队、至上团队、勇进团队、进行者团队、我心飞翔团队等。

团队还必须确定团队规章，团队规章是队员平日必须遵守的准则，是队员共同商讨确定的；有纪律方面的要求，如课间不疯闹；也有学习方面的要求，如上课专心听讲，按时完成作业。团队规章的确立必须本着队员自愿制定、自愿遵守、符合实际的原则，不能过多、过细，也不能过于笼统、含糊不清。

团队创立后，每个团队应以墙报的形式展示出来，墙报的内容包括团队名称、团队规章、队员分工、活动记录等。墙报展示能极大地凝聚队员的向心力和合作意识。

（三）强化团队合作学习策略

团队创立后，还应加强对队员的培训，让每位队员明确自己的职责，在团队合作学习中发挥好自己的作用，让每位队员体会到团队的力量，明确个人与团队息息相关、荣辱共存。更重要的是要在平日教学中，不断强化团队合作学习，课堂、课后任何一项学习任务的完成，都要回归到团队中，发挥团队的监督机制和约束力，调动队员学习的积极性，激发学习的创造性，时刻强化队员的团队意识。要不断运用表扬的手段来激发团队的竞争意识，同时也要用暗示的手段来激励后进团队积极奋进。当队员违纪或作业未完成时，应点到团队怎样，而不是单纯点某个同学怎样，让队员真实感受到团队的荣辱与个人的努力密切相关。

小组合作学习是课堂活动建构教学的一项新的举措。研究表明，“完全自学”不利于发挥班集体的教育资源；为“竞争而竞争”，更容易忽视学习任务的完成，而且不利于班级凝聚力的形成。提倡“以合作的方式完成小组学习任务”，这样更符合社会化的课堂教学要求。用合作的方式完成个人的学习任务，有利于学生之间的相互帮助；用合作的方式进行竞争，易于发挥学生整体的力量；分头完成小组任务，有利于学生间的合作探究，可在相对短的时间内完成一个学生难以完成的学习任务，提高了学生个体的学习自觉性、主动性和创造性，优化了课堂教学，实现了课堂的和谐与高效。

如今，许多教师课堂上的小组合作基本流于形式。小组合作不是万能的，只是课堂教学的一种形式，何时采用，教师必须心中有数，不可盲目套用、跟风乱用、该用不用。

有关课堂“教与学”的问卷调查分析

为了搞好小组合作学习及深入推进差异教学，我组织部分教师对本校（大窑中学）初一、初二、初三的学生进行了问卷调查，每个级部调查学生400名，共1200名。现将问卷调查及分析情况总结如下。

一、问卷调查总结

（一）学生对教师课堂指导的看法调查

（1）初一56.4%的学生、初二52.65%的学生、初三48.05%的学生认为“教师给我非常多的发言、回答问题的机会”。

（2）初一28.2%的学生、初二30.6%的学生、初三19.5%的学生认为“课堂学习中老师经常单独帮助或指导”。

（3）初一65.5%的学生、初二64.2%的学生、初三64.7%的学生认为“课堂学习中老师偶尔帮助或指导”。

（4）初一0.9%的学生、初二37.8%的学生、初三26.6%的学生认为“在课堂练习时给一些同学布置另外的题目”。（课堂异步作业）

（二）对学生学习状态的调查

（1）初一62.8%的学生、初二54.2%的学生、初三20.05%的学生认为“学习生活总的感受是快乐的”。

（2）初一9%的学生、初二9.8%的学生、初三31.9%的学生认为“学习生活总的感受是苦闷的”。

（3）“上课铃响，老师进教室的那一刻，你的心情怎样？”初一2.7%的学生、初二6.55%的学生、初三12.87%的学生认为“心理烦躁，不愿意学习”。初一38.2%的学生、初二63.45%的学生、初三72.73%的学生认为造成这种心情的主要原因是“对这门学科学习内容没有兴趣”。

（4）“你在学习过程中的真实表现”一项中，初一39.1%的学生、初二42.65%的学生、初三55.8%的学生认为“有问题想问，但碍于情面，不好意思问”。

（5）“在小组讨论中，你的真实表现”一项中，初一60%的学生、初二60.05%的学生、初三41.7%的学生“经常踊跃地表达自己的想法”。

（6）“你希望老师怎样布置作业”一项中，初一48.2%的学生、初二72.8%的学生、初三72.9%的学生认可“指定范围，让自己选择适合自己的内容、数量”。

(7)“你希望教师怎样评价你的学习”一项中,初一71.8%的学生、初二78.1%的学生、初三79.65%的学生希望教师“说(或写)几句评语”。

二、问卷调查情况分析

(1) 在对教师进行课堂指导的调查中,三个年级一半以上的学生认为“教师给我非常多的发言、回答问题机会”。由此可见,在我校的课堂中,教师还是比较主张学生自己独立思考、积极发表见解的。而教师在课堂中给予学生学习上的指导是不够的,有65%的学生认为教师在课堂上给予学习指导是偶尔的。在课堂的异步练习的一项调查中,年级越低,学生越需要共性的作业。年级越高,学生越需要个性化作业。这从下面学习状态调查“你希望老师怎样布置作业”一项中也可以看出。

(2) 在对学生学习状态调查中,我们可以发现学生的厌学心理随着年级增高而增强。初一62.8%的学生、初二54.2%的学生、初三20.05%的学生认为“学习生活总的感受是快乐的”。初一2.7%的学生、初二6.55%的学生、初三12.87%的学生在“上课铃响,老师进教室的那一刻”“心理烦躁,不愿意学习”。而关于造成这种心情的主要原因,初一38.2%的学生、初二63.45%的学生、初三72.73%的学生归结为“对这门学科学习内容没有兴趣”。如今学生在学习中质疑的太少,我们经常为此深感不解。通过问卷调查,我们终于找到了答案。在“你在学习过程中的真实表现”一项调查中,初一39.1%的学生、初二42.65%的学生、初三55.8%的学生承认“有问题想问,但碍于情面,不好意思问”。如此可看出,随着年级升高,学生的好问精神大大降低;年级越高,学生在学习上的虚荣心越强。

针对上述的种种情况,我们要在教学工作中及时总结和分析,加以改进。

附 调查问卷

一、学生对教师课堂指导的看法调查

(1) 教师给我非常多的发言机会。

(2) 课堂学习中老师经常单独帮助或指导。

(3) 课堂学习中老师偶尔帮助或指导。

(4) 在课堂练习时给一些同学布置另外的题目。(课堂异步作业)

二、对学生学习状态的调查

(1) 你的学习生活总的感受是快乐的。

(2) 你的学习生活总的感受是苦闷的。

(3) 上课铃响,老师进教室的那一刻,你的心情怎样? “心理烦躁,不愿意学习”。造成这种心情的主要原因是“对这门学科学习内容没有兴趣”。

(4) 你在学习过程中的真实表现是“有问题想问,但碍于情面,不好意思问”。

(5) 在小组讨论中,你的真实表现是“经常踊跃地表达自己的想法”。

(6) 你希望老师怎样布置作业?“指定范围,让自己选择适合自己的内容、数量。”

(7) 你希望教师怎样评价你的学习?“说(或写)几句评语。”

语文课的精彩

——读出文字背后的东西

《乡愁》是人教版九年级上册的文章,是台湾学者、诗人余光中先生的代表作,字里行间蕴含着浓浓的思乡、爱国之情。赵老师执教的《乡愁》,耐心地引导学生谈、读、议、思,把本课的学习逐步推向深层,引导学生读出了文字背后的内容,上出了语文课的精彩。

一、侃侃而谈奠基础

赵老师向学生提出“古代有关乡愁的诗句”的问题,让学生侃侃而谈,引导学生进入了本课的学习,并由此奠定了学生学习本文的思想情感基础;而后引导学生了解了作者和诗歌的写作背景,为学生学习本文扫清了认知方面的障碍,为深入把握作者的思想情感做好铺垫。

二、朗朗而读品真情

本节课把朗读作为本文学习的重点,而且采取了多种形式朗读。先让学生初读诗歌,并听配乐范读,引导学生感受作者的思乡之情。而后,让学生交流如何朗读这首诗,引导学生从感情、语调、重音上把握。随后,老师在黑板上出示诗歌全文,并标注了停顿和重音,让学生自由朗读,又让学生个人范读。在朗读中,赵老师适时引导其他学生给以客观评价,并趁热打铁让评价的同学范读。在范读的基础上,引导学生齐读,后教师和学生分工合作读。朗读作为学习本文的主线,通过个人自由读、范读、齐读、合作读等多种形式,使学生更全面把握文章的内容，更深刻地体会文中的思想感情。在读中，赵老师注重方法的指导、情感的表达。

三、细细而议寻主旨

对于阅历浅、没有离开家乡、离开祖国的初中学生来说，乡愁是较为抽象的情感。为了让学生深刻体会诗中的这种情感，赵老师通过“按什么顺序排列，找标志性词语”等问题，引导学生找出作者在文中借以表达的具体事物，而后让学生自己读出浓浓的感情来，谈出自己对每节诗的理解，并在小组内交流。赵老师充分调动学生的主动性和自主性，引导学生从理清文章的层次、把握文章的内容入手，深入体会作者通过物化的手法来寄托乡愁、表达情感的手法，以及通过时间、空间的变化，把乡愁渲染得异常浓烈，使诗中“盼望情人团聚、祖国统一”的主旨跃然纸上。

四、深深而思学手法

在寻求主旨的基础上，赵老师又进一步引导学生把握了文章的写作手法。通过学生的交流，逐渐体会到抒情的表达方式、反复和比喻的修辞，以及化抽象为具体、借物抒情等手法的运用。特别是课堂上老师引导学生分析“小小、窄窄、矮矮、浅浅”在文章表达中的作用，看似轻描淡写的感觉，却突出了乡愁、相信祖国统一的情感。

另外，课堂最后环节的写作训练“写一写你心中的乡愁”，既是对学生习作方面的拓展训练，使课堂的学习有所积淀；也是对学生情感、态度、价值观的提升，使学生的心灵得以放飞，课堂得以升华。

赵老师的这堂课环环相扣，由浅入深，由朗读体会感情到议议寻主旨、深思学手法，无不体现着赵老师较高的授课能力，无不体现着对学生学习语文的方法和能力的精心指导与培养。

语文课堂的突出问题及思考

2012年，我非常荣幸，能够深入到部分学校的语文堂进行听评课。下面所述，便是当时听评课中发现的问题及自己的思考。

一、存在的问题

(1)教师解读文本的能力严重缺乏,不知道课文讲了些什么。没有教参,相当多的教师不会解读文本,更不会教书。这些教师对文本的核心内容把握不当,不知道该上什么。每一个单元都有一个主题,都有训练的重点,每一篇文章都有学习的侧重点。要把握住文本的核心内容,再关注文本的表达,这样挖掘文本就有了意义。

(2)课堂是教师预设的展现,作为主体的学生被丢到了脑后。课堂教学有三个要素:知识、教师、学生。教师不应该隔在知识与学生之间,用某种手段将现成的知识转交给学生,要让学生自己去发现、探究知识,要关注学生是怎么想的,学习中遇到了哪些困难。

(3)教师不敢直面学生的问题,把主题当话题,无限延伸。许多教师缺乏问题意识,或者说缺乏把握问题、解读问题的能力,结果把文本当成话题,课堂凌空蹈虚,一无所获。

二、思考

(一)要做到"用教材教"

语文教学应以课文为例,教给学生阅读、思考的方法,教给学生学习某一类文体的方法。例如,学习文言文要把握"文"与"言",突出诵读、品读。学习课文要敢于让学生读出声音,读出语言文字的声韵,读出字里行间的情感,读出贯穿全文的美感,读出作者的风格。

教师备课必须要有学科的高度、教材的广度、单元的角度,明确学科知识体系。授课时,教师必须明确所学的文章体裁,学生要掌握哪些知识技能。每一节课结束前,教师应引导学生对学习内容进行整合,把所学知识充实到原有的知识体系中,不断完善知识体系。

语文课的教学必须紧贴文本,这就要求教师深入解读文本。课堂教学要建立在学生已有知识经验以及现实生活的基础上,要紧贴文本,要引导学生走进文本中,感悟文本。语文课要上得有深度,学生除掌握基础知识和基本技能,对文本要有深刻感悟和情感共鸣。

(二)多种活动培养能力

语文教师要开设"百诗讲坛""专题讲坛""创作讲坛"等活动,锻炼学生说、听、评的能力,培养学生想说、敢说、会说、能说,树立学习的自信心。要充分利用学校内及附近的教学资源，引领学生到知识的源头去，走进菜园、田野，仰望天空，观察大自然，运用恰当的语句动情地写出所看、所听、所感、所想。学生的观察能力、思考能力、想象能力尤为重要，苏霍姆林斯基在《给教师的建议》一书中对此有多处论述。

（三）充分利用好图书

不能把图书馆和教室里的图书当成摆设。学校要充分利用好图书馆及图书，不仅能让学生在图书馆阅读，也能在教室或走廊创设的“图书角”阅读。

教室里的图书应分门别类，制定好书目，登记好借阅记录等。要由学生自己管理，相信学生一定能够做好这件事情（2008年，我在大窑中学教初二语文，当时组织学生创建“班级图书角”，让学生把自己的藏书带到班级来，与同学共同分享阅读。同时，让学生自主推荐“图书角”的社长和管理员，由学生自己制定了图书角的管理规则和借阅记录等。此项活动开展了一个学期，成效是显著的。这不仅培养了学生阅读的兴趣，也使不少学生喜欢上语文课）。这些图书既可以让学生在教室里阅读，也可以让学生带回家阅读。要加强培养学生读书的兴趣，让读书与吃饭、喝水一样，成为学生生活中不可或缺的一部分。要尊重学生阅读的意愿，不可将成年人或专家的读书喜好强加给学生，让读书成为学生的个性化学习行为，让读书成为学生自觉成长的过程。

语文课堂教学的新思路

——由单一课向综合课发展

世界上任何事物都有规律可循，语文课堂教学也不例外。抓住了课堂教学的规律就等于把握了高效教学的捷径。语文课堂教学的规律只能从学科的工具性和人文性入手，要以学生为主体，促进学生主动、全面发展。以学生为主体，是指在课堂教学中，学生是学习的主体，即知识的自学者、探究者、合作者；教师是课堂的“导演”，充分发挥主导作用。促进学生的主动、全面发展，重要的是让学生具备发展的能力。语文教学培养学生的能力主要指听、说、读、写的能力。这些能力可以综合地体现在对一篇文章的阅读或写作上，简单说，就是学生能读懂文章，会写信、写报告、写心得体会等，这也是学生成长所必需的。这些能力直接或间接来自课堂，那么，培养学生的听、说、读、写能力必须从课堂入手，变革课堂的教学内容和形式。

叶圣陶先生曾说过"教是为了不教"，这是多少教师梦寐以求的教学境界，然而又有几人能达到这种境界。许多教师整天忙于备课、上课、批改，常常筋疲力尽、收效甚微。要改变这种局面，应增加课堂的新授内容，打破以往传统的单一课教学形式，实行单一课—专题课—综合课的教学新思路。

单一课，即教师在一节课或几节课中指导学生学习一篇课文，这是教学新思路的初级阶段。例如初一，教师可以在一节或几节课上指导学生学习魏巍《我的老师》，教学中除了让学生了解散文的体裁特点，还要引导学生学习写作手法和把握思想内涵。单一课的实施时间长短需根据学生的实际学习情况来定。初中每个年级都可以上单一课，如初一上散文、童话、说明文、小说的单一课，初二可重点进行说明文的单一课，初三可重点进行议论文的单一课。每个年级所开展的单一课教学，必须依据教学大纲的要求、教材内容的编排和学生的学习状况确定。

专题课，即教师在一节或几节课中指导学生学习同一体裁的几篇课文。例如初一，教师可引导学生在一节课上学习朱自清的《春》和沈从文的《春》这两篇散文，同一节课学习《花的话》和《小溪流的歌》这两篇童话。专题课应在单一课进行一阶段后，学生较深入地了解有关文章体裁特点的基础上进行。教师上专题课，必须根据教学大纲的要求，重新设计教学目的、要求，在教学中要引导学生归纳文章的共同点与不同点。例如，两篇《春》，共同点是同为散文，都写的是春景，都抒发了作者对春天的喜爱、赞美之情；不同点是朱自清写的是大自然的早春，沈从文写的是园中的晚春。专题课上也可以把内容相似的文章放在一起学习，如《驿路梨花》《炊烟》《温馨的风》，都是歌颂新时代的新风尚。总之，专题课的开展，加大了课堂上的知识含量，促进了学生对文章内容的深入贯通学习，有利于构建语文学科的知识体系。

综合课，即教师在一节或几节课中指导学生学习不同体裁的文章。综合课必须在单一课和专题课进行一阶段后在进行，它对教师和学生的要求高。教师必须有扎实的专业知识和驾驭课堂的综合能力，学生必须有多方面的基础知识和较高的读写能力。教师讲授综合课，必须找到不同体裁文章之间的切入点，如写同一景、人、物等的不同体裁的文章。例如，写三峡景色的有现代散文《三峡之秋》、古文《三峡》、古诗《早发白帝城》；写同一人物鲁迅的有《一面》《同志的信任》《有的人》；写爱国主义思想的有都德的小说《最后一课》、萧乾的散文《枣核》。综合课进行起来虽有较大的难度，但它可以把学生头脑中零散的知识加以综合，重新纳入新的知识体系中去，即拓宽了学生的知识面，又培养了学生的自学能力。

单一课—专题课—综合课的教学思路，需要经过教学实践的检验、论证，但它符合“教是为了不用教”的教学理念，培养了学生自主阅读能力。单一课是让学生学习掌握基础知识，发展基本技能，最终让学生学会阅读文章；而专题课和综合课则培养学生会学习同一体裁或不同体裁的文章，培养学生多方面的综合能力。总之，单一课向综合课的发展，也就实现了学生由学会到会学这一学习发展过程的飞跃。

语文课须强化四点

经常走进语文课堂，听课中往往会发现语文课堂教学中存在的几个突出问题，对此，呼吁语文教师在语文课堂教学中必须强化以下四点。

一、充分把握工具性与人文性

语文课堂教学应紧紧把握工具性与人文性的统一，工具性与人文性要紧贴文本，工具性的学习在前，人文性的学习在后，但切忌把二者割裂开来。工具性方面，关键在于教会学生运用文字抒写心中的喜怒哀乐；人文性主要体现在引导学生深刻感受语言文字的内涵美，即语言文字背后隐含着的作者的思想情感、时代的精神风貌等。

二、建立学科体系观

语文教师要确立学科体系观、教材观、单元观。要有链状思维，不要孤零零一课一课地备课，要从学科的高度、单元的角度去解读教材，站在单元的重点上去考虑问题、充分备课。每一册教材、每一个单元、每一节课应达到什么样的教学目标，学生应掌握哪些基础知识，学习哪些技能，涵养怎样的美德，传递怎样的价值观、人生观、世界观，教师必须做到心中有数。要引导学生强化单元重点，要向学生讲清楚语文知识的作用，要突出知识的运用，特别是要让学生看到语文知识在生活中的具体运用，以此增强学生学习语文的目的性、自觉性和主动性。要明确每一节语文课在单元中的位置，准确把握单元主题、每一课的知识点和训练要点，把握每个单元安排的逻辑性、科学性、层次性。每个单元中的课文越往后越以学生自学为主，每个单元的第一篇课文要精讲、精练，第二篇课文要与第一篇课文比较讲，第三篇可以半讲半放，第四、五篇课文要引导学生自学。

三、深入解读教材

要学会深入解读教材，紧紧围绕文眼（文章题目）、文心（每篇课文都有几个重要的语句段、知识点）、课后习题去备课。课堂教学不能停留在表面，局限于学生的读读写写，要深入挖掘教材的工具性，重视学法的指导和学科素养的培养，领会语文的深长意味；要紧贴文本，联系学生的生活实际，联系学生的成长经历去解读文本；要明确每节课的每个环节体现了新课程的哪个理念。要精心设计教学环节，课堂教学环节勿多，环节过多会导致教学内容杂乱，重点不突出；要充分考虑课堂教学的整体性，设置有整体性、切入性、衔接性的教学环节。

四、遵循学科规律，构建知识体系

一要遵循语文学科的规律和特点授课。授课时，首先要引导学生解读文题，讲清楚有关概念性的知识，如古文中常见的文章体裁“记、说”等。要关注学生语感的培养，采取默读、速读、朗读等多种阅读方式，引导学生由浅入深独立解读文本，不要用教师对文章的阅读而肢解学生对文本的理解。课堂上，不仅关注学生说了、读了，更应关注学生大声地说，有感情地读。

二要创设情境。要创设合理的情境，引导学生走进教材，做到入境、入情、入文、入理。

三要构建知识体系。要向学生讲清楚语文知识的作用，突出知识的运用；要引导学生强化单元重点，引导学生构建知识体系。

四要给学生充足的自主学习时间。课堂上，教师向学生提出学习任务后，必须给学生充分的独立阅读、思考和做练习的时间，切不可为推进教学环节而删减本应由学生独立学习的过程。

阅读课文“四步法”

教学中，虽“教无定法”，但教须得“法”。因此，在语文课堂教学中指导学生掌握一定的阅读方法尤为重要。对于初中的学生来说，怎样阅读课文是一个关键性问题，这不仅关系学生的自学问题，也关系课堂教学的实效。我在多年的教学实践基础上，总结出指导学生阅读课文的“四步法”。

一、初读课文，明体裁，扫障碍

学生初次阅读课文，首先要弄清文章的体裁，而后充分运用字、词典等工具书，扫除字词的障碍，对课文内容有一个初步的了解。

二、细读课文，知内容，理层次

学生在扫清障碍的基础上仔细阅读课文，知晓课文内容，能用简洁的语言概括课文的内容；能够理清文章的层次，知道课文先写了什么，后写了什么，重点写了什么，能够简单地说出或列出课文内容的脉络。

三、再读课文，抓重点，归中心

引导学生再次阅读课文，抓住课文的重点内容，并在分析重点内容的基础上归纳文章的中心思想，探究作者的写作意图。

四、默读课文，学方法，质疑难

再引导学生默读课文，探究作者写作的技巧，看看作者运用怎样的写作手法来表达。学生学习完一篇课文，应该形成自己的认知，有自己的个性解读，通过质疑的方式提出自己对课文的个性化理解。

阅读课文“四步法”，不仅为学生阅读课文提供了方法，而且有助于培养、提高学生的阅读能力。

阅读写作一体化教学

教了多年初中语文，发现许多学生根本不会写作文，也不愿意写作文。不少学生一谈到写作就抓耳挠腮、一筹莫展。许多学生到了初三，连最基本的景物描写和人物描写都不会。这是语文教学的悲哀，与教师平时的阅读和写作教学训练不到位是密切相关的。作为一名语文教师，必须具备阅读和写作的一体化思想，即平时课堂上加强学生阅读训练的内容，要在指导学生写作的教学中充分体现出来。简单地讲，就是教师课堂上培养学生如何读，那么就要在作文课上指导学生有针对性地写。仅以初三上学期（五四学制）语文教学的部分内容来呈现本人的“阅读写作一体化”的构想。

一、初三上学期阅读序列化教学

学习语文无捷径可走，朗读是关键。要正确地读，有滋有味地读，美美地读，把自己的情感读进去，把作者的情感读出来。

阅读训练采取的方式：速读、精读。

阅读训练的文章体裁：记叙文、说明文、议论文

（一）速读

速读要求：让学生学会快速阅读，每分钟的默读速度达到400字、500字、600字、800字，能够简要概括所读文章的大体内容。

记叙文，要概括出人物、时间、地点、事情。

说明文，要概括出说明对象及特点、说明顺序。

议论文，要概括出作者的论点、论据。

速读阶段的时间安排：新学期前两个月（9、10月），重点要在阅读的速度上下功夫。

内容安排：精选哪些文章，分几个阶段，每一个阶段的目标，怎么指导学生快速阅读，都要在符合学生学习实际水平的基础上设计好。

（二）精读

精读要求：积累优美词语、句子，对优美语句进行赏析。记叙文，要在速读要求的基础上，重点从表达方式、内容（人物、环境描写）等方面进行赏析。说明文，要在速读要求的基础上，重点从说明方法及作用等方面进行赏析。议论文，要在速读要求的基础上，重点从结构、论证方法及作用等方面进行赏析。

精读阶段的时间安排：11、12月。

内容安排：精选哪些文章，分几个阶段，每一个阶段的目标，怎么指导学生精读，都要在切合学生学习实际的基础上充分设计好。

在速读和精读训练中，要穿插朗读训练，让学生学会朗读，培养学生的语感和赏析能力、想象能力。例如，教师可以自己朗读或播放精彩语段，让学生闭上眼睛，想象画面。

（三）速读与精读的阶段安排

第一阶段：自主阅读。学生阅读时，先不提要求和问题。学生读完后，再提出问题，让学生自觉发现自己阅读中存在的问题。

第二阶段：答疑解惑。先提出问题，让学生带着问题去读，让学生明确读书

是有目的性的，要讲究阅读方法。

第三阶段：质疑问难。让学生阅读完后自己提出问题，这是阅读的较高阶段，当学生对阅读的文章能够提出个性化的理解，这表明学生的阅读能力和阅读水平有了一个很大的提升。

二、初三上学期作文序列化教学

（一）写作的基本能力

观察、思考、想象、表达为语文学习的基本能力，也是学生写作的基本能力。初三作文教学，关键要在新课标的指导下，紧扣课堂教学中所学的写作手法，突出重点，有序进行，讲求实效，实现课内与课外的衔接，阅读与写作的统一。

1. 观察与想象

观察时要抓住事物的特点；要按照一定（时间、空间）顺序，运用多种感官（看、听、触摸、嗅等）去观察。

特点是一事物区别于其他事物最本质的东西。

人物有男女老少之分，有高矮胖瘦之别。写人物，要描写人物的身材、衣着、眼睛、肤色、嘴、额头等方面，表现出人物的语言、外貌、神态、动作等方面的特点，譬如要写出儿童、少年的天真活泼，男孩子的调皮，女孩子的文静，妈妈的唠叨、慈爱，爸爸的寡言、严厉，老人的迟缓、和善等。总之，一句话，要“传神”。

观察人物可以从三个方面考虑：

一是观察的方面：包括人物的外貌（衣着、身材、肤色）、语言、神态、动作，而最能反映人物特点的往往是语言、神态、动作。

二是观察的角度：由远到近（比如阿累的《一面》）、由头到脚、由整体到局部（比如由整个面部到眼睛、头发等）。

三是观察的次重点：对于任何一个人物的观察都不可能面面俱到，观察时应抓住最能反映人物特点的方面，或眼神，或语言，或神态等，抓住其中的一个或几个方面进行重点观察，其他则次之。

景物包括山、水、树、木，花、鸟、虫、鱼，风、霜、雨、雪，日、月、星、云等。不同景物有不同的特点，同一景物在不同时段、季节有不同的特点。要在观察时进行想象（例如，想到相似的另类事物；运用比喻手法；或运用拟人手法，赋予景物以人的情态），把情融入景中。

2. 思考与表达

（1）在观察时，要想一想所观察事物的特点是什么；要在观察的基础上总结出事物的特点，以及这些特点最能从观察到的哪一个或哪几个方面表现出来。

（2）表达，即采用一定的手法，运用恰当的语言文字把观察到的事物表达出来，而运用生动的语言把观察到的事物表达出来最为关键，这里也涉及学生的词语积累问题。

（3）景物描写与自然环境描写的区别如下。

自然环境描写包括景物描写，而且自然环境描写中的景物描写是不可或缺的。景物不都是自然环境的范畴，二者有交叉的区域。自然环境一般区域比较广阔；而景物则是单个或多个事物，可以进行细致的描写。

景物描写只是单纯写景，如某一地方的风景、名胜等；而自然环境描写就复杂得多，往往是把人物的活动融入景物描写中，景物描写为人物的出场、活动营造一定的氛围，做好铺垫。当然，自然环境描写与景物描写有相似之处。

（二）本学期写作教学安排

训练目标：学生会观察、描写生活中常见的景物，会观察、描写生活中熟悉的人物。

训练重点：学习谋篇布局，写出真情实感，能生动描写景物、人物。

课时安排：一学期大小作文各6篇，大小作文间周，大作文两课时，小作文1课时；学生日记可作为作文教学的有益补充。

阶段及内容安排详述如下。

1. 第一阶段

训练重点：指导学生按照一定顺序（空间顺序、时间顺序、逻辑顺序或角度顺序）观察身边的某一人物和景物，抓住人物或景物的特点，能较为恰当地进行记述或描写，力求语句通顺。

（1）小作文：《我的妈妈》或《我的爸爸》。

训练目标及要求：学会人物外貌描写，对人物的衣着、面部（脸色、牙、眼睛、嘴、鼻子）、头发、身材等进行描写，表现出人物的外貌特点。

课文示例：①《云南的歌会》中描写的年轻女人。②《绝唱》中对黑妞、白妞的外貌描写。③ 沈从文的中篇小说《边城》对翠翠的描写：“翠翠在风日里长养着，把皮肤变得黑黑的，触目为青山绿水，一对眸子清明如水晶，自然长养她且教育她，为人天真活泼，处处俨然如一只小兽物。”

（2）大作文：《开学》。

文章要写出自己开学前或后的真实感受，要穿插点景物描写。可以把秋高气爽、万里晴空、秋风习习等词语运用作文中，可以描写一下树木、花草、鸟虫等自然景物，运用景物来衬托人物的心情。

（3）周日作业：《秋天的松树》《秋天的海》《秋天的山坡》《秋天的牵牛花》……

训练目标：学会观察身边的某一景物，能抓住景物的特点，并恰当地运用词语描写出来。

训练重点：要弄清观察什么景物，在哪（观察地点）、从哪观察（观察角度），观察的景物的特点是什么。

在写作教学中，教师可以组织学生走进大自然，把写作课堂搬到草地上、绿树下、麦田边、小河旁，精心指导学生观察大自然，感受自然之美，用心倾听自然的声音，用眼欣赏自然的色彩，用鼻子细闻自然的芳香，用手触摸自然的形态，每一个同学都会从中汲取创作的源泉，引发出创作的灵感和激情。

附：节选范文

秋（节选）

秋天到了。这是暖洋洋金灿灿的时节。空气格外清爽明净。草原显得异常开阔，远处的斯基福古墓在柔和的阳光下呈现出一片灰色。路旁开着鲜艳的野菊花。清晨，洁净的花瓣上闪耀着晶莹的水珠——这是融化了的初霜。花儿却依然生气勃勃，没有花瓣凋谢坠落。

（选自苏霍姆林斯基的《帕夫雷什中学》）

从百草园到三味书屋（节选）

鲁　迅

不必说碧绿的菜畦，光滑的石井栏，高大的皂荚树，紫红的桑葚；也不必说鸣蝉在树叶里长吟，肥胖的黄蜂伏在菜花上，轻捷的叫天子（云雀）忽然从草丛间直窜向云霄里去了。单是周围的短短的泥墙根一带，就有无限趣味。油蛉在这里低唱，蟋蟀在这里弹琴。翻开断砖来，有时会遇见蜈蚣；还有斑蝥，倘若用手指按住它的脊梁，便会啪的一声，从后窍喷出一阵烟雾，何首乌藤和木莲藤缠络着，木莲有莲房一般的果实，何首乌有臃肿的根。

2. 第二阶段

训练重点：观察景物或人物的某一方面，抓住其特点，有层次、较生动地进行描写。

（1）小作文：《______的妈妈》或《______的爸爸》，例如《爱唠叨的妈妈》或《严厉的爸爸》……

训练目标：让学生能用简短的语言写出父母的外貌，特别是要抓住一点（眼睛、额头、嘴……）详写，详写这一点能突出表现出父母某一方面的特点。

（2）大作文：《其实，妈妈真的很______》或《其实，爸爸真的很______》。横线上可以填写适当的词语或短语，如美、辛苦、累、高大、坚强、粗心、宽容、伟大、爱我……

训练目标：让学生走进生活，留心观察生活中的人和事，同时要展开联想和想象，流露出真实的感受，能用文字表达出自己对父母的真情实感，以及对自己人生的思考。

（3）周日作业：《秋天的养马岛》《秋天的海》《秋天的雨》……

训练目标：学会观察身边的景物，能抓住景物的特点，并恰当地运用词语描写出景物的特点。

训练重点：首先要弄清观察什么景物，在哪（观察地点）、从哪观察（观察角度），观察到什么（事物的哪个方面），景物的这一方面的特点是什么。

附：节选范文

海滨仲夏夜（节选）

峻　青

夕阳落山不久，西方的天空，还燃烧着一片橘红色的晚霞。大海，也被这霞光染成了红色，而且比天空的景色更要壮观。因为它是活动的，每当一排排波浪涌起的时候，那映照在浪峰上的霞光，又红又亮，简直就像一片片霍霍燃烧着的火焰，闪烁着，消失了。而后面的一排，又闪烁着，滚动着，涌了过来。

3. 第三阶段

训练重点：细致描写人物（外貌、语言、神态、动作）或景物，重点对人物的外貌、神态、动作进行描写；把景物的静态和动态结合起来描写，真实表现出特点。

（1）小作文：《______的妈妈》或《______的爸爸》，例如《厨房里的妈妈》《早起的妈妈》《晚归的爸爸》……

（2）大作文：《那一次，我发现妈妈______》或《那一次，我发现爸爸______》。横线上可以填写适当的词语或短语，如变老了、黑了、瘦了、哭了、熬夜了……

（3）周日作业：《养马岛之夜》《秋夜》《迷人的夜晚》《夜》……

训练目标：要真实写出夜晚的景色，要善于观察、想象夜晚的天空、星星、灯光、楼房、树木、海风、山、昆虫等事物的情态。

附：节选范文

三颗枸杞豆（节选）

程　海

那是正值三月，春天几乎从山沟里溢出来了。小树林的一切都散发出诱人的魅力。

林子里今天格外美丽。一绺一绺的阳光，像金色的丝绸。一只大花蝴蝶冒冒失失撞在我额上，又慌慌张张飞走了。

再塑生命（节选）

海伦·凯勒

忽然间风云突变，太阳的温暖完全消失了，天空乌云密布，泥土里散发出一种怪味。我知道这是暴风雨来临之前常有的预兆。

一阵沉寂之后，树叶哗啦啦齐声作响，强风似乎要将大树连根拔起。我吓得抱住树枝，唯恐被风吹走。

孤独之旅（节选）

曹文轩

黄昏，船舱里的小泥炉，飘起第一缕炊烟，它是这里唯一的炊烟。它们在晚风中向水面飘去，然后又贴着水面，慢慢飘去。当锅中的饭已经煮熟时，河水因晒了一天太阳而开始飘起炊烟一样的热气。此时，热气与炊烟，就再也无法分得清楚了。

一早天就阴沉下来。天黑，河水也黑，芦苇成了一片黑海。杜小康甚至觉得风也是黑的。临近中午时，雷声已如万辆战车从天边滚动过来，过不一会儿，暴风雨就歇斯底里地开始了，顿时，天昏地暗，仿佛世界已到了末日。四下里，一片呼呼的风声和千万支芦苇被风撅断的咔嚓声。

骆驼祥子（节选）

老 舍

街上的柳树，像病了似的，叶子挂着层灰土在枝上打着卷；枝条一动也懒得动的，无精打采地低垂着。马路上一个水点也没有，干巴巴的发着些白光。街道上尘土飞起多高，与天上的灰气联接起来，结成一片毒恶的灰沙阵，烫着行人的脸。处处干燥，处处烫手，处处憋闷，整个老城像烧透的砖窑，使人喘不出气。狗趴在地上吐出红舌头，骡马的鼻孔张得特别的大，小贩们不敢吆喝，柏油路化开；甚至于铺户门前的铜牌也好像要被晒化。

4. 第四阶段

训练重点：选取身边的一处景物（日出、日落、雨后、清晨、月夜……），在观察的基础上进行想象，运用比喻、拟人的修辞方法，写出景物的特点；剪取生活中的一个片段，对人物的神态、语言、动作进行描写，生动刻画出人物的精神品质，写出自己的真情实感。

（1）小作文：《清晨的校园或傍晚的校园》。

要在细心观察的基础上，抓住校园的特点，运用景物描写表现出这一特点；例如，早晨，校园从沉睡中苏醒，焕发出勃勃的生机；傍晚，校园像一个玩累的孩子，渐渐安静下来。

（2）大作文：《那一刻，我很感动》或《那一刻，我很幸福》。

要在文章交代出“那一刻”是什么时刻，什么使“我”感动，“我”感动时的心理、神态是怎样的，可以在文章的开头或结尾尝试穿插景物描写，一定要写出真情实感。

（3）周日作业：描写身边的一处自然环境，要把景物的静态和动态结合起来进行描写，要写出自己置身于环境之中的真情实感。

5. 第五阶段

训练重点：描写人物的外貌，记叙人物的性格、爱好，真实刻画出人物的特点。

（1）小作文：《我》。

可仿写《五柳先生传》，要运用记叙、描写、议论等表达方式写出自己的外貌特点、性格爱好等。

（2）大作文：《那一刻，我很惭愧》。

要在文章交代出"那一刻"是什么时刻，什么使"我"惭愧，"我"惭愧时的心理、神态是怎样的，可以在文章的开头或结尾尝试穿插景物描写，一定要写出真情实感。

（3）周日作业：《深秋》。

要仔细观察、用心思考，抓住深秋的特点（植物、动物、天气等），要运用景物描写突出表现这一特点，要在写景中融入自己的感受。

6. 第六阶段

训练重点：描写身边熟悉的人物，对人物的衣着、神态、语言进行描写，刻画出人物的性格特点。

（1）小作文：《我的老师》。

要在细致观察的基础上，运用生动描写刻画出老师的特点，如和蔼可亲、严厉、一丝不苟、幽默、率真、真诚……

（2）大作文：《第一次____________》。横线上可以填住宿、离家、坐火车、当家、走夜路、留守、爬山、登泰山、到北京、买衣服……

回想自己的生活经历，选取最让你记忆深刻或感受最深的事情，真实地写出事情的经过和自己的真实感受以及对人生的思考。

（3）周日作业：《第一场雪》。

要运用多种感官进行观察，抓住第一场雪的特点，运用多种修辞进行描写，恰当运用多种表达方式，可仿照鲁迅先生的《雪》。

《失根的兰花》教学设计

学习目标：① 朗读课文，理解重点句子含义，体会作者的思乡爱国之情，培养学生的爱国情感。② 学习借物抒情的写作方法。

重点难点：理解重点句子含义，学习借物抒情的写作方法。

教具准备：多媒体。

时间：1 节课。

课型：新授。

教学过程如下。

一、导入

大家喜欢听歌吗？现在，我们来听一首大家比较熟悉的老歌（播放一段《我的中国心》），谁能说一下它的名字和表达的主题？人处异国他乡，都会对祖国产生无限的思念之情。这节课，我们一起来品读香港中文大学教授陈之藩先生的《失根的兰花》，一同去感悟海外游子的思乡之情。

二、出示学习目标

（1）朗读课文，理解重点句子含义。

（2）学习借物抒情的写作方法。

（3）体会作者的思想感情，培养爱国主义感情。

三、自学解疑

（1）自由朗读课文，标出生字词和疑难的句子。

（2）小组交流。（个人课堂展示，可到黑板上书写）

（3）默读课文，思考问题。

说说本文大体写了哪些内容？（用简洁的语言概括）

想想题目中“根”，“兰花”及“失根的兰花”的意思。（从题目入手，对本文中心进行初步把握）

（4）学生自学，然后课堂展示。

四、合作探究

1. 细读课文，思考问题

（1）找出文中表现作者“失根”状态的语句。

（2）如何理解“身可辱，家可破，国不可亡”？（身辱、家破仅仅给人不安全感，而国亡却让人的精神失去了全部的支撑）

（3）文章题目是“失根的兰花”，而文中却很少写到“兰花”，为什么？（作者以“失根的兰花”为题目，来抒发身处异国感触和思乡爱国之情，这种写法是借物抒情）

2. 小组交流

五、点拨提升

以组为单位进行交流，教师点拨。

展示问题：找出文中表现作者“失根”状态的语句。同时，可提问学生：作者说过“我到处可以为家”与“到处均不可以为家了”。这两处是否矛盾，为什么？

本文不仅情写得感人，景写得很美，景物描写中也融入了作者的情感。接下来一起品读第72页倒数第二段。

六、品读赏析

（1）让学生齐声朗读，自己赏析。

（2）引导学生赏析第72页倒数第二段：

本段写了哪两个方面的内容？你最欣赏哪句话或哪个词语？为什么？

作者写这一段的用意是什么？请想一想，如今我们的国家有哪些引以为自豪的成就呢？

（3）学生谈今天的成就，教师出示我国在航天、科技、体育方面的成就。（引发学生的民族自豪感）

七、拓展练习

（1）本文讲了“人生如萍，人生如絮”。请你想想，人生还可以比作什么？请简单谈出理由。

（2）欣赏《乡愁》（配乐诗朗诵）。

它是台湾著名诗人余光中先生的代表作。这首诗，表达了诗人怎样的情感和怎样的愿望？要实现余光中爷爷的这个愿望，我们大家应该怎样做呢？（让学生畅所欲言）

八、学生自结

这节课，你还有哪些发现或疑问？你的收获是什么？（让学生围绕海外游子的思乡爱国之情和借物抒情的写作手法来总结）

（边放《故乡的云》边讲）今天，如何建设伟大强盛的祖国，我们怎样贡献自己的力量，这是摆在大家面前的一份神圣答题。我想，大家只有勤奋学习，不断创新，才能向祖国母亲交上一份满意的答卷。让我们在《故乡的云》中来结束这堂课吧！

附：板书设计

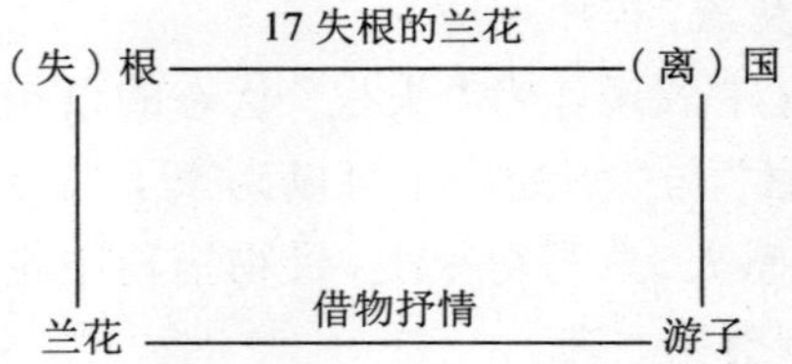

（本篇教学设计曾在2008年全省创新教育研讨会上执教过）

《失根的兰花》教学设计解析

这节课为新授课，学生课前已预习了。在这堂课上，我采用的是以学生自学和小组合作探究为主的课堂教学形式，把培养学生自学能力作为教学的重点。这堂课的特色归结为以下几点。

一、奏响学生自学的主旋律

每一个教学环节都以学生自学为主，教师当好“拐杖”。无论是预习情况的检查，还是课文的朗读；也无论是问题的自学探究，还是课外拓展，每一环节都是学生独立自学后再展示，摒弃了教师包办的现象，使课堂成为学生展现自我、发展个性生命的“场”。

二、唱响思乡爱国的心声

这篇课文的主题是思乡爱国，怎样才能让学生读懂作者的心声呢？这节课，我主要从两个方面来引导学生把握。

（1）以读感悟心声。读是学生学习语文的重要方法。通过读来感知文章内容，通过读来体会文章的意境和作者的思想感情。学生在这堂课上共读课文四次。一是自由朗读，目的是让学生矫正字音、注意停顿，初步把握文章的情感；二是通过默读来思考问题，初步感知文章内容；三是通过细读来进一步挖掘文章内容，把握作者的思想感情，生成爱国的情感；四是品读精彩的景物描写，引发学生的民族自豪感，进一步积淀爱国的情怀。“读”这条贯穿整节课堂的主线，使学生理解课文内容并体会与把握作者的思想情感，引起学生的情感共鸣，激发学生的爱国情怀。

（2）以演说吐露心声。通过演说让学生谈祖国今天的成就，吐露为祖国的巨大成就而产生的自豪感，吐露出为祖国的强盛而努力奋斗的心声。课结束时的教师告白，也吐露学生建设富强祖国的心声。

三、突出重点，步步深入

一篇文章可教之处很多，本节课我从学生的实际出发，只选定两点，即把爱国情感的体验、把握借物抒情的写作手法作为学生学习的重点。从初读课文感知内容到精读课文，每一个问题的设计都围绕文章主题——爱国。为了感知内容而设计的问题是浅层的，是为了引导学生初步把握思乡爱国这一主题，是为精读课文做好铺垫，搭好扶梯。细读课文后思考的问题是深层的，是为了引导学生深刻地体会作者的思想感情，深入把握文章的主题，促发学生内心高尚情感的生成。每一环节设计的问题都紧密相连，而且具有梯度性。教学环节在问题的牵引下步步深入，由文章的解读到思乡爱国情感的体验，由情感的把握到借物抒情这种写作手法的归结，环环相扣。

四、运用音乐点亮课堂

在这堂课上，我运用了三次音乐。开始由一首《我的中国心》导入新课，把学生的情绪带进海外游子的思乡爱国之情中，为整堂课奠定了爱国情感的基调，自然地引领学生进入本节课的学习中。课堂上拓展欣赏中的配乐诗朗诵《乡愁》，既是对学习内容的有力拓展，又是对学生爱国情感的一次具体化的提升，使学生的内心受到震撼。课结束时播放歌曲《故乡的云》，既是对课堂重点内容的独特总结，又是对学生爱国情感付诸行动的一次有力的引领，使这堂课在思乡爱国的曲调中结束，学生的爱国情感也得到了根植、放飞。

《一面》教学设计

学习目标：① 理解课文内容，学习本文通过外貌描写来表现人物思想性格的方法。② 学习鲁迅先生献身革命、关心进步青年的崇高精神品质。

学习重点、难点：学习细致传神的外貌描写。

教学手段：多媒体。

课时安排：1 课时。

教学模式：引导、自主式。

模式特点：指导学生自己读课文、思考，突出了学生的主体地位，训练了学生的思维，体现了学以致用的原则。

教学过程如下。

一、口头表达训练

师：首先，我们进行本节课的第一个内容“三言两语”。今天的题目是“我”，大家可以从外貌、性格、行动等方面描述一下自己。

二、导入新课

师：回想一下，在第一册中，我们曾一起学习过鲁迅先生写的哪篇文章？

生：《从百草园到三味书屋》

师：谁能介绍一下鲁迅先生？

生：我国伟大的无产阶级文学家、思想家和革命家。

师：那么，我们今天一起来学习一篇写鲁迅先生的文章——《一面》，作者是阿累，体裁是回忆录。

三、出示学习目标（放课件，大屏幕展示）

理解课文内容，学习细致的外貌描写。

学习鲁迅先生献身革命、关心进步青年的崇高精神。

四、介绍写作背景

师：1932年，日本侵略者在我国制造了“一•二八”事变，进攻上海，而国民党反动派对日本侵略者采取了妥协投降的政策，对内残酷镇压：一是进行反革命军事围剿；二是进行反革命文化围剿，一面禁止书报，封闭书店；一面通缉革命作家。在白色恐怖笼罩的上海，鲁迅也遭受反动派的通缉，处境十分危险。正是在这样的情况下，作者与鲁迅先生偶然见了一面，也就是这篇文章记叙的内容。

五、默读课文，根据预习提纲预习（播放课件，展示预习提纲）

预习提纲如下：

（1）找出本文记叙的六要素。

（2）用横线标出文中对鲁迅先生的外貌描写。

（3）用波浪线标出作者对鲁迅先生的称呼。

（4）归纳本文中心。

六、新授点拨

（一）理清本文的结构

（1）“我”在内山书店偶然与鲁迅先生见面并接受赠书。

（2）这一面使“我”深受鼓舞。

（二）弄清本文记叙的六要素

时间：1932年秋天的一个中午。

地点：内山书店。

人物：“我”、内山老板、鲁迅（主要）。

起因：躲雨、歇歇。

经过：买书钱少、见面得书。

结果：深受鼓舞。

（三）剖析文中对鲁迅先生进行的三次外貌描写，认识鲁迅先生的崇高精神

1. 剖析第一次外貌描写

师：谁能读一下文中对鲁迅先生进行的第一次外貌描写？从哪几个方面描写的？

生：体形、岁数、衣衫、烟嘴。

师：鲁迅先生的外貌给人的总印象是什么？用文中一个字概括。

生：瘦。

师：读了这几句话，你能想象出鲁迅先生的具体形象吗？

生：不能。

师：为什么？

生：因为作者描写得粗略。

师：为什么描写得粗略？

生：因为作者是处在离鲁迅先生较远的位置观察的。

2. 剖析第二次外貌描写

师：第二次是怎样描写的？男同学齐读，女同学分析。并想一想这次对鲁迅先生的外貌描写给人的总印象是什么？

生：瘦。

师：与第一次相比，是细致还是粗略？

生：细致。

师：写了哪些方面？

生：面孔、精神、头发、胡须。

师：对头发、胡须的描写抓住了鲁迅先生的外貌特征。为什么能写得这么细致？

生：因为作者的观察位置有了变化，近了。

3. 剖析第三次外貌描写

师：这次外貌描写，女同学齐读，男同学分析。给人总的印象怎样？

生：瘦。

师：描写哪些方面？

生：脸、头发、衣衫、胡须、烟嘴。

师：描写得怎么样？

生：更细致。

师：为什么？

生：因为作者与鲁迅先生的位置更近。

4. 总结描写方法及作用

师：这三次对鲁迅先生进行的外貌描写，共同之处是总印象“瘦”，不同之处是有的粗写，有的细写，是由粗到细。造成这种描写效果的原因是什么？

生：作者观察鲁迅先生的位置发生了变化，是由远处逐步到近处。

师：这种写法值得我们学习。描写人物可以在远处总的概括粗写，后在近处细致描写，这会使人物形象更加突出、完整，给人留下深刻印象。作者对鲁迅先生的三次外貌描写为什么要突出一个“瘦”字呢？从课文中找出有关语句。

生：课文倒数第二自然段：“我们这位战士的健康，差不多已经完全给没有休息的艰苦工作毁坏了。”

师：表现了鲁迅先生的什么精神？

生：献身革命的精神。

（四）剖析称呼变化，加深对鲁迅先生崇高精神的认识

师：通过学习，我们知道作者对鲁迅先生的外貌刻画得越来越细，同样，鲁迅先生在作者心目中的印象越来越深刻。纵观全文，作者对鲁迅先生的称呼在逐渐改变。文中对鲁迅先生的称呼有哪些？有什么含义？请按顺序说。

生：他、先生、您、同志、朋友、父亲、师傅、战士。

师：为什么称“他”？

生：平常人，不了解。

师：为什么称“先生”？

生：尊敬。在作者心目中有一定地位。

师：为什么称“您”？

生：亲切、敬佩。

师：为什么称“同志”？

生：与工人阶级志同道合，走的也是革命道路。

师：为什么称“朋友”？

生：同工人阶级有深厚感情。

师：为什么称“父亲”？

生：鲁迅先生关心进步青年成长。

师：为什么称“师傅”？

生：鲁迅先生是进步青年的引路人。

师：为什么称“战士”？

生：鲁迅先生同国民党反动派进行不屈不挠的斗争，是革命队伍中的一员。

师：称呼的这些变化，表达作者对鲁迅先生怎样的思想感情？

生：无限崇敬、关心、爱戴。

师：鲁迅先生对“我”是怎样做的？

生：送书给“我”。

师：这表现了鲁迅先生怎样的精神？

生：关心进步青年。

（五）归纳本文中心思想（参考板书）

本文通过记叙“我”在内山书店与鲁迅先生偶然见面并接受赠书，赞扬了鲁迅先生关心进步青年、献身革命的精神。

七、巩固新课

朗读三次外貌描写，体会作者描写的粗细及鲁迅先生献身革命的品质。

八、本课小结

（1）学习了鲁迅先生献身革命、关心进步青年的崇高精神品质。

（2）学习本文细致的外貌描写，刻画人物要抓住人物的精神实质。

附：板书设计

一 面

回忆录　阿累

时间：1932年秋天的一天中午

地点：内山书店

人物：

“我”、内山老板

鲁迅	瘦	远	粗	献身精神
	瘦	↓	↓	
	瘦	近	细	

起因：躲雨歇歇

经过：买书钱少、见面得书

结果：深受鼓舞

（此设计曾入编2001年8月《烟台市初中语文优秀课堂教学设计》一书）

《一面》教学设计解析

——以人为本，培养能力

课堂教学中最重要的莫过于把“两主”贯穿到整个过程中，即教学过程始终要体现出以学生为主体，促进学生主动发展。

《一面》的课堂教学设计，把“两主”充分落实到了教学的各个环节。

第一，从教学设计来看，体现了“以人为本，培养学生的理解能力和概括能力”宗旨。如写作背景的介绍，是为了让学生更深刻地理解课文内容，抓住鲁迅先生的精神实质。为了让学生理解鲁迅先生献身革命、关心进步青年的崇高精神，激发学生对鲁迅先生的崇敬之情。教学设计中对鲁迅先生三次外貌描写的剖析，让学生抓住鲁迅先生“瘦”这个特点，进而推敲出“瘦”是鲁迅先生献身革命、呕心沥血的结果；由表面到实质，培养了学生对课文内容的理解能力。

为了让学生更深刻地认识鲁迅先生的精神实质，教学设计剖析了作者对鲁迅先生的称呼变化。通过剖析，让学生体会到作者对鲁迅先生的崇敬、爱戴的感情越来越强烈，鲁迅先生的高大形象便呈现在学生面前，激起了强烈的情感共鸣。概括能力的培养，主要体现在点拨这个环节上，可通过理清课文结构内容和归纳文章中心思想这两个方面实现。另外，其他问题的设计，如让学生用一个字概括出鲁迅先生的外貌特点，也是培养概括能力的体现。

第二，从课堂教学的过程来看，体现了“以生为主，培养学生分析能力和表达能力”宗旨。在教学过程中，不再采用教师包办和提供标准答案的形式，而是充分调动学生思考的积极性，培养学生的分析能力和表达能力。课堂上提出的问题，不再是“什么是什么”，而是深入到“为什么”。这样，拓宽了学生分析问题的广度，挖掘了分析的深度。如对鲁迅先生的第一次外貌描写的分析，不局限表面上的鲁迅先生的外貌特点是怎样的，而是深入地引导学生思考，为什么是这样写的？另外，在对鲁迅先生的外貌描写进行总结的基础上，又提出了为什么要突出一个“瘦”字。对于解答，不再是教师包办，不再局限一题一答，而是充分调动学生的积极性，让学生积极思考，积极回答，力争一个问题多种理解。这样，打破了“自古华山一条路”的旧意识，确立了“条条大路通罗马”的新观念，让学生领略到成功的喜悦，激发了他们学习的兴趣，树立了学习的信心。同时，课堂上的口头作文和积极发言，充分地培养了学生的口头表达能力。

第三，从训练的目的上看，体现了“以师为导，培养学生的阅读能力和写作能力”的宗旨。如预习提纲的运用，指导学生带着问题去读书，明确了阅读的目的，训练了阅读的速度，培养了阅读的能力，提高了阅读的质量。在预习提纲的运用中，也充分体现了教师的指导作用，课堂上的点拨，教师充当了学生的“拐杖”，容易的问题让学生自己讲，较难的问题由教师指导学生讲，难的问题由教师启发、引导学生讲。此外，前面两点中谈到的对学生理解能力、概括能力、分析能力和表达能力的培养，最终还是落实在阅读能力的培养上。

总之，整个教学过程始终体现了“以人为本，培养能力”的宗旨，为每一位学生科学思维方式的塑成、健康主动的发展奠定了牢固的基础。

个人随笔

人生感悟

点点滴滴的教育片段构成五彩缤纷的教育生活，触及教育最柔软的地方，发出基层教育者微弱的心声。

别在同一个地方折磨自己太久，别跟自己长时间过不去。读读，写写，走走，看看，想想。出路出路，走出去了都是路。

阅读能够让我们看到真实的自己，阅读能够让我们找回初心，阅读能够充实我们的生活、丰盈我们的精神世界、愉悦我们的心情，阅读更能拓展我们人生的广度，提升我们专业发展的高度。

“五四”青年节讲话

——严格自律，为团旗添彩

各位团员同学：

大家好！在“五四”青年节到来之际，我们相聚在一起，共同欢庆我们的节日。在此，我代表大窑中学团委向各位团员致以节日的问候，祝同学们节日快乐、学习进步、健康成长！

中国共产主义青年团是亿万青年引以为豪的组织，她有着几千万朝气蓬勃的共青团员，有着近80年光辉灿烂的历史，吸引着广大中学生积极加入，像火炬一样照亮了广大中学生成长的道路。我们各位团员都有良好的学习成绩，满腔的热情，吃苦在前、享受在后的精神和为共产主义奋斗终生的崇高理想。大家为我们的组织增了光，添了彩，谱写了感人的篇章，留下了闪光的足迹，无愧于“共青团员”这个光荣的称号。

回顾过去，我们取得了可喜的成绩；展望未来，我们深感历史使命的重大。在改革开放的新时期，在充满挑战的21世纪，我们该如何向人民交上一份满意的答卷，如何为组织和学校再添佳绩，这是每位团员都必须认真思考并做出回答的问题。为此，我代表校团委向大家提出以下几点要求：

一要认真学习马列主义、毛泽东思想和邓小平理论，坚决拥护中国共产党的领导。大家要积极宣传、自觉执行党的路线、方针和政策。对违背党的路线、方针和政策的言行，要自觉抵制、敢于批评。要自觉遵守国家法律、社会公德和学校各项规章制度。要加强道德修养，敢于同坏人做斗争，自觉抵制社会上的不良风气，要在工作、学习及社会生活中起模范带头作用，用实际行动树立团员的形象，提高团组织的威信。

二要努力学习科学文化知识，为21世纪的祖国繁荣昌盛奠定坚实的基础。知识就是力量，有知识就有实力，有实力就有尊严。大家要牢记“落后就要挨打”，不断增强学习科学文化知识的责任感和紧迫感。从我做起，从现在做起，带动全体同学掀起学习文化知识的新高潮，为学校的发展和祖国的建设事业做出应有的贡献。

三要自觉遵守团的纪律。团的纪律是保证团组织思想上、行动上统一而确定的规则。每位团员都应有高度的团纪观念，自觉、严格遵守团的纪律。

四要及时交纳团费，积极完成团组织交给的任务。交纳团费是团员和团组织保持联系的一种形式，是团员对团组织应尽的责任和义务，这有助于增强团员的组织观念和团员意识。团的工作目标和任务，要通过全体团员的共同努力才能实现和完成。对于团组织交给的任务，大家应以主人翁的态度来对待，充分发挥自己的主观能动性和聪明才智，认真努力完成。为此，对团组织安排的任务，大家不应采取消极应付的态度，更不能敷衍了事或拒不接受。

五要密切联系同学，及时反映同学的意见和要求。每位团员都应处理好与同学的关系，热心帮助同学，用自己的行动去影响他们，促使他们不断进步，逐步向团组织靠拢。要深入同学，经常与同学交流思想，掌握他们在学习、生活等方面的具体要求和困难，及时向团组织反映，使同学们的正确意见和合理要求能够在工作中得以具体体现。

六要开展批评与自我批评。大家要坚持真理，主持正义，对团内不正之风和违反纪律的现象要敢于批评。大家还要经常反省自己，及时检查自己的不足，对自己的错误要及时改正。对于工作中的差错，要勇于承担责任，及时找出原因并努力纠正。

各位团员，我相信，在校团委会的正确领导下，在大家的严格要求下，凭着满腔的热情、积极扎实的工作作风，勤勤恳恳和认真负责的工作态度，一定会把我校团组织的工作开展得井然有序、硕果累累，为我们大窑中学再创佳绩、再争辉煌，为我们的团旗再添风采，为我们的民族振兴、祖国强盛谱写新的篇章。

我的讲话完了，谢谢大家！

班刊《心语》序言

——致我的学生们

虽然我们的文笔还很稚嫩，但是我们依然写出了风的气势、心的灵动，绘出了华彩的篇章；虽然我们的思想还不够成熟，但是我们已经行走在心灵的路上，倾吐着内心最真挚的情感，发现着生活中的美与感动。

冬风在户外吹着，偶有阳光暖照。这样的日子，容易迷失自己；当然，也易于播种希望，放飞梦想。我们不奢求辞藻的华丽，不奢求在文学的田地里有自己的一席，我们只为袒露自己的心声，展现自己的发现与感动，坚定着自己内心的梦想，书写内心沉寂已久的渴望。

冬天来了，春天还会远吗？

读书伴我成长

书是钥匙，能够帮我打开知识的宝库；书是阶梯，能够帮我攀登科学的高峰；书是航船，能够运载我到达理想的彼岸。因此，在多年的教学生涯中，读书成了我的嗜好，读书成了我的人生追求。读书，让我对学生倍感亲切；读书，让我对工作充满信心；读书已经融入了我的生活，读书伴我成长。

读书丰富了我的学识，提高了我的理论水平。通过读书，我懂得了学生的学习存在着关键时期，懂得了“艾宾浩斯遗忘曲线”，懂得了自主学习的重要性，懂得了没有也不可能有抽象的学生，懂得了评分应该是有分量的……通过读书，我理解了工作中的许多问题。例如，我校实行的“分类指导，分流施教”中提出的异步教学，通过读苏霍姆林斯基的著作我对此有了较深刻的理解，这与书中讲的“对一个学生来说，五分就是成就的标志，而对另一个学生来说，三分就是了不起的成就”相吻合。工作中有的老师常抱怨：“这节课上得太沉闷，学生一点积极性也没有。”对此，我也有同感。其实，这是教师在课堂上缺乏激情所致。因为苏霍姆林斯基讲过：“一节课上得怎么样，很大程度上取决于教师对教材的态度。”教师没有备好课，没有充满热情地参与课堂教学，就不能调动起学生学习的积极性，课堂就不会充满生气。

读书解决了我工作中的疑难，优化了师生间的关系。在教学工作中，我们会遇到很多的问题。我经常因为找不到解决某些问题的办法而苦恼。这些问题甚至导致工作事倍功半，造成了不可弥补的损失。我所教的学生中，有一位叫杨少君。他上课不学习并且经常违反纪律。我和任课教师经常找他谈话，效果仍然不理想。有时我盯得越紧，他越违纪。我知道他已经产生了逆反心理。当时，我感到无计可施了。而当我翻阅了苏霍姆林斯基的著作后，明白了：学生的精力都是有限的，让每一位学生做最喜欢的事情，他肯定会不违纪或者少违纪。我细心地分析了他的表现，发现他的字写得不错。我当众表扬了他，而且每天让他写一定量的田字格，天天给他批阅，或者指出其中存在的问题，或者表扬他的进步之处，或者给他指出努力方向。经过一段时间，他的字大有进步。我把他的字展示给同学看，大家都很钦佩。慢慢地，他喜欢上了书法，学习的积极性提高了，违纪现象也少了。他曾多次为班级创办黑板报，受到了大家的一致好评；也曾参加区书法比赛并获得了二等奖。的确，是读书排解了我工作中的疑难，使我和学生之间的关系更为密切，增强了师生情。

读书科学地指导了我的工作，提升了我的教育教学能力。通过读书，我学习了前人的理论和经验，同时在工作中加以借鉴运用，使自己的工作有理可依、有据可施。通过读书，我深深体会到：自尊是学生的第一道心理防线，也是最重要的一道防线，不能把学生的心理问题当作思想问题来处理。否则，会适得其反。要一把钥匙开一把锁，个别问题个别处理。学生孙成升入初三不久，我就发现了他的异常举动：平时很少与人交往，也没有知心朋友；上课表现得很浮躁，有时不经意地就掀起桌箱找东西；课间等同学上完了厕所，他才去；与他谈话，他总是东张西望。我预感到，他的违纪不是思想上的纪律观念不强，恐怕是心理上的问题。于是我一方面与他的家长联系，反映了他的情况，希望家长多开导他；另一方面我广泛地查阅资料。我阅读了《人生的契机》一书后，找到了孙成异常表现的答案，原来是心理障碍在作怪。鉴于此，我与任课教师达成了一致意见，多理解、宽容、鼓励他。同时，我又在班级上发起了"互帮互助"的活动，有意安排了许多同学从学习和生活上去帮助他。平日我用心观察、记录了他的异常表现，并运用书中的有关理论来开导他，使他融入集体生活。经过大家的一致努力，孙成的性格开朗多了，言行举止也没有了异常，学习成绩也提高了，期末又荣获了进步奖。他的家长很感激，我也非常高兴。读书指导了我的工作，提高了我的教育教学能力。书为我教育、培养学生点亮了一盏"明灯"。

当然，读书是要付出艰辛的脑力劳动，要讲究方法的。我把读书当成一种快乐的事情，当成我生活的一部分。我经常利用课余时间读书，即使工作忙了，也强迫自己挤出时间来读。在读书过程中，我边读边联系实际工作，写了许多的感想，并留有读书笔记。

总之，读书丰富了我的学识，排解了我工作中的疑难，使我和学生之间的关系更为密切，提高了我的理论水平和工作能力。书是我生活的知己，书是我进步的阶梯。

短文六篇

人生的得与失

人生路上毕竟还是荆棘丛丛，绝不是到处都盛开着玫瑰花。

人生绝不应纠结一时的得与失、一时的进与退，应坚守内心那份理想与宁静，不断汲取营养，不忘初心，坚信根扎得越深，枝叶就会越繁茂，终有一天会绽放美丽、芳香四溢。

写给自己的话

人生须记住两件事：一件是别人对自己的恩惠，另一件是自己对他人的过失。

山不转路转，路不转人转。人要转，就先得心转。

身如小鸟，心似大鹏。天地间既容得下大鹏，也自然能允许小鸟撒一撒不太煞风景的野。

如今，确确实实应该静下心来，放慢脚步，想想自己的教育生活，等一等自己的灵魂。

耐心点，善用独处的时间，在沉默中积蓄力量。唯有寂寞，让人受益匪浅。

教育即生活，生活即教育。教育的过程也是享受生活的过程，因为教育中融入了很多的生活元素；同样，生活也是教育，生活教会了我很多东西。总之，丰富的教育生活成就了今天的我。

人生只求做好一件事，一辈子，一件事。对于我来说，40 岁才开始学做教师。

今天学得更多是为了明天走得更远。

一次次的挫折和失败，让我反思；一次次的收获和成功，让我自信。无论怎样，唯有努力才能化逆境为风景，逆境是磨炼人的最高学府。

要想成为一位名师或教育专家，既要有教育理论的高度，也要有教育实践的深度。

大树依旧在，原野的风光依稀可见；只是树底下少了些乘凉的人。

要谈我的教育生活，先从我与教育的故事说起吧。注定了，我今生与教育结缘。

听 风

——夜宿养马岛中学公寓楼

今晚风很大。下晚自习，我刚迈出教学楼，一阵狂风吹来，窜入全身，令人瑟瑟发抖。我急忙裹紧外套，疾步奔进宿舍楼。

风在窗外肆虐着，吹着窗棂"呜呜"作响，仿佛要将窗棂扯掉，一头闯进屋内，把一切撕得粉碎。今晚已没有了虫的鸣叫，岛外的灯光也被吹得忽明忽暗。我倚床一边品读着《追寻近代教育大师》，一边听着户外的风声，心想：今晚恐怕是风的世界了。

心 愿

心愿如冬日的阳光，温暖清新。

心愿如夏夜的繁星，无比璀璨。

我有一个心愿，愿天下所有的孩子都能吃饱、穿暖、上好学。

我有一个心愿，愿步履蹒跚的老父亲，硬硬朗朗、健康长寿。

我有一个心愿，愿所有身处战乱的人们能够早日平安祥和、重建家园。

曾几何时

曾几何时，雄心壮志；曾几何时，信心满满；曾几何时，激情飞扬；曾几何时，安于现状、不思进取，这就是职业的倦怠吧。

春

春是山间的一股清泉，跳跃、奔腾。

春是原野的一株小草，萌发、蓬勃。

春是农民播种在田间的希望。

春是离家时母亲的叮嘱和牵挂。

春是人们内心沉积已久的渴望和梦想。

国旗下讲话

——珍爱生命，勤奋学习

大家都知道，上周一下午2点28分，也就是北京时间2008年5月12日14时28分，我国四川省汶川县发生了7.8级地震，那是一个让我们中国人世代难忘、刻骨铭心、万分悲痛的时刻。这次地震给我国四川省造成了严重损失，房屋大面积倒塌，许多居民区、学校被全部掩埋。面对灾情，我国人民及海外华人都积极行动起来，慷慨解囊，纷纷捐款捐物，表现了中华民族“一方有难、八方支援”的团结奋斗的伟大精神。我们学校全体师生，在校党委的领导下，也踊跃捐款，为灾区人民献上了一份爱心。

同学们，地震留给我们的除了悲痛之外，更重要的是让我们冷静地思考，思考我们现在拥有一切。我们应该珍惜生命，勤奋学习。

这次地震估计造成了5万多人死亡。地震发生时，许多学生在教室上课，顷刻间，房屋倒塌，学校被掩埋。我们许多的同龄人再也倾听不到老师的谆谆教导，再也享受不到父母的关爱，再也看不见明天冉冉升起的太阳。我们却拥有这一切，大家应该珍惜现在拥有的生活、学习环境。灾区幸存的孩子绝大部分流离失所，有的身体残疾，更有不少的失去父母，成为孤儿。他们没有肯德基、可乐，连方便面、饮用水都成问题；他们没有暖炕、席梦思床，头顶帐篷、席地而睡，也算是一种享受；他们没有李宁运动衫，一件干净暖和的衣服也是他们的一种渴望。我们大家却拥有宽敞明亮的教室、整洁美丽的校园，拥有关心你们的父母，拥有关爱你们的老师，拥有团结互助的同学，我们是幸福的。这几天，我听到了学校许多老师发自内心的感慨：我们跟灾区人民相比太幸福了。我们老师应珍惜这一切，努力工作，不辜负祖国的重托。同学们，你们应该怎么做呢？

（1）尊重老师，听从老师的教诲。老师都是关爱学生的，这次地震中有许多老师为了救助学生而献出了宝贵的生命。俗话说：“一日为师，终身为父。”“滴水之恩，当涌泉相报。”老师对同学们的恩情何止“滴水”？没有老师的教诲，我们就不会识字、读书；没有老师的教诲，我们就不会做人；没有老师的教诲，我们就不会健康成长；没有老师的教诲，我们就没有美好的未来。

（2）严格要求自己，养成良好的行为习惯。印度有一句谚语：播种行为，收获习惯；播种习惯，收获性格；播种性格，收获人生。我们只有撒播下良好行为的种子，才能萌发进取的力量，收获累累的硕果。平日有的同学不尊重别人的劳动成果，随手乱扔垃圾；有的同学不讲文明，校园内追逐打闹、大声喧哗、满口脏字；有的同学领饭插队；也有的同学不遵守宿舍纪律，严重干扰了同学们的休息。这些不良行为既损害了自己的形象，影响了自己的健康成长，也干扰了同学们的生活、学习，破坏了良好的校园环境。这些习惯是对别人的极大不尊重，应该受到批评和进行深刻反省。

（3）勤奋学习，报效祖国。灾情发生后，国家更牵挂少年儿童的安危，这次救灾的一个重点，就是救助倒塌学校的学生。温家宝总理看到了两个从废墟中解救出来的孩子时，禁不住潸然泪下。去年国家又开始减免了大家的杂费、课本费。由此可见，国家非常重视我们青少年的成长。古人说："天下兴亡，匹夫有责。"没有国哪有家？我们应珍惜现在的美好时光，勤奋学习，报效祖国，因为大家是祖国的未来，民族的希望。

同学们，云飘走了，天空还在；家园没了，可以重建；而生命则不可以从头再来。相信大家一定能珍爱生命、勤奋学习，自觉养成良好的行为习惯，用我们勤劳的双手、优异的成绩回报父母，回报老师，回报社会，用我们的信心、诚心、爱心、进取心铸就起灾区人民坚强的后盾。

我的讲话完了，谢谢大家！

（本文写于2008年5月19日）

国旗下讲话

——从小事做起，为国旗添彩

同学们，每当我们在雄壮嘹亮的国歌中看着冉冉升起的五星红旗，心中怎能不激动？因为五星红旗凝聚着无数先烈的热血，五星红旗记载了中国共产党领导中国人民走过的风风雨雨，五星红旗彰显了我们中华民族不受屈辱、蒸蒸日上的发展蓝图。回忆过去，我们以先辈们创造的业绩而自豪；瞩目现在，我们以繁荣富强的祖国而骄傲；展望未来，我们肩负着历史的重任。努力学习、振兴中华是我们当代青少年义不容辞的责任。

要振兴中华，必须从现在做起，从身边做起，从小事做起。古人云："不以恶小而为之，不以善小而不为。"在生活中，我们不要以为犯点小错无所谓；岂不知，小错不改必酿成大错。例如上课东张西望，课间疯闹，晚上睡觉时间说话……这些都是小错，如果不改，必然会影响学校的正常教学秩序，必然会扰乱我们赖以成长的良好校园环境，必然会影响个人的健康成长，甚至酿成伤害他人等恶性事件。

每位同学只有认真做好身边的小事，才能不辜负老师和父母的期望，不辜负祖国的重托，才能担负起建设现代化强国的历史重任。驰名中外的青岛海尔集团，之所以能蓬勃发展，闯入国际市场，为中华民族扬眉吐气，因为海尔人拥有扎实进取的创业精神，他们的创业精神就是简单的六个字“不容易、不简单”。“不容易”就是把别人认为容易的事认真地干好；“不简单”就是把别人认为简单的事千百遍地去做。有人曾问过一位在海尔集团当清洁工的大学生：“你每天拖几次大厅？”回答是“很多次”。“你不觉得这份工作太单调了吗？”回答是“这就是我的工作，我非常喜欢”。如此让人敬佩的海尔人，如此令人称颂的海尔精神！这种精神值得每一位同学在生活中认真学习，时时刻刻做到“不容易、不简单”，例如，认真清扫卫生、不留残物，认真上操、不懒散，按时作息，不迟到、不早退、不旷课，天天如此；认真上自习，不违反纪律，节节如此。做到了这一点，我们坚信：我们定会健康成长，直至成功；我们的学校定会蒸蒸日上，再创辉煌；也定会让我们的国旗熠熠生辉。

我的发言完了，谢谢大家。

国旗下讲话

——缅怀先烈，发奋学习

严冬在春风中消退，岁月在奋斗中消逝，不知不觉又迎来了清明节。清明节寄托了我们对逝去亲人的无限哀思，也寄托了我们对先烈们的深深怀念。今天，我们能坐在明亮洁净的教室里汲取知识的营养，能吃上新鲜可口的饭菜，能愉悦地欣赏到自然的美丽风光，能在蓝天白云下自由地呼吸。这一切是来之不易的，是无数的先烈们在战火中出生入死，在牢狱里坚贞不屈，在刑场上大义凛然所换来的。

1840 年鸦片战争，帝国主义列强用枪炮打开了我们的国门，中华民族开始了半殖民地半封建的悲惨岁月。祖国的领土被瓜分，人民被杀戮，尊严被剥夺。无数的爱国志士不甘受辱，奋起抗击。林则徐、邓世昌、丁汝昌等一大批民族英雄，他们用血肉之躯筑起了中华民族抗击侵略的万里长城。1937 年 7 月 7 日，日本帝国主义的铁蹄大肆践踏我们的国土，焚烧我们家园，数以万计的人们惨遭杀戮，无数的人们背井离乡。面对帝国主义的野蛮暴行，杨靖宇、赵一曼等千千万万的中华儿女，勇敢地拿起武器，从青山到白水，从城镇到农村，向侵略者发起了一次又一次地冲锋，痛歼了敌人，鼓舞了全国人民的斗志，向世界昭示了中华民族是不屈服的民族，中华民族是伟大的民族。

同学们，历史用事实告诉了我们，落后就要挨打，只有建设强大的祖国，才有我们幸福的家园。要建设强大的祖国，我们首先要继承先烈们的遗志，要发奋学习。我们不仅要认真上好每一堂课，要一丝不苟地完成作业，更重要的是要养成良好的生活习惯、卫生习惯和学习习惯。我们要虚心地听从老师的教诲，积极地参与学习；善于提出问题，解决问题。要学而不厌，不骄不躁，勤勤恳恳，扎扎实实地掌握好科学文化知识；要自觉抵制网吧等不良因素的影响，全身心地投入学习中去，为我们的将来，为祖国的强大贡献自己的力量。

同学们，历史给予我们机遇，祖国给予我们重托，我们要继承先烈们的遗志，发奋学习，以优异的成绩告慰青松下长眠的先烈们。最后，我引用梁启超先生的话，与大家共勉："少年智则国智；少年富则国富；少年强则国强；少年独立则国独立；少年自由则国自由；少年进步则国进步；少年胜于欧洲，则国胜于欧洲；少年雄于地球，则国雄于地球。红日初升，其道大光……纵有千古，横有八荒，前途似海，来日方长。美哉，我少年中国，与天不老；壮哉，我中国少年，与国无疆！"

我的讲话完了，谢谢大家！

老教师是学校的"宝"

——有感于早晨遇见以前同事尹老师

今早，我送儿子上学，在路上遇见了我刚参加工作时的同事——尹老师。我主动下车与她打招呼，她满脸喜悦，很是激动。看上去，她的精神还不错，身体还硬朗。她对我有恩。多年前的一天，刚参加工作、年轻气盛的我因不满副校长让我干私活，与其争执起来，是尹老师帮助我解了围，把那位副校长请到办公室外替我做了解释，化解了我与领导间的矛盾。刚结婚时，我与妻子在村里租房子，尹老师登门看我，并送给我们一些馒头。尹老师每每遇见我，总是说我的好，对我大加赞赏和鼓励，有时感觉像自己的母亲一样。像她这样的老教师，在我刚参加工作时的学校里有好多位。对于我来说，他们既是我人生的导师，更是我人生的贵人。真想有朝一日，稍有点成就之时，把他们请到一起，吃个饭，好好聚一聚，以表感激之情。

老教师理应受到尊敬，老教师用默默无闻的工作书写了学校的历史，用奉献成就了学校的辉煌，他们是学校的“宝”。老教师们丰富的阅历和经验，助推着学校的发展，也成为引领青年教师成长的宝贵财富。许多老教师的正直、无私凝聚了学校潜在的管理文化，成为教师们言行的“标尺”。许多老教师可能一辈子都默默无闻，不曾有少许骄人的成绩，但他们用自己的行动成就了今日的学校，必须受到尊敬。在学校管理中，可以组织他们成立“黄金智囊团”，积极参与学校的管理工作，为学校的发展献计献策。在每年的教师节，都应该单独向老教师献花、致辞，表达学校师生的尊敬、感激之情。特别是在老教师即将退休时，学校可以颁发“终身奉献奖”，表达学校对他们的感谢、认可。当然，每年教师节前后，还可以邀请部分老教师回学校座谈，看看校容校貌，听听学校领导的汇报，谈谈自己的感受，谈谈学校的发展，谈谈对学校未来的期望。老教师理应受到尊敬，这不仅是为他们的无私奉献“点赞”，更是对学校历史的尊重。

上天总是把机遇留给有准备的人。努力吧，如果是金子，不管埋在沙土里多深、多长，时间总会吹开尘埃，让其光芒四射。

想想，有多少青年教师是在老教师的提携下一步步站起来的，又有多少青年教师是站在老教师的肩膀上成长起来的。

虽然，我们现在年轻，但我们也有老的一天。

请关心教师的身体健康

——我身边的人

这几天，心情颇不平静，因听说同学和以前的同事身体出了问题。他们40岁左右，都曾担任过学校的中层领导，工作都非常积极用心，而在年富力强、经验和成绩双丰收的时候，身体却亮起了“红灯”。

虽说生病有自身身体素质的原因，但工作的压力也是导致身体发出警报的主要原因之一。工作是要做的，但身体也尤为重要，因为身体是工作的“本钱”，更是一个家庭幸福的基本保障。

一位年轻的教师走了。

再好的悼词也无法挽留住一个年轻的生命。我的同事，41岁年轻的他，在2016年12月27日，离开了这个美丽的世界。他生前的许多亲人、同事、朋友、同学、邻里在寒冷冬季的早上送别了他。

失去亲人的痛苦，只有他的亲人才会有刻骨铭心的感受。虽然许多人在送别时泪流满面，那种伤心只是暂时的，而这对他的亲人将是永远的痛。

除了悲伤之外，我作为一名学校领导在想，为什么这么年轻的生命走了，而且近几年区域内好几名年轻教师走了？是不是学校或上级教育部门给予教师的压力太大了，给予教师的关怀不够呢？这些问题值得深思。

身体是工作的本钱

我的兄弟王于杰于2017年4月24日凌晨1点病逝，年仅43岁。

周一早晨9:00左右，听到办公室同事说起此事，我当时很震惊。虽前些日子到医院去探望过你，得知他的病情，很是难过，但总觉得上天应多给他些时日，没想到他竟走得太早、太突然。

这几日，心情颇不平静。他的音容笑貌往往会呈现在眼前。我们兄弟相识在多年以前，他给我的印象总是大大咧咧的，平时交谈到兴浓时，他往往会“嘿嘿”一笑。2000至2007年上半年，也就是我结婚的前几年，没有固定住所，经常搬家。那时，他是我搬家的主力之一。有时我找到他帮忙，你会打趣道：“哥哥，又要搬家吧？”到现在，我仍记得他对我的帮助。

2011年7月，我借调到区教体局，离开了大窑中学。以后，我们兄弟散多聚少，跟他聚在一起吃饭的时候不多，真是太遗憾了。更何况他走时，我知道得太迟，没有去送送他，这是我永远的遗憾。

如今，经常听到年轻教师离去的消息，无论是自己认识的还是不认识的，心中都会感到惋惜。40岁左右的年纪既是一个人最年富力强、有所创造的时候，也是一个人在家庭中挑大梁的时候，还是一个人在单位中发挥骨干作用的时候。作为领导，应该时刻关心教师们的身体健康，这不仅是为教师个人，也是为了学校的发展。失去一位教师，对学校的影响不仅仅是暂时的。校长最有感触，当学校的一位老师因身体原因而请假，最为烦恼的是安排谁来接替这位教师的工作，而学校教师的编制往往是“一个萝卜一个坑”。从这个角度出发，关心教师的身体健康尤为重要，既是为了学校工作，更是为了那一双双渴望知识的眼睛。

当然，年轻教师的离去有的是先天身体素质的原因，也有的是家庭生活的原因，但不管怎样，作为领导，特别是校长，确实应该关心教师的身体、工作和家庭生活。这不仅是为教师本人，也是为自己工作中少些难题，更是为学生的成长和学校的发展。校长要经常思考:我们学校教师的工作和生活幸福吗?可能有的校长会认为,教师的生活与学校管理的关系不大,其实不然,没有好的生活,哪有健康的身体,没有健康的身体又会如何保障工作好。教师的身体健康和工作是息息相关,这是最为简单的道理,因为身体是工作的“本钱”。

我们离苏霍姆林斯基有多远

——读《给教师的建议》所感

曾经多少次,捧着苏霍姆林斯基的《给教师的建议》难以释手,书中那些闪烁着人文关怀的教育实践和思想,一次次令我激动不已,常使我找到了“山重水复疑无路,柳暗花明又一村”的感觉。在平静之余,我经常思考:作为普通教师,我们离苏霍姆林斯基究竟有多远。

在苏霍姆林斯基的教育思想中,不难发现最为基础、重要的东西。他把教会学生阅读和思考作为教师教学的首要任务,把阅读和思考作为学生发展的基本能力;把相信学生、尊重学生,用心灵去塑造学生的心灵作为教师育人的根基;把读书和实践作为教师发展的必经之路。教育家毕竟是教育家,他们的思想具有前瞻性和创新性,许多教师对此都会望而莫及。然而,任何一位教育家的思想都来源于实践,苏霍姆林斯基也是如此。他从教30多年,把毕生的精力奉献给了帕夫雷什中学,把爱倾注到课堂和学生身上,把思考融入了教育教学的实践中,积累下至今仍熠熠生辉的教育思想。如今,苏霍姆林斯基的教育思想吸引了一批批的追随者,他们不断地学习、思考、实践和创新,正是因为有了实践这座桥,才让大家觉得自己离苏霍姆林斯基并不远。

我们教师每天走进课堂与学生朝夕相处,身处教育教学的实践中,每天都会触摸到教育发展的脉搏,真实感受教育的苦与乐。因此,对于教育的谈论,教师最有发言权。在教育教学工作中,教师最清楚自己缺少什么,教育缺失什么,学生缺憾什么,而这些理解都来源于教师自己的教育教学实践。由此可见,我们离苏霍姆林斯基其实很近。

那么,为什么有的教师一谈到苏霍姆林斯基就会感觉很遥远呢?这是因为我们的工作没有真正深入到教育教学的实质中,没有根植到课堂和学生的内心深处,工作只停留在浅层次和表面,只是为了追求教育教学的短期效应,为了让学生记忆更多的知识,获得更高的分数而已。我们没有像苏霍姆林斯基那样,秉承良心和责任，为了某一学生的健康成长而跟踪教育一年甚至是几年；没有像苏霍姆林斯基那样忠于教育，为了弄清和解决教育教学中一个问题，深入课堂，走近学生，认真听、评课，长期实践和研究。我们恰恰缺少了对教育的那份热情和执着。我们没有像苏霍姆林斯基那样，每天把教育教学工作中的新现象和新问题记录下来，有计划地开展工作；更没有像他那样潜心读书和理性的思考，并善于总结工作中的点点滴滴。我们整天忙于形式上的工作，难以静下来、读进去、钻深入，浮躁而短视使我们缺失了专业发展的根基，失去了工作的热情和梦想，产生了职业的倦怠感，致使我们离苏霍姆林斯基越来越远。

教育是育人的事业，不仅仅是分数所能够代表的。正如苏霍姆林斯基所说，“只有教师关心学生的人的尊严感，才能使学生通过学习而受到教育”，“不应当让一个不幸的、被大自然或不良环境造成艰难境遇的孩子知道他是一个能力低、智力差的人。教育这样的儿童，应当比教育正常儿童百倍地细致、耐心和同情心”。的确，教育需要精心播种、用爱心浇灌、细心呵护，任何不经意和盲从的教育都将对学生的发展产生极大的影响，甚至造成无法弥补的缺憾。只有遵循教育的规律，尊重学生的个性和发展，把学生当作一个完整的人来培养，我们才是尽了教育的职责和本分。

我们每天的教育工作都是新的，今天绝不同于昨天，明天绝不同于今天；每天都发生着这样、那样的教育故事，都产生着这样、那样的教学案例。我们拥有足够丰富的教育研究资源，这些可以支撑我们的专业发展，足以让我们走得更远。我们不应因为繁忙或认识不足，而让这些故事和案例白白溜走，不应每天重复着许多本应轻松下来的工作，重复思考着许多本应有了答案的问题，使我们的身心焦虑疲惫；而应认真记录下来教育教学中的点点滴滴，裁剪下闪光的片段，用心串成教育教学的“珍珠链”，反复思考，不断实践，找寻规律，总结成经验，提升为理论，这样，我们可以满怀自豪地说：“其实，我们离苏霍姆林斯基并不远。”

我与教育新闻结缘

去年暑假，在一线学校工作了 19 年的我，被调到牟平区教育体育局办公室从事文秘工作。从学校来到机关，固然有几分惊喜，但随着工作的逐日推进，原有的几分新鲜感便被枯燥的文字和较烦琐的公文消磨得无影无踪，涌入心中的更多的是忧虑与不适应，内心有说不出的苦。

一个月后，领导便安排我负责全区教育网的信息刊登及上报工作。虽说这份工作不太繁重，但对于在学校工作了多年，思维方式有些模式化的我，无疑面临着“换脑”的挑战，我感觉到了空前的压力。工作之余，我便向领导倒出了心中的苦水，列举了诸多的现实问题：以前在学校只是给领导写个简短讲话或课题研究报告，对于全区教育工作而言，这样的书面材料只是一个“点”，所写材料与教育教学工作联系密切，自己有一定的工作经验，写起来有一定的基础；而撰写全区教育信息则涉及的是一个“面”，自己的文字功底薄，又缺乏对全区教育的整体了解，撰写信息找不到停靠点，何况新闻信息平台是单位的宣传窗口，通过这个窗口，向社会宣传有关政策、工作讯息，展示的是一个单位的精神风貌，容不得半点疏忽。领导听了之后，一直安慰、鼓励我不要着急，要从一点一滴的学习入手，多下功夫钻研，不久就会累积经验，步入正轨。

虽有了领导的鼓励，但自己心中的底气仍不足。起初，我只是浅显地了解新闻的六要素和三个特性，对新闻的其他内容则一概不知，可以称得上是新闻写作的“门外汉”。的确，写作中就暴露出了诸多的问题，要么层次不清，要么缺少内涵，要么格式不妥，最为突出是写出的信息带有较多的“公文味”，缺少“新闻味”，自己不满意，领导也摇头。工作中，怀揣的是更多的是紧张与谨慎。万事千虑总有一疏，我最为担心的事情还是发生了。一天下午，我刚来到办公室，还未坐稳，一位同事便急忙忙找到我，悄声地说，刊登的一篇信息有问题。我当时一听，脸涨得通红，心怦怦直跳。我急忙登陆“教育快讯”一栏，随即便发现了其中的问题。由于疏忽，上午刊登的一篇信息的时间有误，当时这条信息的点击数显示“12”。虽然我及时在后台进行了修改，但已经把不够准确的信息传播了出去，造成了一定的影响，导致了自己工作的被动。事后，我主动找到领导承认错误。领导虽未过多批评，但自己心中仍旧是疙疙瘩瘩的。那时，我就告诫自己：工作要勤奋再勤奋，认真再认真，从自己手中发出的任何一篇信息都不能出现错误。从那以后，每一篇教育信息，自己都认真对待，反复地读，不厌其烦地改，不放过一个错别字，一个标点符号，直到准确无误再登发。为了及时登发一条信息，自己经常挑灯夜战；为了确定一个好的题目，往往反复思考好一阵子；为了确保新闻信息的准确无误，更是要嘴勤、腿勤。慢慢地，我深深体会到：撰写教育新闻的过程也是自己成长的过程，成长的过程是漫长的，也是艰辛的，必须付出努力。

别人是一面镜子，也是最好的老师。为了写好教育新闻，我踏上了求师路。向同事请教：每写完一个信息，我都主动找同事提意见，然后修改；改完后再次请教，再修改，一直改到自己满意为止。向同行请教：经常阅读其他市区的新闻信息，一遍一遍，不厌其烦地阅读，一字一字地品，一句一句地积累，学习别人的写作技巧，积淀丰富的写作内涵。向书籍学习：高级记者吴殿彬著写的《新闻采写精谭》一书，给了我极大的帮助，让我知晓了新闻与通讯的特点、区别以及写作的有关技巧，懂得了只有树立有心、有恒、有成的信念才能写好新闻的道理。

我坚信，付出定有回报。当自己写的一篇篇新闻信息被省、市教育网登载的时候，心中有一种说不出的喜悦与幸福。我至今仍记得自己撰写的新闻信息第一次被山东省教育厅刊登的那一瞬间。那是一个周三的下午，我登陆山东省教育厅网站，想找寻一下自己多日期盼的那一时刻。当我的眼睛转向“市县集萃”一栏时，一条熟悉的教育信息便呈现在我的眼前，心中顿时产生了久违的满足。在省厅教育网站发表一篇教育信息是件极不容易的事，不仅仅要依靠好的新闻点，更要依靠新闻写作的功底。这一好消息使我激动了好几天。它不仅让我看到了写好新闻信息的可能，更催生了写作的激情与动力，坚定了写好新闻信息的信心。

为了使自己新闻写作的水平再获得提升。2018 年 9 月，我参加了烟台日报传媒集团在牟平举办了为期两天的通讯员培训班。第一次近距离地聆听新闻写作专家精心讲授，面对面地与专家交流，使我学习、掌握了更多的新闻写作的有关理论和技巧，对新闻写作有了更多的理解与认识。

如今，我与教育新闻写作从相识、相知到相伴，已走过一年多的历程，这其中不乏酸甜苦辣。教育新闻写作虽是一项单调乏味的工作，充满着耕耘的艰辛，但也拥有着收获的快乐与幸福，成就着人生的理想与追求。今后，我将不惜挥洒汗水，上下求索，珍惜并延续这难得的缘分。

第一次出远门

30 多年过去了，可记忆依然清晰，仿佛就在昨天。每每想起童年时光，心中便涌起无尽的幸福和深深的怀念，怀念家乡的一山一水、一草一木，更怀念家中逝去的亲人。虽时光流逝，岁月无情，但我仍将成长历程珍藏心中，直到永远。

10 岁那年，踏着晨曦晶莹的露水，我怀揣着母亲塞给的 1 元钱，疾走在去邻村唯一的乡间小路上。已是夏末，路旁的榆钱树依然葱绿，田野泥土的气息混着青草味扑面而来。第一次独自出远门，第一次拥有这么大的一笔钱，第一次独自买肉，内心充满着兴奋，但更多的是胆怯和不安。原本跟大人走过的熟悉小路，今天是如此的漫长和新鲜。

因为出门早，路上行人不多。偶尔遇到几个陌生人，眼睛却不敢直视。我内心巴望着快点到达肉店，又巴望着碰上熟人，既可结伴而行，又能做自己的向导。

肉店在哪，怎么买肉，心中一片茫然。我一边想着心事，一边气喘吁吁连走带跑。心怦怦跳着，汗珠顺着额头直流。跑累了，我便放慢脚步，抬头远望，把手伸进裤兜摸摸。还好，钱在。不久，邻村依稀在眼前，树木荫蔽中的屋顶升起袅袅炊烟，街上的行人三三两两。见此情景，我便飞跑起来，身后扬起了尘土。风在耳边呼呼地吹着，路旁的树木向后奔去。近了，更近了，我隐约听见邻村的狗叫声。

到了村头，我格外小心，一边东张西望，一边慢步前行，怕遇见比我大的孩子，更怕遇见狗，内心充满了陌生与紧张。后来，在一位好心人的帮助下，我很快找到了肉店，花 8 角钱买了 1 斤肉，便不敢有丝毫耽搁，迅速往回返。

第一次出远门，我切身体会到了母亲常挂嘴边“在家万事好，出门事事难”的深刻蕴意；第一次出远门，我在陌生和胆怯中收获了自立和成长，聆听到了心灵的拔节声，品尝到了长大的滋味！

拐角处的爱

——谨以此文献给敬爱的老父亲

父亲已年近八十，耳朵有些背了，腿脚有些不方便，走起路来自然有些蹒跚，总是发出“拖拉拖拉”的声响。我每次回老家，在拐角处，心中总会涌起无尽的留恋与感动。

某日与父亲通过电话，告知今天回家。早晨收拾妥当，驾车急忙往老家赶。车一进村口，远远地看见一个熟悉的身影伫立在路旁的拐角处。一阵寒风吹过，那身影似乎抖动了一下，显得更加消瘦了。车往前驶，父亲的面庞清晰可见，条条皱纹写满了岁月的沧桑。他时不时踮起脚，探着头张望着。

我停好了车，父亲疾步上前，嘘寒问暖，左拿右提，急往家赶。此时，他脸上皱纹舒展开了，脚步也轻快了许多。一路上，边走边说，欢乐得如同久见亲人的孩子，幸福漾满了全身。

吃过午饭，我便准备返回。父亲仍旧重复着问：“怎么，这么快就走？”我随口叮嘱道：“您送到门口就行了，天冷，就别送了。”可我的脚刚迈出家门，就听见身后哐的一声，紧接着传来了“拖拉拖拉”的声音，身后不远处便闪出了父亲的身影。我关上车门，往身后瞅，父亲依旧站在拐角处，两眼茫然，半张着嘴，欲言又止，稀疏花白的头发被寒风撩动着，脸上写满了依恋与不舍。

在“路上小心”的叮咛声中，我启动了车。父亲向前挪了几步，朝我挥挥手。

此时，我的心中早已酸酸的，眼中湿湿的。

无数次拐角处的迎送，是亲情，是依恋，更是浓浓的父爱。我在心中反复默念：愿那一瞬间伴我永远。

我不再迷惘

——谨以此文怀念母亲

初夏的夜晚是静谧、凉爽的，而今晚的夜空格外深邃辽远。虽有一轮圆月高悬空中，但我的内心仍充满着迷惘与困惑，梦想与现实在脑海中不断交织着、碰撞着。

晚饭后，母亲与我拾级而上，迈上平台乘凉。清风吹过，带来丝丝凉意。抬头远望星空，我自言自语道："今晚的月亮真美。"母亲却话题一转，轻声地问："你决定考中专，不上高中了吗？"我低头无语。该如何抉择呢？如果放弃上高中，不久便会与好朋友们分道扬镳、各奔东西，内心是多么的不舍与留恋！更为遗憾的是，我再也踏不进那梦寐以求的高中校园，少时的梦想离自己越来越远，前途将充满着诸多的困惑与未知。

母亲见我无语，关切地说："今天，你爸去学校找过李培植校长了。李校长说你上师范太可惜了，让你考高中。我和你爸也希望你能上高中，因为你哥去年没有考上，复习已经快一年了。""可是，弟弟明年也要上初中，那样，你和爸爸的压力太大了。"说到这里，父母日未出而作、日落而未息的劳动情景便隐约在眼前。9亩多农田让他们不堪重负。他们的脊背早已佝偻，容颜里早已写满了岁月的沧桑。况且，母亲身患疾病，稍微劳累便咳嗽不止，要病上好几天。

"妈，我决定考中专了。"母亲听后叹了口气："这条路是自己选的，你可要想好了，没有后悔药的。""我不后悔，若是金子在哪都会发光的。今年考上，你和爸就不用那么辛苦了。""那么，你的梦想……"是啊，梦想是美好的。在家庭负担与个人梦想之间，我必须做出选择。虽然这选择牺牲了自己的梦想，但我认为是值得的。

"天凉了，我们该下去回房间了。"母亲低声喊我。"嗯。"我拉了拉衣领，逐步迈下台阶。此时耳边隐隐约约传来"拍拍身上的灰尘，振作疲惫的精神，远方也许尽是坎坷路，也许要孤孤单单走一程"那熟悉的歌声。是的，茫茫未知的旅程，不管山多高、水多深，都不能阻挡我奔前程。我不再迷惘，我要认真面对我的人生。

母亲已经离开我们近14年，她的音容笑貌时时浮现在我的眼前。母亲的离去是我今生永远的痛。母亲对我的影响是深刻的、永远的，怀念她的最好方式就是过好当下的生活。

我的青春摆渡人

——为儿子写的下水文

有人说，青春是一幅色彩斑斓的水彩画；有人说，青春是一首旋律优美的交响乐；我认为，青春是一条奔流不息的河流，是一条风起水涌时需要摆渡人的河流，而妈妈则是那河畔最温暖的摆渡人。

又是一天晚学时，风吹着路边的水杉树"沙沙"作响，同学们的脸上写满了喜悦，可我却怎么也高兴不起来，心情降至冰点。我低着头，沮丧地往家里走，该如何向妈妈说呢？我的政治考砸了，"60分"如石头般沉重，压得我喘不过气来。

我轻轻地推开家门，缓步迈了进去。刚想疾步走进自己的房间，却被坐在沙发上看书的妈妈喊住了："回来了。""嗯。"我无精打采地应了一声。"考试成绩出来了，没考好？""嗯，政治太差了。"我惭愧地低下头，声音像蚊子"哼哼"似的。"把试卷拿出来给我看看。"妈妈温和地说。我蹒跚地走到她面前，很不情愿地从书包抽出试卷，等待着妈妈的"暴风骤雨"。"怎么回事？是马虎还是不会呢？"妈妈轻声询问道。"我都记下来了，老师说只写了要点。"我低声地回答。妈妈慢慢地伸出手来，拉我在她身边坐下，并抚摸着我的头安慰说："这次考试没考好，不要紧，关键是找到出错的原因，想办法改正。来，我帮你看看究竟错在哪里。"

于是，她耐心引导我从出错的第一题开始，指导我如何仔细读题，如何抓住问题，如何理清思路、分析要点。她一会儿指导我查课本，一会儿又督促我奋笔疾书。

天色渐渐暗了下来，屋内早已灯光闪烁。我猛一抬头，看见妈妈满头乌发中的丝丝白发，心中陡然涌起感激的涟漪。她辛苦工作一天，又为我的学习操劳，不知疲惫，我的视线渐渐模糊，鼻子酸酸的。在妈妈的耐心辅导下，我的思路渐渐清晰，心中豁然开朗，自信从我的心底慢慢树立。时间一分一秒地走过，闹钟指针指向了8点10分，我终于攻克了最后一道错题。妈妈直了直腰，语重心长地对我说："其实，每个人的人生就像一条河，有时会风平浪静，有时会风起水涌，只有不畏艰险、不怕挫折的人才能摆渡到成功的彼岸。"我会意地点了点头。

夜已经很深了，我却不感到疲倦。抬头望向窗外，一轮明月镶在空中。今夜格外明亮、清幽。我心中溢满了从未有过的充实与幸福。是的，青春就是一条河，以后无论遇见多大的风浪，只要勇敢面对，再拥有妈妈这样温暖的摆渡人，我相信我的青春定会绚丽多彩、收获满满。

蟹爪兰征服了我

妻爱花，但并不擅长养花。家中阳台安放了几盆花草，有兰草、仙人球、蟹爪兰。每当新花入家，妻甚是喜爱，呵护有加。妻每天下班，一进家门，就先奔阳台，围着一盆盆花草转来转去，仔细瞧上好半天。见到此景，我往往会调侃："你的花还活着吗？"妻满脸的不屑，调高嗓门："去去，这是什么话！"

过不了多久，因忙于家务，那些花便被妻冷落了。多数花干枯了，唯有那盆蟹爪兰仍焕发勃勃的生机。

去年冬天，我到阳台上读书，偶然间看见了那盆蟹爪兰。它已不再葱绿，暗绿的茎叶匍匐在花盆中，如老人的手一样干瘪枯瘦；根部已变得暗黄，如落入土中的枯叶。我便喊来妻，用商量的口吻说："不能活了，拔掉吧。"妻连忙制止了我："这花可能是太缺水了，浇点水看看吧。"我半信半疑。以后，我对于此早已淡忘了。

今年春天，我在客厅忙碌。儿子在阳台上喊我："爸爸，快点过来。"我奔向阳台，儿子指着蟹爪兰兴奋地说："爸，它又活了。"是的，蟹爪兰焕然一新，长出了许多茎叶，葱绿而肥硕，有的茎叶间已吐出了红红的花蕾。我实在不敢相信，它那枯竭的身躯，在将耗尽生命的那一刻又重新萌发，吐绿出新，何等的顽强！我不禁为之动容。人生中种种的挫折与坎坷，只是生命律动的另一乐章而已，执着与坚定将会迎来崭新与希望。

又过几日，我又到阳台。蟹爪兰已含苞待放，那显眼的红在葱绿的陪衬下格外绚丽。原来，枯黄只是蟹爪兰生命的另一种表现形式，为的是韬光养晦、厚积薄发，等待春天的到来，绽放出光彩与荣耀。人生又何尝不需要这样呢？蟹爪兰彻底地征服了我。

用心做好自己

——北京师范大学培训学习体会

此次在北京师范大学（北师大）培训学习，不仅圆了我的“大学梦”，而且得到了自我提升。短短一周的学习，所学与所感共生，既有浓浓文化的濡染，理论的丰盈，实践的引领，又有对工作的思考，对自己的定位。

一、做好自己，要善于学习

一个人的学习史，就是他的发展史。教师离不开学习，不仅因为每天要带给学生新知，而且要不断转换思维，处理新问题。教师是很容易产生倦怠的职业，管理的常规化，工作的反复化，思维的模式化，以及知识的老化，导致了教师职业幸福感的缺失。理论的学习不仅是教师职业发展的需要，也是做好本职工作的需要。教师如果不善于学习，就不会给学生学习提供广阔的知识“背景”，课堂上只能“照本宣科”地教，学生只能“死记硬背”地学，最终产生“教者无趣，学者无味”的毫无灵气的课堂。在德育工作中，教师缺少理论学习和经验借鉴，就会对学生的思想和心理缺乏深入了解和分析，建立不起良好的师生对话，工作耗费精力且缺少实效性。此次北师大专家的理论讲座，引发了我诸多的思考。北师大高益民教授谈到“学校文化不仅要创新概念，还要把所有的文字表达付诸实践，学生是在行为表现中形成思想、观念”。由此我想到：教师可以放手，让学生自主管理班级，让学生协商确定班规、组建班委，自主开展班级活动等，从而减少教师烦琐的班级事务，减轻教师的工作负担，培养学生的自我管理的能力，有助于消除师生间的隔阂，优化师生关系。平时，我们教师感觉工作很累，其实不是累在脑上，而是累在体力上。由于不善于学习，不善于动脑思考、总结，许多常规性的工作、规律性的工作没有做到简单化、实效化。例如，班级纪律、卫生清扫等工作，由于教师主观包办，缺乏让学生主动参与和有效的管理机制，最终耗费了精力，导致工作被动且效果差。此次到北师大附中、清华大学附中实地参观，从中学习到了诸多的学校管理经验。例如，三帆中学发掘利用教师的专长、特长，丰富完善校本选修课程；引导教师与学生建立良好的关系，增加学生对教师的信任度、接受性；引导学生建立阶段性目标，产生持久的学习动力等；清华大学附中让学生参与学校管理，通过开展“我有问题问校长”活动，历练学生的创新实践能力，培养学生的责任感。总之，教师的学习要紧紧围绕实际工作。教师要全面学习，既要学习教育教学理论，也要学习班级管理、学生心理辅导的知识与经验。教育是不可复制的，但经验可以借鉴；只有学习的厚积，才能有工作的薄发。

二、做好自己，要有教育思想

我们不求自己工作多么精益求精、完美极致，但必须对自己工作有所认识和担当。作为教师，首先要搞好自己的职业规划，知道自己现在做什么，将来要做什么；作为领导，应做好学校的发展规划，要为学校的发展做点什么，离开学校时要留下点什么。任何一名教育者，都要有教学生几年，想学生十几年、几十年的眼光；不仅要为学生的现在负责，也要为学生的未来奠基，让学生离开学校或我们的教育之后，发展得更好、更快，走得更稳、更远。

北师大郭华教授在“名师是怎样成长起来的”专题讲座中谈到，名师成长的内在机制是自觉的实践、主动的实验和系统的理论学习。但这些都必须建立在对自己工作的定位上，即教师要拥有自己的教育思想。北师大附中和清华大学附中的教师都能依据自己的专长、特长，融入自己的教育思想，开发出独具特色的校本课程，找到了自己专业发展的新的生长点。如今，我们许多教师日复一日，年复一年，工作没有多大的起色，除了自身的素质欠缺外，更与缺少职业规划有关。教师不知道自己工作的原点，没有明确的阶段性目标，工作中缺乏思考与动力，领略不到成就感和幸福感，工作只是为完成任务，每天都“重复着昨天的故事”。我们不能人人都成为名师，但也要设想：作为一位普通的教师，我们能走多远；我们每天为何工作；我们得到了什么，失去了什么；我们的幸福是什么，遗憾是什么；影响学生发展最重要的因素是什么，学生发展所需的最重要的能力有哪些；如何引导学生构建学科知识体系，学生的学科学习应具备哪些方法……有了教育思想，我们的工作才会有目标，才会有动力；我们工作才会主动，在艰辛付出中也会感受幸福与快乐。

三、做好自己，要务实工作

工作的实质，就是在不断发现问题的基础上，想方设法采取有效措施解决问题。教育是培养人的工作，不能“作秀”“走过场”。任何违背教育规律、务求短时效果的做法都是无益的。这不仅会延误自己的专业发展，也会阻碍学生的健康成长。学校每天都有新的现象发生，教师每天都面临着新的问题，只有实实在在地用心正视新现象、解决新问题，工作才能有实效。

无论是北师大实验小学、附中，还是清华大学附小、附中，都是在务求学生发展的基础上，创立自己的办学特色，创办适合学生个性发展的教育。

有时，学校、教师为求“短时效果”，不惜简化教育的过程，缩减教学的程序。这表面看是“效果明显”，其实质是“舍本求末”。长此以往，我们在失去了经验、发展的同时，学生也失去了习惯和能力。在升学教育尤为重要的今天，我们改变不了现实，但我们可以改变自己。我们要不盲目照搬，不随大流，本着教育规律，坚守教育的本真，务实工作；我们要把培养学生良好的习惯和能力作为学校教育的核心，把培养学生科学的思维方式和学习方法作为课堂教学的中心，把培养学生美好的情感作为德育教育的切入点，把学生的快乐学习、教师的幸福执教作为学校工作的出发点和落脚点。工作中，我们不好高骛远，不贪多务虚，每天只求用心发现并帮助学生解决成长中的难题，为教师排解生活、工作中的困难，营造健康、和谐的校园环境。我们要为学生的健康成长奠基，为教师的专业发展搭建舞台、提供平台。

用心做好自己，不仅是我们追寻、圆就自己的“教育梦”的需要，也是我们作为教师的职责和本分。做好自己，需要学习，更要深入思考和踏踏实实地行动；做好自己，需要低头看脚下，也要抬头仰望天空。只有把教育教学工作的根基深扎在现实的土壤中，教育的未来才能枝繁叶茂。这样，我们才对得起自己，才不愧为教师这一称号。

后 记

多年以前，我就想出一本书，因为人活着总要有点精神；同时也因为自己从事教育工作，几乎每天都与文字打交道，自然对写作情有独钟。我经常把自己或他人工作中的一些事情记录下来，写出所思所悟，既能累积经验，又能时常警诫自己。另外，我特别爱读书。在我看来，有时饭可以不吃，但每天不能不读书。我读书"上瘾"，读书成了我的"癖好"。书就是我这辈子的伴侣，教育就是我今生的"情人"。如今，身边同事读书的比较少，读教育著作的更少。我想用自己的经历来告诉大家——长在断崖边的百合花也能盛开。出一本书，既是给自己继续成长的理由，也希望让身边的同事找回初心，更是为了引领我的学生们在喜爱读书这条路上筑梦、追梦、圆梦。

我深知，在功利现实的今天，在有些浮躁的生活中，在整天穿梭在家与学校的忙碌中，一位普通的教师能静下心来读点书、写点东西是何等不易，专业成长极其艰辛。我的文章不仅是写我自己，更多地是想展现当今许许多多普通教师的真实生活，记载下成长的经历和闪光的足迹。

虽然书中的内容较为繁杂，但这是我在从教中一点一滴积累下来的，展现了我较为完整的 26 年教育生活。书中每一篇文章都记录了自己从教的真实体会和感受，苦恼或喜悦，困惑或心得。我认为，教育类书籍不能靠"写"，必须靠"做"出来，这样才能"接地气"，经得起实践的检验，经得起时间的打磨。许多国家级、世界级的教育大师的教育思想，许多年后仍被后人学习、传承，因为其中既有理论的高度，更有实践的深度。总之，这部专著记录了一位普普通通语文教师的成长历程，希望诸位读者在闲暇时能静心读读它，就当是空闲时"串了个门"，听一位新朋友聊上几句。

这本书能够出版，还要感谢中国海洋大学出版社的各位领导以及孙玉苗等诸位编辑的大力支持和精心帮助。最后，衷心祝愿大家身体健康、生活幸福、工作顺利、万事如意！

刘述利

2018 年 7 月 27 日于家中